D1877411

Carl-Auer-Systeme

Die Zähmung der Monster

Michael White/David Epston

Der narrative Ansatz in der Familientherapie

Übersetzt aus dem Englischen
von Marion Balkenhol und Dietmar Fulde

Vierte Auflage, 2002

Carl-Auer-Systeme im Internet: **www.carl-auer.de**
Bitte fordern Sie unser Gesamtverzeichnis an:

Carl-Auer-Systeme Verlag
Weberstr. 2
69120 Heidelberg

Aus dem Englischen übersetzt von Marion Balkenhol und Dietmar Fulde
Titel der australischen Ausgabe:
Narrative Means to Therapeutic Ends
1989 by Michael White, David Epston

Satz: Beate Ch. Ulrich
Umschlaggestaltung: WSP, Heidelberg
Unter Verwendung eines Ausschnitts aus dem
Isenheimer Altar (1512–1516) von Matthias Grünewald
Printed in the Netherlands
Druck und Bindung: Koninklijke Wöhrmann, Zutphen

Reihe Systemische und hypnotherapeutische Praxis
Herausgeber Gunthard Weber

Vierte Auflage, 2002
ISBN 3-89670-100-2

Die Deutsche Bibliothek – CIP-Einheitsaufnahme

Ein Titelsatz für diese Publikation ist bei
Der Deutschen Bibliothek erhältlich.

Inhalt

Vorwort

Das Betreten von Neuland ist in jeder Hinsicht ein beachtliches Unterfangen. Wenn es dazu noch in verschiedenen Richtungen gleichzeitig geschieht und dabei Entdeckungen gemacht werden, spricht dies für eine Höchstleistung. Michael White und David Epston sind meiner Ansicht nach in dieser Weise bahnbrechend auf dem Gebiet der Familientherapie tätig. Das vorliegende Buch faßt einige ihrer wichtigsten Erkenntnisse zusammen. Es umreißt eine Reihe mutiger Schritte, die sie im Bereich menschlicher Probleme unternommen haben, und steckt einige neuartige therapeutische Beiträge ab.

Beide, White und auch Epston, sind hochbegabte Kliniker. Sie haben beide ihren eigenen Stil, aber auch vieles gemeinsam. Ihre Zusammenarbeit in den vergangenen Jahren war ungewöhnlich produktiv und führte zu einer ganzen Reihe neuer Ideen und Methoden. In ihren Heimatländern Australien und Neuseeland haben sie die klinische Praxis vieler Kollegen bereits entscheidend geprägt. Heute ist ihr Einfluß auch in der internationalen Familientherapie spürbar. Seit ich ihre Arbeit kennenlernte, haben sich meine eigenen therapeutischen Methoden enorm verändert. Aufgrund des „neuen Pfades", den sie betreten haben, konnte ich für meine Praxis einige völlig neue Bereiche erschließen. Ich muß wohl nicht betonen, daß dies für mich sowohl beruflich als auch persönlich eine außerordentliche Bereicherung war. Viele meiner Freunde und Kollegen hatten ähnliche Erfahrungen. Mit anderen Worten, Epston und White weiten nicht nur ihr eigenes klinisches Verständnis und ihre Fähigkeiten auf neue Gebiete aus, sie ermöglichen auch anderen Therapeuten, dies zu tun.

Was sind nun die neuen Bereiche, die Epston und White erforscht haben und in die sie uns mitnehmen wollen? Für mich ist der wichtigste Bereich, den White erschlossen hat, die „Externalisierung von Problemen". Wenn die Merkmale eines Problems deutlich von den Merkmalen des Betroffenen getrennt werden können, kann man Dynamik und Richtung der Interaktion zwischen dem Betroffenen und seinen Problemen genau untersuchen. Man kann sich dann einer entscheidenden Fragestellung zuwenden: Erlangt das Problem mehr Einfluß über den Betroffenen, oder gewinnt der Betroffene mehr Einfluß über das Problem? Aufgrund einer eingehenden theoretischen Untersuchung dieser Frage konnte White nicht nur aufdecken, wie bedrückend sich die Art und Weise auswirkt, in der Probleme üblicherweise beschrieben werden, sondern auch, welche bestimmenden und unterwerfenden Auswirkungen beschreibendes Wissen an sich hat. Damit hat er die Ehrfurcht erheischenden Gebiete Ontologie und Epistemologie (Erkenntnistheorie) betreten. Wenn diese Gebiete einigen von uns auch sehr fern liegen und vielleicht sogar ein wenig einschüchternd wirken, so sind wir doch zutiefst darin verwurzelt. Unsere persönliche Identität bestimmt sich zum Beispiel nach dem, was wir über uns „wissen" und wie wir uns als Persönlichkeiten beschreiben. Was wir über uns wissen, ist jedoch zum größten Teil festgelegt durch kulturelle Praktiken (des Beschreibens, Einordnens, Klassifizierens, der Bewertung, der Ausgrenzung, des Ausschließens usw.), in die wir eingebettet sind. Als sprachliche Wesen sind wir alle unsichtbaren sozialen „Kontrollen" mittels vorsprachlicher Praktiken und den darin enthaltenen soziokulturellen Koordinationsmustern unterworfen. Mit anderen Worten, wenn Familienmitglieder, Freunde, Nachbarn, Kollegen und Ärzte von einem Menschen annehmen, er „habe" bestimmte Eigenschaften oder Probleme, üben sie eine „Macht" über ihn aus, indem sie dieses Wissen an ihm „vollstrecken". Daher sind auf sozialem Gebiet Wissen und Macht untrennbar miteinander verbunden.

Bei seiner Untersuchung und Erläuterung dieser komplexen Zusammenhänge bezieht sich White im wesentlichen auf Foucaults philosophische Analyse der neueren Geschichte. Einer der wichtigsten neuartigen Beiträge dieses Buches ist daher auch Whites Analyse der Sichtweise Foucaults und ihrer Relevanz für die Therapie. Er liefert damit eine umfassende theoretische Abhandlung, die viele wichtige Bereiche abdeckt. Die größte Bedeutung kommt dabei der Diskussion über „Wissen als Macht" zu – einem riesigen Gebiet, mit dessen Erforschung Familientherapeuten erst begonnen haben. In diesem Beitrag weitet White seine Pionierarbeit im wesentlichen auf die Externalisierung von Problemen aus. Er zeigt, wie „Wissensmechanismen“ unbeabsichtigt Menschen entmachten und im Lauf der Zeit Problemen Macht verleihen können. Wenn verdeckte Mechanismen dieser Art (wie zum Beispiel das Überschütten eines Menschen mit problematischen Beschreibungen) festgestellt werden, ist es viel leichter, Probleme zu externalisieren und dem Betroffenen bei ihrer Bewältigung zu helfen.

Das zweite größere Thema, mit dem Epston und White uns hier vertraut machen, ist das geschriebene Wort und seine vielfältigen Anwendungsmöglichkeiten in der Therapie. White und Epston bieten eine Fülle von therapeutischen Anregungen in Form vorgedruckter Dokumente an. Sie liefern zahlreiche anregende Beispiele für therapeutische Briefe, Einladungen, Referenzen, Zertifikate, Voraussagen, Deklarationen usw. Wir als Leser haben die Wahl zwischen vielen neuen Interventionsformen (als ernteten wir die Früchte in einem neuen Gebiet, das bereits sorgfältig gepflügt, bewässert und gemäht wurde). Die mannigfaltigen Beispiele muß man wiederholt zur Hand nehmen und sorgfältig untersuchen, damit kein Körnchen der Ernte verlorengeht. Ich vermute, daß viele Leser sich zu diesem Gebiet immer wieder hingezogen fühlen werden, wenn sie entdecken, wie fruchtbar es für ihre eigene klinische Arbeit sein kann.

Vor allem David Epston betont den therapeutischen Nutzen von Routinebriefen, in denen jede Sitzung zusammengefaßt wird. Er hat es sich zur Gewohnheit werden lassen, nach jedem Gespräch einen Brief an den Patienten oder die Familie zu schreiben. Die Kopie dieses Briefes stellt in der Regel seinen einzigen schriftlichen Bericht über die Sitzung dar, so daß „das Krankenblatt“ sowohl der Familie als auch dem Therapeuten bekannt ist. Diese Praxis ist ein bedeutender Fortschritt in Richtung auf ein gleichberechtigteres Verhältnis zwischen Arzt und Patienten.

Besonders faszinierend an den Briefen von Epston und White sind Inhalt und Stil. Sie sind weit davon entfernt, einfach nur „objektive“ Beschreibungen zu sein. Ihr Inhalt wurde sorgfältig ausgewählt, um Unterscheidungen herauszustellen, die ganz sicher zu neuen Entdeckungen führen, die spezifische, möglicherweise ergiebige Erfahrungen und Ereignisse miteinander verbinden und die „Geschichten“ mit heilsamer Wirkung fördern. Stilistisch sind die Dokumente umgangssprachlich und im Konjunktiv gehalten. Gängige Wörter und Redewendungen werden auf ungewöhnliche Weise benutzt. Das ist eine interessante Novität, die den Leser in viel stärkerem Maße als sonst üblich anspricht und seine Vorstellungskraft fördert. Ein Satz wie „Ein Leben in Schuld ist ein Todesurteil" kann zum Beispiel stutzig machen, während die Gegenüberstellung von sich widersprechenden Behauptungen wie „in Schwierigkeiten geraten und immer unglücklicher werden" oder „die Sorgen loswerden und sorglos werden" die Wahl zur Qual werden lassen. Dieser Stil ist ungewöhnlich griffig, auch für einen „außenstehenden" Leser, dessen Leben nicht direkt betroffen ist.

Bei dem Versuch, einen konzeptionellen Rahmen für ihre Untersuchung der Schriftform zu schaffen, kamen Epston und White auf die Idee der „erzählenden Texte". Sie betrachten die Analogie der Therapie als einen Prozeß, in dem der Betroffene sein Leben und seine Erfahrungen „erzählt" und/oder „neu erzählt". Mit anderen Worten tragen die therapeutischen Briefe und Zertifikate durch die schriftliche Dokumentation ausgewählter Ereignisse und Bedeutungen auf sehr konkrete Weise dazu bei, zugleich neue, möglicherweise befreiende Erzählungen zu verfassen. Die Analogie besitzt ein bedeutendes Maß an intuitivem Anreiz und liefert den in der Erzählung vorkommenden Personen viel Lebhaftigkeit und Dramatik.

Die Analogie eines erzählenden Textes ist auch ein Bindeglied zwischen dem Gebiet der Schriftform und dem des Wissens als Macht. Wir Menschen messen nicht nur unseren Erfahrungen Bedeutung bei durch die „Erzählung" unseres Lebens, wir sind auch in der Lage, unsere Erzählungen aufgrund unseres Wissens über sie „auszuführen". Geschichten können natürlich sowohl Aktiva als auch Passiva sein. Die meisten von uns kennen zum Beispiel eine Menge Geschichten über sich, über andere und über ihre Beziehungen. Einige dieser Geschichten fördern Kompetenz und Wohlergehen. Andere dagegen wirken einschränkend, bagatellisierend und herabsetzend, oder sie pathologisieren uns, andere und unsere Beziehungen auf die eine oder andere Art und Weise. Wieder andere Geschichten können bestätigend, aufmunternd, befreiend, belebend oder heilsam sein. Die Geschichte, die bei der Zuordnung einer Bedeutung für unser Leben dominiert, bestimmt im wesentlichen die Art und Weise unserer Wahrnehmung und unsere Verhaltensmuster. Dominiert eine problembefrachtete Geschichte, werden wir immer wieder enttäuscht und unglücklich werden. Wir alle unterliegen dem Hang zum Bewahren, so daß eine Loslösung von derselben alten problematischen Geschichte zunehmend schwieriger für uns wird. Gerade diese Dominanz problematischen Wissens und die beharrliche Vor-herrschaft pathologisierender Geschichten macht die Untersuchung von „Wissen als Macht“ so notwendig.

Epston und White fordern uns zu der Frage auf: Wie können wir persönliche und kollektive Geschichten verfassen, die befreien und heilen, wenn die beherrschenden Geschichten so problemüberladen sind? Mit der Veröffentlichung des vorliegenden Buches teilen sie uns einige ihrer Entdeckungen hinsichtlich dieser Frage mit. Sind wir bereit, an ihren Untersuchungen teilzuhaben und uns Fähigkeiten in Bezug auf die Schriftform anzueignen, die dazu beitragen können, das Leben unserer Patienten und ihrer Familien zu beleben?

Karl Tomm, M.D.
The University of Calgary
Faculty of Medicine

Danksagungen

Für ihre hilfreichen Kommentare zu einer früheren Fassung dieses Buches und für ihre Ermutigung und Unterstützung möchten wir danken: Anne Epston, Susi Chamberlain, Michael Durrant, Greg Smith, Karl Tomm und Cheryl White.

Besonderer Dank geht an Jane Hales vom Dulwich Centre dafür, daß sie dieses Material niedergeschrieben und angesichts der vielen Änderungen, die im Entstehungsprozeß des Buches anfielen, endlose Geduld aufgebracht hat.

David Epston, Michael White

Vorwort zur deutschen Ausgabe

Michael White und David Epston haben sich bereits in den 80er Jahren als besonders innovative Therapeuten hervorgetan und Interesse erregt. Der von ihnen vertretene narrative Ansatz hat inzwischen nicht nur in ihren Heimatländern Australien und Neu-seeland, sondern weltweit viele Anhänger gefunden, ja gilt als eine der wichtigsten Vorgehensweisen im Repertoire systemischer Therapien. Das vorliegende Werk zeigt sich als gelungenes Ergebnis einer langjährigen Kooperation. Es zentriert sich um einen Themenbereich, der bislang in der familientherapeutischen und systemischen Literatur zu kurz kam: den narrative Ansatz in der Familientherapie, die Bedeutung und Nutzung von schriftlichem Material, insbesondere von Briefen im therapeutischen Prozeß.

Mit dem Einverständnis der Autoren wurde diese deutsche Buchausgabe noch um Michael Whites Beitrag „Die Externalisierung des Problems“ erweitert, der in der englische Ausgabe des Buches fehlt. Dieser Text ergänzt das erste Einleitungskapitel und führt in den wohl zentralsten Teil von Michael Whites Arbeit ein. Damit bereichert er das vorliegende Buch wesentlich. Es ergaben sich jedoch eine Reihe von Überschneidungen und Wiederholungen. Sie machten es nötig, gelegentlich den Text umzustellen, zu kürzen und Wiederholungen zu streichen. Als Herausgeber der deutschen Ausgabe versuchte ich hier zum einen die Authentizität der ursprünglichen Texte zu wahren, zum anderen eine möglichst bruchlose Darstellung zu gewährleisten. Ganz besonders möchte ich an dieser Stelle Herrn Dipl.-Psych. Dietmar Fulde danken, der kurzfristig als (unbezahlter) Übersetzer eines Teiles des Buches einsprang. Daneben gilt mein Dank Frau Helene Michel, Frau Maria Syska, Frau Angelika Fisher, Frau Beate Ch. Ulrich, Herrn Dr. Hans Rudi Fischer und Herrn Peter-

W. Gester, die sich an verschiedenen Stellen des Produktionsprozesses dafür einsetzten, daß dieses Buch in deutscher Sprache erscheinen konnte.

Helm Stierlin

1. Einführung

Die Anregung zu dem vorliegenden Buch kam von David Epston. Sein Vorschlag war, die Dulwich Centre Publications sollte eine Ausgabe des Dulwich Centre Review der Anwendung von Briefen in der Therapie widmen. Cheryl Whites Begeisterung für diese Idee ermutigte uns, das Projekt zu überdenken und einen Teil unserer Zeit dafür herzugeben, das Material in einen Rahmen zu fassen. Das Ergebnis ist dieses Buch.

Es enthält drei Teile. Dieser erste Teil, bestehend aus zwei Kapiteln, ist eine Einführung, die den theoretischen und politischen Rahmen für das Material absteckt, das in den nachfolgenden Kapiteln vorgestellt wird. Die beiden Einführungskapitel entstanden unabhängig voneinander und überschneiden sich in ihrer Thematik. Wiederholungen ließen sich daher nicht ganz vermeiden.

In diesen ersten Kapiteln gebe ich einen Überblick über einige der neueren Entwicklungen in den Sozialwissenschaften, die David und ich sehr interessant fanden, sowie darüber, was aus diesen Ideen unserer Ansicht nach für die Therapie abgeleitet werden kann. Die Erörterung der Theorie umfaßt einige Gedanken Michel Foucaults über Macht und Wissen. Michel Foucault war ein französischer Intellektueller, der sich selbst als „Historiker von Denksystemen" versteht, und wir glauben, daß sein Werk von großer Bedeutung ist.

Die meisten Leser sind sicher vertraut mit der Auseinandersetzung über das Thema Macht, die in den letzten Jahren in familientherapeutischer Literatur aufgetaucht ist. Ich möchte an dieser Stelle den etwas riskanten Versuch unternehmen, die Positionen dieser Auseinandersetzung vereinfacht darzustellen. Da war zum einen das Argument, daß Macht nicht wirklich existiert, sondern lediglich eine sprachliche Konstruktion ist, und daß diejenigen, die Macht erfahren, an ihrem „Emporkommen" mitgewirkt haben. Auf der anderen Seite wurde behauptet, daß Macht wirklich existent ist und von einigen wenigen ausgeübt wird, um andere zu unterdrücken. Offensichtlich haben die in dieser Debatte verwendeten Termini in eine Sackgasse geführt, und das hat uns in unseren Überlegungen über Macht und ihre Ausübung nicht weitergebracht.

Wir sind der Meinung, daß Foucault uns einen Ausweg aus dieser Sackgasse weist. Manche, denen seine Ideen und sein Stil nicht geläufig sind, finden ihn jedoch schwer zu lesen. Ich habe hier versucht, einige seiner Ideen so vorzustellen, daß sie einigermaßen verständlich werden. Ich bin nicht sicher, ob es mir gelungen ist – das können nur Sie als Leser feststellen.

Einige von Ihnen werden es vorziehen, den Rest dieses Kapitels zu überschlagen und gleich zum zweiten und dritten Kapitel vorzustoßen, um dann später, wenn Antworten auf Fragen nach dem theoretischen und politischen Zusammenhang für unsere Arbeitsmethoden gesucht werden, zu der Einführung zurückzukehren.

Hintergrund

Obwohl David und ich bereits mehrere Male miteinander korrespondiert hatten, habe ich seine Arbeit erst 1981 während der Zweiten Australischen Konferenz über Familientherapie in Adelaide kennengelernt. Ich hatte mich für seinen Workshop nicht angemeldet und kam erst eine halbe Stunde nach Beginn dort an, neugierig geworden durch begeisterte Kommentare einiger Mitglieder des Programmkomitees. Ich war sofort eingenommen von dem, was ich dort hörte, und von der Art, wie das Material vorgestellt wurde. Außerdem glaubte ich einige Übereinstimmungen unserer Ideen und Praktiken zu erkennen. Nach dem Workshop setzten wir uns zu einem Gespräch zusammen, das den Anfang unserer Freundschaft und beruflichen Zusammenarbeit markiert.

In den Jahren danach hat David auch weiterhin Zuhörer in Australien und Neuseeland mit seinen Geschichten begeistert und erfolgreich eine ganze Generation von Therapeuten ermutigt, die Tradition des Erzählens auszuweiten. Damit hat er meiner Ansicht nach einen wesentlichen Beitrag zu einer einmaligen Therapieform „australischen Stils“ geleistet. Vielen ist diese Therapieform durch die Rubrik „Erzählecke“ in dem „Australian and New Zealand Journal of Family Therapy“ bekannt. David hat diese Rubrik von

Anfang an zusammengestellt, die bis heute zu den beliebtesten regelmäßigen Artikeln dieser Zeitschrift gehört.

David hat immer wieder neue Wege für die Anwendung der Textanalogie auf einen breiten Spielraum vorgestellter Probleme gefunden. Detaillierte Beschreibungen hiervon finden sich in einer Reihe seiner veröffentlichten Arbeiten (z. B. Epston 1983, 1984a, 1985a, 1985b, 1986a, 1986b, 1986c, 1989, Barlow et al. 1987).

Ohne Zweifel haben Davids Kindheitserlebnisse (1984b) und seine frühere Karriere als Anthropologe ihn in idealer Weise auf seine Beschäftigung mit der Textanalogie vorbereitet. Wenn man sich heute seine außergewöhnliche Position in der Therapiewelt ansieht, wird deutlich, daß er sich im Grunde überhaupt nicht von der Anthropologie entfernt hat. Ein anthropologisches Zeugnis ist einmal definiert worden als „Lizenz für intellektuelle Wilderei" und das ist eine passende Beschreibung der Art von Zeugnis, wie David sie wahrscheinlich am ehesten ernstnehmen würde. Er sammelt Ideen und Geschichten von überallher und mißachtet zutiefst alle Grenzen zwischen den Disziplinen, die ihm auf seiner Suche nach hilfreichen Metaphern zur Interpretation von Ereignissen in Gesellschaftssystemen gesetzt werden.

Ich wurde von David und von Cheryl White, die sich für diese Analogie aufgrund ihrer feministischen Literatur begeisterte, ermutigt, mich mit der Analogie des Erzählens zu befassen. Dabei fand ich heraus, daß die Ideen aus dieser Analogie des Erzählens oder, im weiteren Sinne, der Textanalogie, gut zu denen paßten, die ich aus der Erkenntnistheorie des Anthropologen Gregory Bateson gezogen hatte, mit dessen Werk ich mich intensiv beschäftigt hatte.

Durch die Schriften Batesons (1972, 1980) wurde ich an die „interpretative Methode" herangeführt. Dabei beziehe ich mich nicht auf eine interpretative Methode im psychoanalytischen Sinne. Sozialwissenschaftler wenden die interpretative Methode an, wenn sie sich mit den Prozessen beschäftigen, mittels derer wir der Welt einen Sinn geben. Da wir die objektive Realität nicht kennen können, erfordert das gesamte Wissen eine Interpretation.

Bateson bezweifelte die Gültigkeit des linearen Kausalitätsbegriffs (der sich prinzipiell von der Newtonschen Physik herleitet) für die Erklärung von Ereignissen in „lebenden Systemen" und behauptete, daß es uns nicht möglich sei, die Realität objektiv wahrzunehmen. Ausgehend von Korzybskis Leitsatz „die Landkarte ist nicht das

Territorium", erklärte Bateson, daß das Verständnis eines jeden Ereignisses oder die Bedeutung, die wir ihm beimessen, durch den Kontext, in dem das Ereignis steht, bestimmt und umgrenzt wird; d. h. durch das Netz von Prämissen, aus denen unsere Weltkarten bestehen. Bateson setzte diese Landkarten bestimmten Mustern gleich und behauptete, daß alle Ereignisse danach interpretiert werden, wie sie in bekannte Ereignismuster passen, und nannte dies „Teil der Gesamtkodierung" (1972). Nach Bateson bestimmt sich die Interpretation von Ereignissen durch ihren Kontext und jene Ereignisse, die keine „Zuordnung" erfahren können, überleben nicht; sie werden für uns als Tatsachen nicht mehr existieren.

Durch Batesons Arbeit wurde ich auch auf eine im allgemeinen in der Therapie oft vernachlässigte Dimension aufmerksam – die Zeit. Mit dem Argument, daß jede Information notwendigerweise die „Mitteilung über einen Unterschied" ist und daß die Wahrnehmung von Unterschieden alle neuen Reaktionen in lebenden Systemen hervorruft, zeigte er, wie wesentlich die Skizzierung von Ereignissen innerhalb der Dimension Zeit für die Wahrnehmung von Unterschieden, für die Feststellung eines Wandels ist. „Die menschlichen Sinnesorgane können nur Mitteilungen über Unterschiede aufnehmen, und die Unterschiede müssen Ereignissen in der Zeit (d. h. einem Wandel) zugeordnet werden, um wahrnehmbar zu sein" (Bateson 1980, S. 79).

Bei der Beschäftigung mit der Textanalogie stellte ich eine große Ähnlichkeit zwischen der Idee der Landkarte und der von Erzählungen fest. Dennoch ist die Idee der Erzählung, da sie die Lokalisierung von Ereignissen in Zeitschablonen erfordert, der Idee einer Landkarte vorzuziehen. Eine Erzählung trägt die zeitliche Komponente in sich. Um Edward Bruner zu zitieren:

„Ich schließe mit der Anmerkung, daß die Erzählstruktur gegenüber Konzepten wie Metapher oder Paradigma einen Vorteil hat, da die Erzählung Ordnung und Reihenfolge im formalen Sinn betont und für die Untersuchung von Wandel, Lebenszyklus oder irgendeinem Entwicklungsprozeß angemessener ist. Die Geschichte als Modell hat einen bemerkenswerten doppelten Aspekt – sie ist sowohl linear als auch auf den Augenblick bezogen" (1986, S. 153).

Im Zusammenhang mit der Familientherapie – der ja unser besonderes Augenmerk gilt – legt die interpretative Methode nicht nahe, daß eine zugrundeliegende Struktur oder Dysfunktion in der Familie das

Verhalten und die Wechselwirkungen in der Familie bestimmt, sondern geht davon aus, daß die Bedeutung, die Familienmitglieder Ereignissen beimessen, ihr Verhalten bestimmt. Daher habe ich mich eine Zeitlang mit der Frage beschäftigt, wie Menschen ihr Leben nach bestimmten Bedeutungen ausrichten und wie sie damit unbeabsichtigt zum „Überleben" und zur „Karriere" des Problems beitragen. Im Gegensatz zu manchen gängigen familientherapeutischen Theorien habe ich das Problem nicht etwa als auf irgendeine Weise durch Menschen oder durch das „System" bedingt behandelt, sondern habe mich für die Erfordernisse interessiert, die das Problem zum Überleben braucht, sowie für die Auswirkungen, die diese Erfordernisse auf das Leben und die Beziehungen von Menschen haben. Ich habe festgestellt, daß die unbeabsichtigt kooperativen Reaktionen der Familienmitglieder auf die Forderungen des Problems zusammengenommen das Lebenserhaltungssystem für das Problem darstellen (1986a).

In früheren Publikationen habe ich berichtet, wie Probleme mit „Trends" in Zusammenhang gebracht werden können und dann aussehen, als hätten sie ein Eigenleben, in dem sie mit der Zeit an Einfluß gewinnen, wie wenig Familienmitglieder ihre fortschreitende, richtungweisende Ko-Evolution mit Problemdefinitionen erkennen, und habe die Externalisierung des Problems als einen Mechanismus vorgeschlagen, der den Familienmitgliedern hilft, sich von „problembefrachteten" Beschreibungen ihres Lebens und ihrer Beziehungen zu lösen (1984, 1986a, 1986b, 1986c, 1987).[1] Diese Externalisierung wird Gegenstand des nächsten Kapitels sein.

Die Textanalogie stellte für mich eine zweite Möglichkeit für die Beschreibung der Art und Weise dar, wie Menschen ihr Leben nach bestimmten Problemen ausrichten. Unter dem Gesichtspunkt dieser Analogie kann dieses Ausrichten mit der Interaktion zwischen „Leser" und „Schriftsteller", die sich um bestimmte Geschichten oder Erzählungen rankt, verglichen werden. Diese Beschreibung eröffnete neue Forschungsgebiete, die auch eine Untersuchung solcher Mechanismen einschlossen, die bestimmten Texten einen buchstäblichen Wert verleihen, und ermutigte mich zur Erarbeitung einer „schriftstellernden Therapie" (1988).

Analogie

Um ihre Anstrengungen zu rechtfertigen, eine gewisse Plausibilität herzustellen und um Legitimität beanspruchen zu können, stützten sich Sozialwissenschaftler zunächst auf die positivistischen Naturwissenschaften. Diese erstellten die Landkarte, auf der sie ihre Interpretation von Ereignissen in Gesellschaftssystemen gründen wollten. Als der Positivismus – beruhend auf der Idee, daß man unmittelbares Wissen über die Welt erlangen kann – erfolgreich in Frage gestellt wurde, und als Sozialwissenschaftler erkannten, daß andere Wissenschaftler sich Analogien bedienten, und daß die Analogien, derer sie sich bedienten, bereits an anderer Stelle in den Naturwissenschaften verwendet worden waren – daß „die Wissenschaft der Dampfmaschine mehr verdankt als die Dampfmaschine der Wissenschaft ..." (Geertz 1983, S. 22) – da endlich konnten sie sich auf ihrer Suche nach Metaphern auch anderweitig orientieren – Metaphern, von denen sie Theorien ableiten und weiterentwickeln konnten. Geertz stellt diese Veränderung als die „Neugestaltung sozialen Denkens" vor.

„Daher dämmerte es den Sozialwissenschaftlern, daß sie nicht unbedingt nachahmende Physiker oder wirklichkeitsfremde Humanisten sein bzw. sich neue Seinsbereiche als Forschungsobjekte erschließen mußten. Sie konnten sich stattdessen dem widmen, wozu sie berufen waren – im kollektiven Leben eine Ordnung zu finden..." (1983, S. 21).

Inzwischen ist allgemein anerkannt, daß alle Aussagen, die einen Sinn postulieren, interpretativ sind, daß diese Aussagen das Ergebnis von Untersuchungen sind, deren Bereich durch unsere Landkarten bzw. Analogien oder, wie Goffman (1974) formuliert, „unseren interpretativen Rahmen" abgesteckt sind. Daher bestimmen die von uns verwendeten Analogien unsere Erfassung der Welt, die Fragen, die wir im Hinblick auf Ereignisse stellen, die Realitäten, die wir uns schaffen, und die „wahren" Auswirkungen auf alle an der Untersuchung Beteiligten. Die von uns verwendeten Analogien treffen genau die Unterscheidungen, die wir der Welt „entnehmen".

Anhand der nachfolgenden Tabelle, die bis zu einem gewissen Grad auf Geertz' Darstellung der Entwicklung der Sozialwissenschaften beruht, soll versucht werden, die Konstruktionen zu betrachten, die einige der von den Sozialwissenschaften im Verlauf ihrer relativ kurzen Geschichte aufgegriffenen Analogien begleiten. Die Analogie selbst wird in der ersten Spalte genauer bezeichnet; in der zweiten dann die Art und Weise, wie die Analogie ein soziales

System aufbaut; in der dritten zeigen wir, was sich darin voraussichtlich als problematisch darstellt, und in der vierten Spalte findet sich eine Auflistung der für die entsprechende Analogie charakteristischen Problemlösungen. Diese Tabelle stellt auf keinen Fall alle Analogien dar, derer sich die Sozialwissenschaften im Verlauf ihrer Geschichte bedient haben.

Wie wählen wir die von uns bevorzugten Analogien aus? Die Tatsache, daß wir einige Analogien anderen vorziehen, hat unterschiedliche Gründe. Sowohl ideologische Faktoren als auch beherrschende kulturelle Praktiken können eine Rolle spielen. Dabei können wir nicht auf Kriterien wie Korrektheit oder Genauigkeit zurückgreifen, da diese auf keinerlei Analogie zutreffen. Dennoch können wir zumindest bis zu einem gewissen Grad die Analogien, nach denen wir leben, im Hinblick auf unsere eigenen Praktiken und deren Auswirkungen im Lichte ihrer sozialen Geschichte kritisch überprüfen.

Vielleicht lassen sich die Unterschiede zwischen einzelnen Analogien, wie sie in der Tabelle dargestellt werden, und die sich daraus ergebenden unterschiedlichen Deutungen durch zwei Beispiele verdeutlichen. Beide Male handelt es sich um Situationen, in denen Menschen für bestimmte Probleme eine Therapie suchen. Obwohl diese Beispiele hypothetisch sind, entsprechen sie genau den Umständen und Praktiken, denen wir so oder so im Laufe der Zeit begegnet sind.

Beispiel 1

Wenn ein Patient sich mit einer akuten Krise in einer „Klinik" vorstellt, und wenn die Arbeit dieser Klinik sich an Analogien orientiert, die auf der Tradition positivistischer Wissenschaft beruhen, ist es wahrscheinlich, daß man die Krise als eine Art Zusammenbruch und Rückschritt ansieht. Man unternimmt Versuche, die Erfahrung des Betroffenen anhand einer Art Klassifizierung genau zu diagnostizieren. Mittels der gestellten Fragen versucht man, einen Grund für diesen „Zusammenbruch" zu finden, der mit dem jeweiligen Modell übereinstimmt. Daraufhin werden Experten verschiedene Verfahren anwenden; Verfahren, die die Vorgeschichte des Zusammenbruchs erfassen, und solche, die die Vergangenheit mit den Leitsätzen des Modells in Einklang bringen. Das Ziel dabei wäre, den Patienten wieder so weit herzustellen, daß er „leidlich" funktioniert.

ANALOGIETABELLE

ANALOGIEN AUS:		SOZIALES SYSTEM:	PROBLEM:	LÖSUNG:
1. positivistische Naturwissenschaften		komplizierter Mechanismus geprägt durch Mechanik und Hydraulik	Zusammenbruch, Umkehrung, Unzulänglichkeit, Schaden	Ursache herausfinden, präzise Analyse, Reparatur, Wiederherstellung, Korrektur
2. biologische Wissenschaften		Quasi-Organismus	symptomatisch für eigentliches Problem, dient einer Funktion, ist von Nutzen	Feststellung einer Pathologie genau Diagnose, Pathologie operieren und herausschneiden
3. Sozialwissenschaften	a) Spieltheorie	ernsthaftes Spiel	Strategien, Bewegungen	Wettstreit, Gegenbewegungen Strategieentwicklung
	b) Drama	Zimmertheater	Rollen, Drehbücher, Vorstellungen	Rollenveränderung, Alternativen suchen, Form des Dramas
	c) ritueller Prozess	Übergangsritus Durchgangsritus	Übergang/Abtrennung verwickelt u. zwischen Wiedereinbindung	Skizzieren, Unterscheidungen zwischen Status1 und Status 2 machen
	d) Text	Verhaltenstest	Darstellung der unterdrückenden/der beherrschenden Geschichte oder Kenntnisse	das Verfassen neuer Geschichten ermöglichen

Wenn jedoch jene Art des rituellen Prozesses, genannt „Übergangsritus" (van Gennep 1960, Turner 1969)[2] den Bezugsrahmen für dieselbe Krise bildet, wird sich das Problem anders darstellen, und es werden andere Fragen gestellt. Die Krise wird auf bestimmte Aspekte eines Übergangs oder eines Durchgangsritus im Leben des Betroffenen bezogen. Die gestellten Fragen orten die Krise in Bezug auf:

1. die Phase der Loslösung – vielleicht von einem bestimmten Status, einem Aspekt der Identität oder einer Rolle, die für den Betroffenen nicht mehr annehmbar ist;
2. die Schwellen- oder Zwischenphase – gekennzeichnet durch Unbehagen, Verwirrung, Desorganisation und vielleicht erhöhte Erwartungen an die Zukunft, und:
3. die Phase der Neuverkörperung – charakterisiert durch das Er langen eines neuen Status, der neue Verantwortlichkeiten und Privilegien für den Betroffenen mit sich bringt.

Die sich des Durchgangsritus bedienende Analogie kann somit Fragen aufwerfen, die den Betroffenen dazu auffordern, zu bestimmen, (a) was die Krise ihm darüber aussagt, von welchen Unannehmbarkeiten er sich trennen kann – vielleicht bestimmte negative Haltungen, die er sich selbst gegenüber einnimmt oder die andere ihm gegenüber einnehmen, oder Erwartungen und Vorschriften für sein Leben und seine Beziehungen, die er als belastend empfindet – (b) welche Hinweise ihm die Krise hinsichtlich seines neuen Status und seiner neuen Rolle gibt, und (c) wann, wie und unter welchen Voraussetzungen diese neue Rolle und der neue Status sich verwirklichen lassen. Dadurch kann ein durch diese Analogie des Durchgangsritus gegebener Kontext die Krise eher in Zusammenhang mit Erfolg statt mit Rückschritt bringen, ohne jedoch ihre negativen Aspekte außer Acht zu lassen.

Beispiel 2

Manchmal suchen Paare eine Therapie auf, weil in ihrer Beziehung nach einer Anfangsphase, die relativ erfreulich verlief und beide Partner zufriedenstellte, Probleme auftauchen. Beruht der Bezugsrahmen für diese Problemvorstellung auf Analogien aus den biologischen Wissenschaften, kann die unproblematische Anfangsphase der Beziehung als „Honeymoon-Phase" bezeichnet werden und damit die Beziehung unrichtig wiedergeben, während von der zweiten, problematischen Phase angenommen wird, daß sie die eigentliche Beziehung widerspiegelt, so wie diese immer schon unter der Oberfläche lauerte: Eine Beziehung, die falsch wahrgenommen und durch die Honeymoon-Phase nur beschönigt worden war. Diese Probleme können dann wiederum dazu dienen, eine noch tiefer liegende Dysfunktionalität und eine damit zusammenhängende Psychopathologie zu reflektieren, Tatbestände beziehungsweise Prozesse, denen nunmehr objektive Realität oder ein „Wahrheitsgehalt" zugeschrieben wird. Experten werden daraufhin Maßnahmen empfehlen, um diese tieferen Schichten objektiver Realität zu identifizieren, sie werden die Geschichte der Dysfunktionalität und Psychopathologie vielleicht bis hinein in die Ursprungsfamilien der beiden Partner und in die Beziehungen ihrer Eltern verfolgen. Man könnte dies als typische Konstruktion einer Tiefenpsychologie bezeichnen, wie sie in der westlichen Welt so häufig praktiziert wird.

Liefert jedoch die Textanalogie den Kontext für die Erfahrungen des Paares, dann wird das, was das biologisch orientierte Modell als Schichten konstruiert, um 90° gedreht und auf den Kopf gestellt und als alternative und miteinander konkurrierende Geschichten behandelt. Von diesen läßt sich dann die Geschichte, die dem Paar am meisten zusagt, ermitteln. Das wäre aber nun unweigerlich die Geschichte, die sich auf die erste, unproblematische Phase bezieht und die nunmehr dazu benutzt werden kann, herauszufinden, was sie dem Paar über seine Fähigkeiten, Probleme lösen zu können, aussagt. Die Geschichte dieser Fähigkeiten läßt sich bis in die Ursprungsfamilien hinein verfolgen. Das Paar kann dann planen, wie es diese Fähigkeiten für schwierige Zeiten in der Beziehung bewahren, erneut aufgreifen und ausweiten kann.

Die Textanalogie

David und ich bevorzugen weitgehend die Analogien, die im unteren Teil der Tabelle zu finden sind, jene Analogien, die sich auf neuere Entwicklungen in den Sozialwissenschaften berufen, Analogien, die nicht von objektiven Wahrheiten ausgehen. Die vorliegende Diskussion bevorzugt insbesondere die Textanalogie, die Geertz zufolge die „weitreichendste Umgestaltung sozialen Denkens in neuerer Zeit" geliefert hat.

Sozialwissenschaftler haben sich für die Textanalogie interessiert, weil sie beobachteten, daß die einem Verhalten zugeschriebene

Bedeutung die Zeiten überdauert, auch wenn sich dieses Verhalten in der Gegenwart anders darstellt. Dieser Fortbestand einer Bedeutung erregte ihre Aufmerksamkeit und sie sahen sich veranlaßt, sich der Textanalogie zu bedienen. Dadurch wurde es möglich, auch interpersonelle Beziehungen ähnlich wie Interaktionen zwischen Lesern und bestimmten Texten anzusehen. Die Entwicklung menschlichen Lebens und menschlicher Beziehungen ließ sich als ein Lesen und Verfassen von Texten verstehen, da jeder neue Lesevorgang auch eine neue Interpretation des Textes und somit eine andere Fassung desselben bedeutet.

Ausgehend davon, daß wir kein unmittelbares Wissen von der Welt haben, behaupteten Sozialwissenschaftler, daß wir Menschen unsere Kenntnisse über das Leben nur durch „gelebte Erfahrung" erlangen können. Diese Behauptung führte zu neuen Fragen: Wie verwaltet der Mensch seinen Vorrat an gelebter Erfahrung? Was macht er mit dieser Erfahrung, um ihr eine Bedeutung zuzuschreiben und seinem Leben einen Sinn zu verleihen? Wie kommt gelebte Erfahrung zum Ausdruck? Die Sozialwissenschaftler, die sich der Textanalogie widmeten, antworteten mit dem Argument, daß die Erfahrung „erzählt" werden muß, wenn wir unserem Leben einen Sinn geben und uns ausdrücken wollen, und daß eben diese Erzählung die Bedeutung bestimmt, die der Erfahrung zugeschrieben wird.

In dem Bemühen, seinem Leben einen Sinn zu geben, sieht sich der Mensch vor die Aufgabe gestellt, seine Wahrnehmung von Ereignissen in eine zeitliche Abfolge zu bringen, so daß er einen kohärenten Bericht über sich und seine Umwelt erhält. Spezielle Erfahrungen von Ereignissen in der Vergangenheit und Gegenwart und solchen, die für die Zukunft vorausgesagt werden, müssen für einen solchen Bericht linear verbunden werden. Man kann ihn als eine Geschichte oder Erzählung über sich selbst bezeichnen (M. M. u. K. J. Gergen 1984). Der Erfolg dieser erzählten Erfahrung verleiht dem Menschen ein Gefühl der Kontinuität und Bedeutung für sein Leben, mit deren Hilfe er seinen Alltag organisieren und zukünftige Erfahrungen interpretieren kann.

Wenn die Bedeutung einer Erfahrung durch Geschichten bestimmt wird, ist die Interpretation von aktuellen Ereignissen ebenso von der Zukunft überschattet wie von der Vergangenheit bestimmt, da alle Geschichten einen Anfang (bzw. eine Vergangenheit), einen

Mittelteil (bzw. eine Gegenwart) und einen Schluß (bzw. eine Zukunft) haben. Zur Erläuterung dieses Standpunktes beziehe ich mich auf Feldstudien, die Edward Bruner (1986a) an nordamerikanischen Indianern durchgeführt hat.

In seinen Studien über die ethnographischen Geschichten der nordamerikanischen Indianer zeigt Bruner, wie die Interpretation ihrer jetzigen Lebensumstände durch die Erzählung einer neuen Geschichte, aus der eine andere Vergangenheit und Zukunft hervorging, eine radikale Veränderung erfuhr. In den 30er und 40er Jahren stellte die beherrschende Geschichte der nordamerikanischen Indianer die Vergangenheit als ruhmreich und ihre Zukunft als (ruhmlosen) Assimilationsprozeß dar. Bei der Zuordnung einer Bedeutung für die gegenwärtigen Lebensumstände im Zusammenhang mit dieser Geschichte interpretierten Anthropologen und die nordamerikanischen Indianer gleichermaßen die „Tatsachen" des indianischen Alltags als Vorzeichen für Zusammenbruch und Desorganisation, als ein Zwischenstadium auf dem Weg vom Ruhm zur Assimilierung. Diese Interpretation hatte durchaus ihre Folgen. Sie rechtfertigte zum Beispiel gewisse Interventionen wie die Enteignung von Land durch die beherrschende Kultur.

In den 50er Jahren tauchte eine neue Geschichte auf, die die Vergangenheit als Ausbeutung und die Zukunft als Wiederaufleben darstellte. Auch wenn davon ausgegangen werden konnte, daß die „Tatsachen" des indianischen Alltags sich in dieser Zeit nicht wesentlich verändert haben, kam mit dieser neuen Geschichte, diesem neuen Bezugsrahmen, eine andere Interpretation für diese Tatsachen auf.[3] Sie waren nun nicht mehr ein Zeichen für Desorganisation, sondern für Widerstand. Auch diese Interpretation hatte ihre Folgen, so zum Beispiel die Entstehung einer Bewegung, die die beherrschende Kultur mit Landrechten konfrontierte. Bruner zieht den Schluß:

„Ich denke, unsere Erzählung ist immer schon von einem Anfang und einem Schluß eingerahmt, und ermöglicht uns von daher, die Gegenwart zu interpretieren. Es ist nicht etwa so, als verfügten wir von Anfang an über einen Datensatz, die Tatsachen, und müßten dann eine Geschichte oder Theorie entwickeln, um sie zu begründen. Die von uns aufgestellten Erzählstrukturen sind keine zweitrangigen Erzählungen über Daten, sondern in erster Linie Erzählungen, die festlegen, was als Daten gewertet werden muß. Neue Erzählungen erzeugen neues Vokabular, neue Syntax und neue Bedeutung für unsere ethnographischen Berichte; sie legen fest, was die Daten dieser Berichte aussagen"(1986a, S. 143).

Es ist klar, daß das Gefühl für Bedeutung und Kontinuität, das man mit der Erzählung von Erfahrungen erlangt, seinen Preis hat. Eine Erzählung kann niemals die enorme Fülle unserer gelebten Erfahrungen wiedergeben: „... gelebte Erfahrung ist reicher als ihre Darstellung. Erzählstrukturen ordnen und verleihen Erlebtem eine Bedeutung, aber es gibt immer noch Gefühle und Erlebnisse, die von der beherrschenden Geschichte nicht erfaßt werden" (1986a, S. 143).

Die Strukturierung einer Erzählung setzt einen Selektionsprozeß voraus, mit dem wir jene Ereignisse aus unserer Erfahrung streichen, die nicht zu den sich entwickelnden beherrschenden Geschichten passen, die wir und andere über uns haben. Daher werden im Laufe der Zeit notwendigerweise viele unserer gespeicherten Erfahrungen nicht in Geschichten eingebunden und nie „erzählt" oder ausgedrückt. Sie bleiben amorph, ohne Zuordnung und ohne Umrisse. „Einige Erfahrungen sind rudimentär, da wir einfach nicht verstehen, was wir erleben, entweder weil die Erfahrungen nicht in Geschichten gefaßt werden können, weil uns die ausführenden und erzählenden Fähigkeiten oder weil uns das Vokabular fehlen" (1986b, S. 6–7).

Davon ausgehend, daß Menschen ihre Erfahrungen ordnen und ihnen eine Bedeutung verleihen, indem sie Erfahrung in Geschichten fassen, und daß sie mit der Ausführung dieser Geschichten die von ihnen gewählten Aspekte gelebter Erfahrung ausdrücken, kann angenommen werden, daß es diese Geschichten sind, die das Leben und die Beziehungen formen. „In der Ausführung eines Ausdrucks erleben, erfahren, erschaffen, erzählen, bauen und gestalten wir unsere Kultur von neuem. Die Ausführung setzt keine bereits existierende Bedeutung frei ... Die Ausführung selbst bestimmt" (1986b, S. 11).

Die Textanalogie beruht somit auf dem Gedanken, daß Menschen durch Geschichten oder Erzählungen leben, die ihre Interaktion und Ordnung bestimmen, und daß die Entwicklung von Leben und Beziehungen in Ausführung solcher Geschichten oder Erzählungen stattfindet. Daher unterscheidet sich die Textanalogie von den Analogien, die Familien und Einzelpersonen einer Struktur oder Pathologie zugrunde legen, die deren Leben und Beziehungen bestimmen.

In der Entwicklung von Leben und Beziehungen in Ausführung von Geschichten bezeugt sich die „relative Unbestimmtheit" aller

Texte. Das Vorhandensein impliziter Bedeutungen, verschiedener Perspektiven unterschiedlicher „Leser“ und einer Vielzahl von Metaphern für die Beschreibung einzelner Ereignisse versieht jeden Text mit einer gewissen Vieldeutigkeit. Nach Iser (1978) zwingt diese Vieldeutigkeit oder Unbestimmtheit jeden Menschen dazu, sich mit der „Zuweisung von Bedeutungen je nach Art des Textes“ zu beschäftigen. Bei seiner Untersuchung von schriftstellenden Texten stellte Jerome Bruner fest: „Es ist diese „relative Unbestimmtheit eines Textes“, die „ein Spektrum von Aktualisierungen ermöglicht“. Auf diese Weise „regen schriftliche Texte ‚Zuweisungen‘ von Bedeutung eher an, statt die Bedeutung selbst zu formulieren“ (1986, S. 25).

Für Geertz sind die Unbestimmtheit von Texten und die sich daraus ergebende Forderung, diese zu interpretieren, ein guter Grund zum Feiern. „Die verbitterte Frage, die Lionel Trilling einmal einen Ästheten aus dem achtzehnten Jahrhundert stellen läßt: ‚Wie kommt es, daß wir alle als Originale anfangen und als Kopien enden?‘ – findet eine erstaunlich beruhigende Antwort: Es ist die Kopie, die Originale schafft“ (1986, S. 380).

Somit führt uns die Textanalogie auf zweierlei Art in eine intertextuelle Welt ein. Zunächst nimmt sie an, daß sich das Leben eines Menschen in einem Text innerhalb eines Textes abspielt. Zum zweiten ist jedes Erzählen oder jede Wiederholung einer Geschichte zugleich eine neue Geschichte, die die vorherige Geschichte umfaßt und erweitert.

Textanalogie und Therapie

Wir haben den Vorschlag unterbreitet, der Mensch verleihe seinem Leben und seinen Beziehungen eine Bedeutung, indem er seine Erfahrungen erzählt, und er gestalte bei der Ausführung dieser Geschichten sein Leben und seine Beziehungen aktiv in der Interaktion mit anderen. Wenn wir diesen Vorschlag akzeptieren, was machen wir dann, wenn ein Mensch Probleme wahrnimmt und diese in der Therapie vorbringt?[4]

Darüber kann man eine ganze Reihe von Vermutungen anstellen. Wir könnten etwa annehmen, daß die Erfahrungen eines Menschen für diesen zu einem Problem werden, weil sie in die Geschichten anderer – sie selbst und ihre Beziehungen betreffend – eingebettet sind, und daß diese Geschichten nun so weit vorherrschen, daß sie den von dem Betroffenen bevorzugten Geschichten keinen Raum mehr lassen. Oder wir könnten annehmen, daß der Betroffene aktiv an der Entstehung von Geschichten mitwirkt, die er für wenig hilfreich, unbefriedigend und ausweglos hält, und daß diese Geschichten dessen gelebte Erfahrung nicht ausreichend wiedergeben oder in krassem Gegensatz zu wichtigen Aspekten seiner eigenen gelebten Erfahrung stehen.

Ohne Zweifel lassen sich noch viele derartige Vermutungen anstellen. Wir könnten zum Beispiel annehmen, daß die Wahrnehmung einzelner Probleme und ihre Darbietung in der Therapie Teil der Ausführung einer Geschichte ist, die in den letzten Jahren in der westlichen Welt modern geworden ist. Ich möchte jedoch zum Zwecke der hier geführten Diskussion feststellen, daß ein Mensch häufig dann eine Therapie aufsucht, wenn die Erzählung, mittels der er seine Erfahrung „erzählt" und/oder von anderen erzählen läßt, seine gelebten Erfahrungen nur ungenügend wiedergibt und daß es unter diesen Voraussetzungen entscheidende Aspekte seiner gelebten Erfahrung gibt, die diesen beherrschenden Erzählungen widersprechen.

Was folgt aus diesen Vermutungen für die Tätigkeit, die wir Therapie nennen? Wenn wir die oben erwähnten Annahmen als richtig akzeptieren, dürfen wir weiter annehmen, daß ein noch besserer Therapieansatz darin bestehen könnte, andere, neue Geschichten zu finden oder zu verfassen, die dem Patienten neue Bedeutungen mit neuen Handlungsoptionen liefern; neue Bedeutungen, die der Betroffene hilfreicher, befriedigender und ausbaufähiger als die bisherigen empfindet.

Gelebte Erfahrung und neue Geschichten

Es wurde dafür plädiert, daß der Mensch reich an gelebter Erfahrung ist, daß sich nur ein Teil seiner Erfahrung erzählen und jederzeit ausdrücken läßt und daß somit unweigerlich ein Großteil der gelebten Erfahrung in den beherrschenden Geschichten über das Leben und die Beziehungen eines Menschen unberücksichtigt bleibt. Diese Aspekte der gelebten Erfahrung, die aus der beherrschenden Geschichte herausfallen, bilden eine reichhaltige und ergiebige Quelle für die Verfassung oder Neufassung alternativer Geschichten.

Im Anschluß an Goffman (1961) habe ich diese Aspekte gelebter Erfahrung, die aus der beherrschenden Geschichte herausfallen, „einmalige Ereignisfolgen" genannt. Sie werden im folgenden Kapitel genauer beschrieben. Bei der Definition einmaliger Ereignisfolgen stellt Goffman fest, daß bei der Strukturierung von Erfahrung „... ein soziales Element im Lebenslauf eines Menschen ... die einmaligen Ereignisfolgen zugunsten derjenigen Veränderungen im Laufe der Zeit ausgelassen wird, die für die Angehörigen einer sozialen Kategorie grundlegend und normal sind (1961, S. 127).[5]

Goffmans Vorstellungen von einem „sozialen Element" und einer „sozialen Kategorie" sind vergleichbar mit der Vorstellung von einer „beherrschenden Geschichte und einer Gruppe von Menschen mit einer festgelegten Identität, deren Leben in diese Geschichte eingebettet ist."

Obwohl die Existenz dieser einmaligen Ereignisfolgen sich niemals bei der Betrachtung des „sozialen Elements" oder der beherrschenden Lebensgeschichte eines Menschen voraussagen läßt, sind diese doch immer gegenwärtig. Sie umfassen die gesamte Skala von Ereignissen, Gefühlen, Intentionen, Gedanken, Handlungen usw., die in der Vergangenheit, der Gegenwart oder der Zukunft geortet werden und von der beherrschenden Geschichte nicht erfaßt werden können.

Sobald die Betroffenen Zugang zu neuen Geschichten bekommen, können andere „sympathische" und bisher vernachlässigte Aspekte ihrer Erfahrung zum Ausdruck kommen und in Umlauf gebracht werden. Die Aufforderung an die Betroffenen, sich selbst bei der Darstellung dieser neuen Geschichten zuzuhören, erhöht die Überlebenschancen der Geschichten und das Gefühl persönlicher Einflußmöglichkeit. Das kann durch die Aufforderung an die Betroffenen erleichtert werden, die verschiedenen Versionen, die sie der neuen Geschichte gegeben haben, festzuhalten und diese sich in ihren tatsächlichen Auswirkungen auf ihr Leben und ihre Beziehungen zu vergegenwärtigen.

Die Überlebensfähigkeit neuer Geschichten und deren Aneignung läßt sich auch verbessern, wenn man ein „externes" Publikum hinzuzieht. Dies hat dann zwei Konsequenzen. Zum einen trägt das Publikum als Zeuge der Darstellung einer neuen Geschichte zur Schöpfung neuer Bedeutungen bei, was sich auf das Subjekt der Geschichte bereichernd auswirkt. Und wenn dieses Subjekt der Geschichte dann entweder durch Mutmaßungen oder an konkreteren Merkmalen „abliest", wie das Publikum die neue Darstellung aufnimmt, beteiligt sich zum anderen auch dieses Publikum an Änderungen und Ausweitungen der neuen Geschichte.

Wie bereits erwähnt, wird bei einer Therapie mit mündlicher Tradition die Neufassung von Leben und Beziehungen primär, wenn auch nicht ausschließlich, über einen Prozeß der Befragung erreicht. Bei einer Therapie mit schriftlicher Tradition geschieht dies auch durch Rückgriff auf verschiedene Dokumente. Einige Formen solcher Dokumente werden in diesem Buch vorgestellt.

Abschließend kann festgehalten werden, daß die Neufassung von Erfahrung die aktive Teilnahme der Betroffenen an der Neuordnung ihrer Erfahrungen, „bei der freien, neuen Kombination kultureller Faktoren mit jedem beliebigen Muster" (Turner 1974, S. 255) erfordert: Dies und die Aufforderung an die Betroffenen, aktiv zu werden, um sich eines Prozesses bewußt zu werden, in dem sie gleichermaßen Ausführende und Publikum ihrer Darstellung sind, sowie ihnen die eigene Produktion ihrer Produktionen bewußt zu machen, schafft den Rahmen für Reflexivität[6]. In diesem Rahmen eröffnen sich den Menschen dann neue Wahlmöglichkeiten hinsichtlich der Darstellung ihrer selbst, anderer und ihrer Beziehungen.

Beherrschende Erzählung als beherrschendes Wissen und Machtmittel

Die Textanalogie hilft uns auch dabei, die Aspekte zu betrachten, die den breiteren soziokulturellen Kontext der Erfahrung eines Menschen bilden. Wie bereits angedeutet, war die erste Geschichte über die nordamerikanischen Indianer in die zu der damaligen Zeit in den USA beherrschende Ideologie vom „Schmelztiegel Amerika" gekleidet. Im Gegensatz dazu war die zweite Geschichte von anderen Gedanken geprägt, denen die aufkommende Erkenntnis einer multikulturellen Gesellschaft und die Einsicht zugrunde lag, „daß Amerika viele Gesichter hat". Natürlich kann man darüber streiten, inwieweit sich die zweite Geschichte durchgesetzt hat. So wie die Geschichte der nordamerikanischen Indianer gehören auch die Geschichten von Therapiepatienten in einen breiteren Kontext. Da die Textanalogie einen Rahmen schafft, der es uns ermöglicht, den weiteren soziokulturellen Kontext eines Menschen, dessen Leben in vielen Texten lokalisiert ist, zu betrachten, ermöglicht sie uns meiner Ansicht nach auch, die Macht, sowohl was deren Ausübung als auch deren Auswirkung auf das Leben und die Beziehungen eines Menschen anbelangt, genauer zu untersuchen. Das scheint mir wichtig, da die Frage der Macht in der Therapieliteratur in der milden Betrachtung unserer Praktiken oft genug übergangen wurde.

Analysen der Machtproblematik, die hin und wieder in der Therapieliteratur auftauchen, sind in der Regel individuum-zentriert: Sie behandeln diese als ein die Psyche des Einzelnen betreffendes, biologisches oder pathologisches Phänomen, das sich zwangsläufig von frühen traumatischen Erlebnissen herleitet, oder – im marxistischen Sprachgebrauch – als Klassenphänomen, worin die Produktionsverhältnisse eine zentrale Rolle spielen. In neuerer Zeit gab es eine Reihe feministischer Analysen der Machtausübung, in denen sie als ein geschlechtsspezifisches, repressives Phänomen dargestellt wurde. Das hat viele Therapeuten für geschlechtsbezogene Erfahrungen von Mißbrauch, Ausbeutung und Unterdrückung sensibilisiert.

Obwohl wir Zeugen der befreienden Wirkung der feministischen Analyse von Macht als einem geschlechtsbezogenen und repressiven Mechanismus sind, ist es uns doch wichtig, das weitere Spektrum der Macht nicht aus den Augen zu verlieren und dabei nicht nur deren repressive, sondern auch konstruktive Aspekte zu betrachten. Hierfür ist das Werk Michel Foucaults von Bedeutung.

Die folgende Erörterung der Analyse von Machtmechanismen bzw. Machtpraktiken durch Foucault erhebt keinen Anspruch auf Vollständigkeit, sie versucht vielmehr, bereits Gesagtes durch einige Aspekte zu ergänzen.

Wissen und Macht als gestaltende Kräfte

Im allgemeinen wird davon ausgegangen, daß Macht in ihrer Ausübung und ihren Auswirkungen repressiv ist; daß sie eine negative Kraft ist, also disqualifiziert, einschränkt, verleugnet und zügelt. Wie bereits angedeutet, behauptet Foucault dagegen, daß Macht vor allem positiv oder gestaltend auf uns wirkt; daß wir der Macht aufgrund normierender „Wahrheiten" unterworfen sind, die unser Leben und unsere Beziehungen formen. Diese „Wahrheiten" werden wiederum durch die Anwendung von Macht hervorgebracht (1979, 1980, 1984a).

Foucault bezieht sich, wenn er die positiven Auswirkungen von Macht erörtert, nicht auf „positiv" im üblichen Sinne, das heißt, auf etwas, das anzustreben oder angenehm ist. Er geht eher davon aus, daß Macht das Leben von Menschen gestaltet oder formt. Die Vorstellung einer Macht, die in ihren Auswirkungen negativ ist, führt zu einer Theorie der Unterdrückung, während der Gedanke an eine sich positiv auswirkende Macht eine Theorie über ihre Rolle bei der „Zusammenstellung" von Menschenleben bewirkt. Wenn Foucault von „Wahrheiten" spricht, unterliegt er nicht dem Glauben, daß es objektive oder wahre Tatsachen über die menschliche Natur gibt, sondern denkt eher an konstruierte Ideen, denen Wahrheitsgehalt zugeschrieben wird. Diese „Wahrheiten" sind in dem Sinne „normierend", als sie Normen aufstellen, nach denen die Menschen ihr Leben formen oder gestalten sollen. Daher sind es diese „Wahrheiten", die das Leben von Menschen genau festlegen.

Nach Foucault besteht ein primärer Effekt dieser Macht durch „Wahrheit" und „Wahrheit" durch Macht darin, eine bestimmte Form von Individualität festzuschreiben, die wiederum „Träger" dieser Macht ist. Foucault argumentiert, daß diese Form von Macht nicht unterdrückt, sondern Menschen in ihren Dienst stellt. Sie formt Menschen zu „biegsamen Körpern" und zwingt ihnen Handlungen auf, die sowohl ein „globales" und „vereinheitlichtes" Wissen als auch bestimmte Machtstrategien befördern.

Foucault meint mit „globalem" und „vereinheitlichtem" Wissen nicht allgemein anerkanntes Wissen. Er denkt an Wissen, das Anspruch auf einheitliche und globale Wahrheit erhebt, die sich in der „objektiven Realität" der modernen Wissenschaften widerspiegelt. Als Subjekte dieser durch Wissen zur Wirkung kommenden Macht werden wir „... als eine Funktion jener wahren Diskurse, auf denen die speziellen Auswirkungen von Macht beruhen, bewertet, verurteilt, klassifiziert, in unseren Unternehmungen festgelegt, einer bestimmten Art des Lebens oder Sterbens zugeordnet" (1980, S. 94).

Die konstruktiven Wirkungen von Macht durch normierende Wahrheiten lassen sich vielleicht anhand einer Darstellung der Geschichte sexueller Begierde durch Foucault verdeutlichen (1984a). Bei seiner Untersuchung der Entstehungsgeschichte von Sexualität zog Foucault die Binsenwahrheit in Zweifel, daß sich im Viktorianischen Zeitalter Sexualität und Macht gleichermaßen aus der gegebenen Repression ergaben. Er hält dem entgegen, daß man in dieser Zeit zunehmend und angeregt über Sexualität redete. Er untersuchte diesen „großen sexuellen Diskurs" genauer und stellte fest, daß sich die konfessionellen Praktiken im Laufe des siebzehnten Jahrhunderts verändert und die Mechanismen zur Kontrolle der kindlichen Sexualität sich weiterentwickelt hatten.

Konfessionelle Praktiken bezogen sich weniger auf Handlungen, sondern mehr und mehr auf Gedanken, Gefühle, Phantasien, Träume usw., wenn in diesen auch nur der leiseste Hauch sexuellen Verlangens zum Ausdruck kam. Um allen Möglichkeiten auf die Spur zu kommen, führte man Methoden ein, mittels derer sich die Worte eines Menschen sowie seine Körperbewegungen überwachen ließen. Verfahren wurden entwickelt, mittels derer man alle Äußerungen sexueller Begierde heraushören, aufzeichnen und weitervermitteln konnte. Kurzum, diese Zeit erlebte den Übergang von der Begierde zum Diskurs und zur Konstruktion einer normativen „Wahrheit" bezüglich der Sexualität.

In Bezug auf die „gefährliche" kindliche Sexualität entstand ein ganzes Feld von Expertenmeinungen, die sich ihrer Beschreibung und Kontrolle widmeten. Zahlreiche Handbücher erschienen, in denen Eltern und andere Aufsichtspersonen dazu angehalten wurden, sich mit der sexuellen Entwicklung von Kindern und deren vielen möglichen Komplikationen zu beschäftigen, und in denen die korrekten Überwachungsmethoden bis ins kleinste dargestellt waren. „Um das Schulkind und seine Sexualität entstand ein ganzer Literaturzweig mit Vorschriften, Meinungen, Beobachtungen, medizinischen Ratschlägen, klinischen Fällen, Reformvorschlägen und Plänen für ideale Institutionen" (1984a, S. 28).

So gesehen erwiesen sich die Vorstellungen einer historischen sexuellen Repression, die sich von einer modernen sexuellen Befreiung abhebt, nach Foucault als „Tricks", die verdecken, was sich tatsächlich abspielt: Die Ermunterung zum Gespräch über Sexualität, die Produktion von Wissen über Sexualität, und die Festschreibung von diesem Wissen entsprechen den Formen der Sexualität. Das Leben der Menschen konstituiert sich durch diese Festschreibungen und durch die Techniken, mittels derer der Diskurs über die „Wahrheit" der Sexualität angeregt wird. „Das Seltsame an moderneren Gesellschaften ist, daß sie die Sexualität nicht etwa zu einem Schattendasein verdammt haben, sondern daß sie sich dazu verpflichtet haben, ad infinitum darüber zu reden und sie gleichzeitig als das Geheimnis zu kultivieren" (1984a, S. 35).

Macht/Wissen

Aus der Betrachtung der konstitutiven Komponente der Macht ergab sich für Foucault, daß Macht und Wissen untrennbar miteinander verbunden sind. Daher ging er dazu über, diese Begriffe zu Macht/Wissen oder Wissen/Macht zusammenzuziehen. Seine Untersuchung der Entstehungsgeschichte von Denksystemen zeigte ihm weiter, daß das Entstehen und der aufsehenerregende Erfolg der „Disziplinen" Leben, Arbeit und Sprache seit dem siebzehnten Jahrhundert von den beschriebenen Machtmechanismen abhängig war und daß moderne Macht im direkten Zusammenhang mit der fortschreitenden Konstruktion der „wahren" Erkenntnis expandierte. Kurzum, eine Domäne des Wissens erwies sich als eine Domäne der Macht und umgekehrt. „Macht kann nur im Einklang mit einem bestimmten System „wahrer" Überlegungen ausgeübt werden, das durch die Verbindung dieser zwei Momente funktioniert. Wir unterliegen der Produktion von Wahrheit durch Macht und wir können Macht nur durch die Produktion von Wahrheit ausüben"(1980, S.93).

Indem er die beiden Begriffe Macht und Wissen zusammenzieht, macht es uns Foucault unmöglich, Macht und Wissen so zu formulieren, als würde das Wissen erst dann problematisch, wenn es von den Machthabern für ihre Zwecke mißbraucht wird. Vielmehr geht Foucault davon aus, daß wir uns als Handelnde stets in einem Feld von Macht/Wissen bewegen. Darin haben unsere Handlungen zwar ihre durchaus realen Folgen, sie lassen sich aber nicht mit spezifischen Motiven identifizieren.[7]

Foucault hält uns somit davon ab, uns die Ausübung von Macht von einem „inneren Standpunkt" her zu erklären. Er hält es auch für unnötig, danach zu fragen, wer mittels der Macht etwas zu bewirken sucht und welche diesbezüglichen Entscheidungen gefällt werden. Wir sind gezwungen, in einem Netzwerk von Macht/Wissen zu handeln; darin unterliegen wir den Auswirkungen der Macht und üben diese gleichzeitig im Hinblick auf andere aus.[8]

„Lassen Sie uns daher nicht danach fragen, warum bestimmte Menschen dominieren wollen, was sie suchen, worin ihre Grundstrategie besteht. Gefragt werden sollte eher danach, was auf der Ebene fortgesetzter Unterdrückung geschieht, auf der Ebene jener unaufhörlichen Prozesse, die unsere Körper unterwerfen, unsere Gesten beherrschen, unser Verhalten diktieren usw. Mit anderen Worten sollten wir zu entdecken versuchen, wodurch Subjekte allmählich, fortwährend, real und materiell geformt werden mittels einer Vielfalt von Organismen, Kräften, Energien, Materialien, Wünschen, Gedanken usw. Wir sollten versuchen, die Unterwerfung in ihrer materiellen Erscheinungsform als Formung von Subjekten zu begreifen" (1980, S. 97).

Foucaults Idee der Untrennbarkeit von Macht/Wissen verdeutlicht sich in seinen Argumenten, die er denen entgegenhält, die auf dem Vorrang bestimmter Wissensbereiche bestehen. Er fragt etwa: Welche Form alternativen Wissens könnten sie disqualifizieren und welche Menschen oder Gruppen würden davon in negativer Weise betroffen?

Foucault ist der Meinung, daß gerade die Absonderung eines Spezialwissens vom umgebenden Wissen den Machteffekt verstärkt. Diese Absonderung wird im wesentlichen durch den Diskurs über eine „objektive Realität" erreicht, der dieses Wissen für einen Platz in der Hierarchie wissenschaftlicher Erkenntnisse qualifiziert. Foucault untersuchte die Entstehungsgeschichte solchen Wissens sowie dessen Auswirkungen, Einschränkungen und Gefahren. „Das zentrale Thema in Philosophie und kritischem Denken seit dem achtzehnten Jahrhundert war immer auf die Fragen ausgerichtet: Was ist der Verstand, den wir benutzen? Worin wirkt er sich historisch aus? Wo liegen seine Grenzen und wo seine Gefahren?" (1984b, S. 249).

Aufsteigende gegenüber absteigender Machtanalyse

Foucault plädiert für eine aufsteigende anstelle einer absteigenden Machtanalyse. Seiner Ansicht nach werden die Machtmechanismen nicht von oben ausgeübt, um Untergebene zu verändern, sondern entstehen auf unterer Ebene. Die Tatsache, daß sie jederzeit zur Verfügung standen, war eine Voraussetzung für das erfolgreiche Wachstum einheitlichen und globalen Wissens seit dem siebzehnten Jahrhundert sowie für die Entstehung des Kapitalismus.

Es waren dies im wesentlichen Mechanismen der sozialen Kontrolle, der „Dienstbarmachung", Mechanismen zur „Objektivierung" oder „Verdinglichung" von Menschen und ihren Körpern. Dazu gehörten auch Mechanismen für die effektivste und wirtschaftlichste Ausrichtung und Unterbringung von Menschen; für deren Registrierung und Klassifizierung; für die Ausgrenzung ganzer Menschengruppen und die Zuweisung einer Identität an diese; Mechanismen für die Aussonderung von Menschen und für deren effektive Überwachung und Bewertung.

Eingehend untersuchte Foucault auch den Mechanismus, mittels dessen Menschen sich dazu bringen lassen, aktiv ihre eigene Unterwerfung zu betreiben. Wenn Menschen sich fortlaufend einer Beurteilung nach bestimmten institutionalisierten „Normen" ausgesetzt sehen und solche Beurteilung jeweils isoliert wahrnehmen, werden sie zu ihren eigenen Überwachern.[9] Das zeigt sich idealtypisch am Modell des Panoptikons.

2. Das Panoptikon

Der Aufbau

Das Panoptikon ist eine von Jeremy Bentham im achtzehnten Jahrhundert entwickelte Gebäudeform. Bentham stellte diese Form als ein „ideales" Modell für die Unterbringung von Menschen vor, wodurch diese sich wirkungsvoll zu „fügsamen Körpern formen" ließen; zu Körpern, die sich vergleichsweise leicht verändern und benutzen ließen. Er betrachtete sein Modell als ideal, weil es die Effektivität von Menschen maximieren und gleichzeitig den erforderlichen Aufwand für deren Überwachung minimieren würde. Das Panoptikon wurde daher als Modell einer sehr ökonomischen Form der Machtausübung angesehen.

Die Mechanismen der Machtausübung (im Folgenden auch Machtpraktiken genannt), die durch das Panoptikon zur Wirkung kamen, waren nicht völlig neu. Es nutzte Kontrollmechanismen, die in kleineren Bereichen – wie Militärlagern, Klostern, Schulen usw. – entwickelt worden waren und verfeinerte sie. Das Panoptikon bestand aus einem runden Gebäude mit einem Innenhof oder einer Reihe von einzelnen Gebäuden, die um einen Hof herum errichtet waren. Es konnte mehrere Ebenen in Zimmerhöhe enthalten. Jede Ebene war in kleine Räume unterteilt, die alle auf der Rückseite ein Fenster hatten, durch das natürliches Licht in den Raum fiel; die Vorderseite öffnete sich zum Hof hin. Es gab keine Fenster zwischen den Räumen, so daß deren Bewohner keinen direkten Kontakt miteinander pflegen konnten. Diese Räume konnten als „Zellen", „Arbeitsräume" usw. dienen, je nach Eigenschaft und Zweck der Organisation.

Die Beobachtung („Der große Bruder")

Jeder einzelne Raum blickte auf einen Beobachtungsturm, der sich in der Mitte des Hofes erhob. Dieser Turm beherbergte die Wächter;

seine Etagen entsprachen genau den Ebenen des Rundbaus. Von diesem Turm aus konnten die Wächter der Organisation ungestört alle Aktivitäten in den einzelnen Räumen überwachen. Erleichtert wurde den Wächtern der Einblick dadurch, daß jeder Raum von hinten beleuchtet war, so daß die Silhouetten der Menschen sich scharf abzeichneten. Nichts konnte der Überwachung entgehen. Die Menschen in den Räumen wurden zu Objekten ständiger Beobachtung. Die Räume waren „kleine Theater, in denen jeder Schauspieler allein agiert, perfekt vereinzelt und ständig sichtbar" (Foucault 1979, S. 200).

Während die Menschen in diesen Räumen für die Wächter im Turm immer sichtbar waren, konnten sie ihrerseits die Wächter niemals sehen. Der Turm war so gestaltet, daß die Menschen in den einzelnen Räumen aufgrund einer sorgfältigen Anordnung von Fenstern und Türen nicht in das Innere des Turms sehen konnten.

Die Menschen in ihren Räumen konnten somit nie feststellen, ob sie gerade überwacht wurden. Sie mußten annehmen, daß sie jederzeit dem prüfenden Blick durch einen Wächter ausgesetzt waren, empfanden sich also als Gegenstand allgegenwärtiger Beobachtung. So fühlten sich die Menschen dazu angehalten, so zu handeln, als wären sie ständig beobachtet.

Es war ein sehr effektives Überwachungssystem, noch dazu sparsam, da nur eine relativ kleine Anzahl von Wächtern für seine Aufrechterhaltung erforderlich war, da jeder von einem Überwachungsfenster zum nächsten gehen konnte. „Es ist die Tatsache, immer gesehen zu werden bzw. die Möglichkeit, ständig gesehen werden zu können, die den disziplinierten einzelnen in seiner Unterwerfung hält" (1979, S. 187).

Bewertung und Festlegung von Leben

Die Unterbringung von Menschen, wie sie das Panoptikon vorsah, erleichterte es, diese Menschen entsprechend den von der Organisation aufgestellten Normen zu klassifizieren, zu bemessen, zu vergleichen, zu unterscheiden und zu beurteilen. Der Einzelne konnte sich als Individuum fühlen. Außerdem war diese räumliche Anordnung von Menschen die ideale Voraussetzung für deren Ausbildung und Veränderung entsprechend den gewünschten Normen.

Daher war die allgegenwärtige Beobachtung, der die Menschen in den einzelnen Räumen unterlagen, eigentlich eine „normgebende

Beobachtung". Diese Menschen fühlten sich ständig nach den Gesetzen und Normen der (Macht ausübenden) Organisation beurteilt. Die normgebende Beobachtung unterwarf Menschen einem „Mikrostrafsystem, das sich auf Zeit, Tätigkeit, Verhalten, Sprache, Körper, Sexualität bezog" (1979, S. 178).

Sobald sich Lebensläufe mit Hilfe von Karteien dokumentieren ließen, weiteten sich auch die Praktiken der Normierung und Vereinzelung von Menschen aus: Individuen konnten „eingefangen und schriftlich fixiert", Statistiken aufgestellt und Normen festgelegt werden; d. h. es konnte vereinheitlichendes und umfassendes Wissen über Menschen gesammelt werden. Nach Foucault bedeutete die Personenbeschreibung, die „Umwandlung von Leben in Schrift" und wurde damit zu einem wichtigen Mechanismus dieser neuen Form sozialer Kontrolle.

Wo einst Religionen körperliche Opfer verlangten, fordert uns heute das Wissen dazu auf, an uns selbst zu experimentieren, ruft es uns auf, den Gegenstand des Wissens zu opfern (1984, S. 96).

Die Kartei erleichterte die Registrierung, „Objektivierung und Subjektivierung" des Menschen und wurde damit zum Instrument der „Normierung des einzelnen".

Normierende Beurteilung

Das Panoptikon war ein Modell für die vollständige, erfolgreiche Unterwerfung des Menschen unter eine Organisation. Jeder fühlte sich zu jeder Zeit im Hinblick auf deren Gesetze und Normen überwacht und blieb dabei noch mit seiner Wahrnehmung dieser Überwachung, d.h. in seiner Unterwerfung unter die „normierende Beurteilung", isoliert. Da es den Menschen in den einzelnen Räumen nicht möglich war, direkten Kontakt miteinander aufzunehmen, konnten sie weder Erfahrungen austauschen noch neue Erkenntnisse hervorbringen oder Koalitionen bilden, mit deren Hilfe sie gegen ihre Unterwerfung hätten protestieren können. In diesem streng hierarchisch geordneten Überwachungssystem, in dieser „Pyramide der Vereinzelung", konnte weder Kampf noch Widerstand entstehen, die normalerweise bei einer solchen menschlichen Vielzahl zu erwarten gewesen wären. Jede mögliche Gegengewalt wurde somit neutralisiert.

Das Panoptikon bildet ein Modell für ein modernes Machtsystem, das sich auf die Technik der „normierenden Beurteilung" stützt. Ein System sozialer Kontrolle, in dem Menschen nach ihrem moralischen Wert im Lichte der Konsequenzen des jeweils begangenen „Unrechts“ bemessen werden, kann daraus nicht erwachsen. Statt dessen entsteht ein System sozialer Kontrolle, worin Menschen nach bestimmten Normen oder entsprechender Spezifizierung ihrer Leistungen beurteilt werden. Peinlich genaue Überprüfung ersetzt moralische Beurteilung. Konsequenzen werden nach dem jeweiligen Leistungsstand bemessen. In diesem System ist es kein Vergehen, „Unrecht zu tun“, vielmehr „den erforderlichen Leistungsstand nicht zu erreichen oder an einer Aufgabe zu scheitern“. Alle Abweichungen von Norm und Gesetz sind strafbar.

Eigene Unterwerfung

Durch dieses moderne Machtsystem werden die Menschen und ihre Körper nicht nur zu Objekten sondern auch zu aktiven Betreibern ihrer eigenen Unterwerfung gemacht; sie müssen sich aktiv an Maßnahmen beteiligen, die ihr Leben entsprechend den Normen oder Spezifikationen der Organisation prägen.

Wie bereits erwähnt, konnten sich die Menschen im Modell des Panoptikons nur dann in ihrer Existenz wirklich sicher fühlen, wenn sie davon ausgingen, daß sie ständig überwacht wurden, da sie nie wußten, wann die Überwachung wirklich stattfand. Unter diesen Voraussetzungen achteten sie ständig auf ihr Verhalten und richteten alle Handlungen und Gesten nach den von der Organisation festgesetzten Normen aus. Für den Fall, daß sie Anomalien oder Abweichungen in ihrem Verhalten feststellten, waren sie dazu angehalten, ihren Körper als Objekt zu betrachten und darauf zum Zwecke seiner Verbiegung disziplinäre und korrektive Maßnahmen anzuwenden.[10] Auf diese Weise wurden sie zu ihren eigenen Wächtern. Sie kontrollierten sich bis hin zu ihren Gesten und machten sich zu Objekten ihrer eigenen Überwachung.

Ein Mensch, der immer sichtbar ist und dies auch weiß, übernimmt Verantwortung für die Zwänge der Macht; er macht sich spontan zu ihrem Spielball; er beteiligt sich an den Machtverhältnissen, wobei er gleichzeitig beide Rollen, die des Mächtigen und die des von der Macht Betroffenen, übernimmt; er wird zum Prinzip seiner eigenen Unterwerfung (1979, S. 202).

Die Macht des Souveräns versus moderne Macht

Foucault hat die moderne Form der Macht, wie sie sich in der Entwicklung eines Panoptikons darstellt, mit einer früheren Form der Macht verglichen, der „unumschränkten Macht" (des Souveräns). Die Effektivität dieser Macht hing im wesentlichen davon ab, wie weit sich der Herrscher seinem Volk sichtbar machen konnte; die Menschen erlebten die Macht des Staates vor allem da, wo sie den Herrscher zu Gesicht bekamen. Es gab unterschiedliche Mechanismen, mittels derer der Souverän ins „Rampenlicht" gerückt wurde, um dem Volk die Macht des Staates aufzuzwingen; dazu gehörten in erster Linie auch Zeremonien und Großveranstaltungen. Die Macht kam somit am stärksten an ihrem Ursprung zur Wirkung.

Unter einem Herrscher blieben die Untertanen der Macht unsichtbar. Diejenigen, die verborgen in Kerkern eingesperrt waren, spürten diese Macht am härtesten. Auch die Verbannung war eine mögliche effektive Maßnahme für diese Form der Machtausübung. Insgesamt erwies sich unumschränkte Machtausübung jedoch als eine sehr teure und relativ ineffektive Form sozialer Kontrolle.

Im Gegensatz dazu hing der Erfolg des Machtmechanismus, der sich im Panoptikon darstellt, im wesentlichen davon ab, daß die Quelle der Macht ihren Untertanen unsichtbar blieb. Bei dieser Form der Machtausübung werden die Untertanen ins Rampenlicht gerückt. Die Effektivität dieser Form der Machtausübung läßt sich daran messen, inwieweit ihre Subjekte sichtbar gemacht werden. Daher ist diese Form der Machtausübung nicht an ihrem Ursprung, sondern am Kontaktpunkt am stärksten spürbar. Damit wurde eine sehr ökonomische und effektive Form sozialer Kontrolle geschaffen. „Kurzum, es geht darum, eine Macht, die sich auf die Brillanz derjenigen gründet, die sie ausüben, durch eine Macht zu ersetzen, die diejenigen, auf die sie angewandt wird, heimtückisch objektiviert; und es geht darum, Kenntnisse über diese Individuen anzusammeln statt ostentativ Zeichen der Herrschaft zu entfalten" (1979, S. 220).

Das Panoptikon dient auch als Modell für einen Machtmechanismus, der selbsterhaltend und in seiner Ausübung nahezu autonom ist. Die Wächter des Panoptikon sind selbst Objekte dieser Macht. Sie können nicht feststellen, welche der vielen Besucher des Turms Inspektoren sind. Also sind auch sie der ständigen Beurteilung durch Menschen unterworfen, die sie nicht sehen. Auch für sie gilt, daß sie sich entsprechend der für ihre Arbeit aufgestellten Normen zu verhalten haben.

Das Panoptikon beinhaltet somit einen Mechanismus, bei dem alle Menschen zugleich Subjekt und Instrument wie auch Träger der Macht sind[11]. „Das ist in der Tat der teuflische Aspekt dieser Idee und ihrer Anwendung. Es handelt sich nicht um eine Macht, die ein Einzelner in Händen hält, der sie allein und totalitär über andere ausüben kann. Es handelt sich um eine Maschinerie, in der alle eingefangen sind: diejenigen, die die Macht ausüben ebenso, wie diejenigen, die ihr unterworfen sind" (1980, S. 156).

Diskussion

Das Panoptikon erlangte als Gebäudeform nie die Beliebtheit, die Bentham sich wohl erhofft hatte. Es wurde nur begrenzt verwirklicht, vor allem bei der Errichtung von Krankenhäusern und Gefängnissen. Es stellte sich nicht, wie vorgesehen, als so überaus effektiv für die Unterwerfung von Menschen heraus.

Dennoch überlebte nach Foucault die Idee, daß es möglich und wünschenswert sei, soziale Kontrolle mit Hilfe anonymer und automatischer Machtausübung zu erreichen, ja, diese wurde vielerorts bereitwillig übernommen. Den Machtmechanismus zur Unterwerfung von Menschen und ihren Körpern, wie er sich im Panoptikon darstellt, nutzte man vor allem im Dienste der Wirtschaft. „Die Verwaltung der wachsenden Bevölkerung war notwendig für die Kapitalvermehrung, für den wirtschaftlichen Aufschwung des Westens" (1979, S. 168).

Diese Technologie, ebenso wie die Disziplinen der menschlichen Wissenschaften, ermöglichten den Aufstieg des Kapitalismus. „... die wissenschaftlichen Disziplinen charakterisieren, klassifizieren, bestimmen; sie verteilen nach bestimmten Werten und Normen, ordnen den Einzelnen in eine Hierarchie ein und, falls notwendig, disqualifizieren und verwerfen ihn" (1979, S. 223).

Foucault argumentiert, daß wir „das Zeitalter immerwährender Überprüfung und selbstverständlicher Objektivierung" erreicht haben; daß wir eine Gesellschaftsform der Normierung haben, worin die Folter durch Bewertung ersetzt wurde und worin diese Bewertung der Justiz die Handhabe gibt, soziale Kontrolle, d.h. die Kontrolle von Körpern, Gruppen und Wissen, auszuüben.

Diese Form der Macht etabliert sich „zwischen den Zeilen" der Gesetze und prägt die gerichtlichen Verfahren. Foucault spricht von der Normgebung durch Gesetze – „Man bezieht sich auf statistische

Werte und Beurteilungen darüber, was normal ist, statt darüber, was recht und unrecht ist" – „Die Ausgrenzung von Anomalien und die Normierung der Anomalien erfolgen durch korrektive Maßnahmen."

Unterdrücktes Wissen

Foucault liefert nicht nur eine Analyse der „globalen totalitären" Theorien, sondern untersucht auch das andere, „unterdrückte Wissen".

Er teilt es in zwei Kategorien ein. Die eine besteht aus dem schon früher etablierten beziehungsweise „gelehrten" Wissen, das aus dem Verkehr gezogen wurde, nachdem die Geschichte im Lichte eines globalen, einheitlichen Wissens umgeschrieben worden war. Nach Foucault wurde dieses gelehrte Wissen „in einer funktionalen Kohärenz formaler Systematisierungen" vergraben, verborgen und versteckt. Das sollte dazu dienen, „die zerstörenden Auswirkungen von Konflikt und Auseinandersetzung zu verdecken". Dieses Wissen läßt sich nur durch eingehende Forschung wiederentdecken. Wird es wiederbelebt, wird auch die Geschichte der Auseinandersetzungen wieder sichtbar. Damit wird der Anspruch der einheitlichen Wahrheit in Frage gestellt[12].

Die zweite Kategorie unterdrückten Wissens nennt Foucault „Volkswissen" oder „einheimisches" Wissen; es handelt sich um örtlich begrenzte Kenntnisse, die zwar fortwährend in Umlauf sind, die aber verleugnet werden oder denen der Nährboden entzogen wird. Solche Kenntnisse überleben nur in den Randgruppen der Gesellschaft. Sie sind nicht hoch angesehen, man hält sie für unzulänglich und schließt sie daher aus der Domäne legitimen formalen Wissens und der anerkannten Wissenschaften aus. Es sind „naive Kenntnisse, am unteren Ende der Hierarchie, unterhalb von gängiger Erkenntnis und Wissenschaftlichkeit" angesiedelt.

Foucault vertritt die Meinung, daß wir die Geschichte von Kampf und Konflikt wiederentdecken können, wenn wir diese autonomen, aber disqualifizierten Kenntnisse (in „Verbindung von gelehrtem Wissen mit lokalen Erinnerungen") im einzelnen aufdecken. Wenn wir diesem Wissen einen angemessenen Lebensraum gewähren, können wir das vorherrschende Wissen effektiver kritisieren. „Die Gültigkeit dieser Kritik hängt dann nicht von der Zustimmung der etablierten Denksysteme" ab. „Ich glaube auch, daß Kritik nur dann funktioniert, wenn diese unterbewerteten, unqualifizierten, sogar direkt disqualifizierten Kenntnisse wieder auftauchen, ... die das umfassen, was ich als Volkswissen bezeichnen würde ..."(1980, S. 82).

Damit dürfte klar sein, daß Foucault weder eine neue Ideologie anbietet noch ein ideales einheitliches Wissen anbietet, nach dem wir unser Leben ausrichten können. Auch behauptet er nicht, es sei möglich, Wissen zu „verleugnen" oder es sei möglich, abseits der Welt zu handeln und diese ohne die Vermittlung von Wissen und Gespräch wahrzunehmen. Genausowenig argumentiert Foucault für die Rückkehr zu einer neuen Art von Positivismus, der sich auf die Idee „einer unmittelbaren, der Einbettung in Wissen nicht unterliegenden Erfahrung"gründet.

Statt dessen fordert er den „Aufstand" der unterdrückten Einsichten gegen die „Institutionen und gegen den Einfluß von Wissen und Macht auf den wissenschaftlichen Diskurs", Einsichten: „... die primär nicht den Inhalten, Methoden oder Ideen einer Wissenschaft widersprechen, sondern den Auswirkungen der zentralisierenden Kräfte, die mit der Institution und dem Funktionieren verwalteten wissenschaftlichen Denkens in einer Gesellschaft wie der unseren verbunden sind" (1980, S. 84).

Neue Geschichten und kulturell vorhandene Darlegungen

Ich habe argumentiert, daß sich die Textanalogie dazu anbietet, den breiteren sozio-politischen Kontext des Lebens und der menschlichen Beziehungen zu betrachten, und daß Foucaults Analyse von Macht/Wissen uns Einzelheiten über diesen breiteren Kontext liefern kann. Außerdem habe ich Gedanken Foucaults über Macht und Wissen zusammengefaßt. Was läßt sich nun daraus für die therapeutische Praxis entnehmen?

In der vorangegangenen Darstellung der Textanalogie wurde ausgeführt, daß sich dann eine Bedeutung ergibt, wenn Erfahrungen in Geschichten einfließen und wenn diese Geschichten das Leben und die Beziehungen eines Menschen bestimmen. Akzeptieren wir die Prämisse, daß Erfahrungen sich in der Sprache niederschlagen, müssen wir auch anerkennen, daß sich unser Leben und unsere Beziehungen über die Sprache aufbauen.

Wenn wir uns auf die Sprache einlassen, betreten wir jedoch kein neutrales Gebiet. Es gibt eine Menge kulturell vorgegebener Diskurse beziehungsweise Erzählungen, die unsere Erfahrung in gängige Schemata pressen.

Die Foucaultsche Analyse läßt uns nun annehmen, daß diese Erzählungen die gelebten Erfahrungen nicht ausreichend wiedergeben, daß sie vielmehr im Widerspruch zu diesen Erfahrungen stehen. Sie läßt uns weiter annehmen, daß diese Erzählungen erstens wesentlich durch die „Wahrheitsdiskurse" der vereinheitlichenden Wissenschaften geprägt sind und zweitens daß die Menschen dazu gebracht werden, mittels der beschriebenen Machtstrategien an ihrem Leben und ihren Beziehungen Operationen durchzuführen, durch die sie sich selbst und andere nach dem Bild modeln, das durch diese Diskurse vorgegeben wird.

Im folgenden möchte ich einige Gedanken zur Therapie vorstellen, die sich stark an Foucaults Ideen orientieren. Daran schließt sich eine Erörterung therapeutischer Praktiken an, die auf den erwähnten Annahmen Foucaults und seiner Analyse von Macht/Wissen basieren.

Orientierung in der Therapie

Akzeptieren wir Foucaults Analyse des Entstehens eines globalen und einheitlichen Wissens (d. h. einer wissenschaftlichen Erkenntnis, die sich auf die angeblich objektive Realität einer globalen und einheitlichen Wahrheit gründet), sollten wir darauf achten, daß sich unsere eigene therapeutische Praxis nicht an solcher „objektiven Wahrheitsfindung" orientiert. Da dieses Wissen seine Macht dadurch bezieht, daß es sich einerseits von allem umfassenden Wissen isoliert, sich andererseits in der Hierarchie der etablierten Wissenschaften einnistet, sollten wir beides – Isolierung und Hierarchisierung – in Frage stellen. Ebenso sollten wir den Szientismus der Humanwissenschaften anzweifeln.

Wenn wir davon ausgehen, daß Macht und Wissen untrennbar sind – daß eine Domäne des Wissens auch eine Domäne der Macht ist und umgekehrt – und wenn wir annehmen, daß wir im gleichen Atemzug den Auswirkungen der Macht unterliegen und Macht über andere ausüben, dann dürfte es uns auch schwer fallen, unsere eigenen Praktiken einfach hinzunehmen. Ebensowenig können wir davon ausgehen, daß unsere Praktiken primär unseren Motiven entspringen oder daß wir durch Überprüfung dieser Motive uns dem Bereich Macht/Wissen entziehen können.

Statt dessen sollten wir davon ausgehen, daß wir immer gleichzeitig in den Bereichen Macht und Wissen tätig sind. Und wir sollten uns daher bemühen, Voraussetzungen zu schaffen, die uns unsere eigenen Praktiken auf diesem Gebiet kritisch zu prüfen gestatten. Wir sollten daran arbeiten, den gedanklichen Kontext unserer Praktiken festzustellen und die Entstehungsgeschichte unserer Gedanken zu untersuchen. Damit wären wir besser in der Lage, die Auswirkungen, Gefahren und Grenzen dieser Ideen wie auch unserer Praktiken zu erkennen.

Außerdem sollten wir nicht dem Glauben erliegen, Therapie habe nichts mit sozialer Kontrolle zu tun, sondern eher davon ausgehen, daß dies sehr wohl immer der Fall gewesen sein könnte. Das würde uns ermöglichen, unsere Arbeit daraufhin zu befragen, ob und wie weit sie mit sozialer Kontrolle zu tun hat.

Wenn wir Foucaults Ansicht teilen, daß die Mechanismen der Macht, die Menschen dazu „veranlassen", ihr Leben nach „Wahrheiten" auszurichten, im kleinen Bereich entwickelt, perfektioniert und dann auf breitere Basis gestellt werden, und wenn wir uns denjenigen anschließen, die diese Praktiken in Frage stellen, dann sollten wir auch akzeptieren, daß wir uns notwendigerweise auch politisch betätigen.[13] In solcher politischen Tätigkeit geht es nicht um eine neue Ideologie, sondern um das kritische Hinterfragen von Techniken, mittels derer Menschen einer beherrschenden Ideologie unterworfen werden.

Loslösung vom einheitlichen Wissen

Die Externalisierung von Problemen, wie sie im folgenden Kapitel genauer dargestellt wird, hilft Menschen, die beschriebenen Spielarten des einheitlichen Wissens und der sie beherrschenden „Wahrheiten" zu erkennen und sich davon zu lösen. Das geschieht fast zwangsläufig, wenn man den Betroffenen dazu ermutigt, sich, wie dies angedeutet wurde, Gedanken über das Problem und dessen Einfluß auf sein Leben und seine Beziehungen zu machen.

Die Unterwerfung unter die besagten „Wahrheiten" bezeugt sich in der Regel in einem Gefühl des Unvermögens gegenüber bestimmten Erwartungen, Spezifizierungen oder Normen. Diese Erwartungen, Spezifizierungen und Normen lassen sich nunmehr als Ausdruck und Folge solcher „Wahrheiten" erkennen, und es läßt sich untersuchen, wie sich diese „Wahrheiten" bisher auf das Leben und die Beziehungen eines Menschen ausgewirkt haben. Mittels der Externalisierung eröffnen sich diesem Menschen dann neue Möglichkeiten, sich reflektierend seiner „Objektivierung" oder „Verdinglichung" zu widersetzen.

Anzweifeln der Machttechniken

So wie das einheitliche Wissen lassen sich auch die Machttechniken, die die Menschen dazu veranlassen, ihr Leben nach objektiven „Wahrheiten" auszurichten, erfolgreich durch die Externalisierung in Frage stellen. Wie bereits erwähnt, zielen diese Techniken auch auf Unterbringung, die Registrierung und Klassifizierung von Menschen, die Ausgrenzung ganzer Gruppen und die Zuordnung einer Identität für diese, sowie deren Isolierung, effektive Überwachung und Bewertung ab.

Untersuchen wir die Auswirkungen des Problems auf das Leben und die Beziehungen der Betroffenen, lassen sich auch die Bedingungen für den Fortbestand des Problems ermitteln. Diese Bedingungen betreffen spezifische Gruppierungen von Menschen und deren Beziehungen zu sich selbst und anderen. Sie verdeutlichen sich, sobald man untersucht, wie das Problem die Betroffenen zwingt, sich selbst und andere zu behandeln. Es verdeutlichen sich aber zugleich Einzelheiten der Machttechniken, die Menschen dazu veranlassen, sowohl sich selbst als auch andere zu unterwerfen.

Sind diese Techniken einmal dingfest gemacht, lassen sich auch einmalige Ereignisfolgen orten: Man sucht Gelegenheiten herauszufinden, bei denen der Betroffene sich oder andere hätte diesen Techniken unterwerfen können, es aber abgelehnt hat. Dann kann der Betroffene aufgefordert werden, solch einer einmaligen Ereignisfolge eine Bedeutung zuzuschreiben und damit die Mechanismen „normierender Beurteilung" – die Bewertung und Klassifizierung von Menschen und Beziehungen nach beherrschenden „Wahrheiten" – noch wirkungsvoller in Frage zu stellen. „Fügsame Körper" werden zu „wiederbelebten Geistern".

Wiederbelebung unterdrückten Wissens

In der vorangegangenen Erörterung der Textanalogie und den Andeutungen zur Therapie wurde vorgeschlagen, daß sich neue Geschichten verfassen oder neufassen lassen, sobald einmaligen Ereignisfolgen eine Bedeutung zugeschrieben wird. Dieser Vorgang läuft auch auf die Ortung und Wiederbelebung unterdrückten populären und einheimischen Wissens hinaus.

Auch gelehrtes Wissen läßt sich durch gleichsam „archäologische“ Bemühungen zutage fördern. Man fordert die Betroffenen dazu auf, ihre Familien- und Stadtarchive nach historischen Dokumenten zu durchforsten, die einen Bezug zu speziellen Bereichen ihrer Lebenspraktiken haben könnten, und dabei schon früher angeeignetes Wissen zu orten, das zu den einmaligen Ereignisfolgen und dem diesen entsprechenden Kenntnisstand paßt.

Mit Hilfe einer solchen historischen Forschung, die bislang unterdrücktes Wissen zutage fördert, wird es den Betroffenen ermöglicht, sowohl die Geschichte des eigenen (Lebens-)Kampfes neu zu verfassen, als auch daraus für die Gegenwart wie für die Zukunft zu lernen. Auf diese Weise erleben wir in der Therapie den, wie Foucault es nannte, „Aufstand unterdrückten Wissens“.

Mündliche und schriftliche Tradition: eine Unterscheidung

In dieser Einleitung habe ich mich auf einige neuere Entwicklungen in Gesellschaftstheorien konzentriert und spezielles Augenmerk auf die Textanalogie gerichtet, auf die Geschichte von Denksystemen nach Foucault und, ganz allgemein, auf die Relevanz dieser Entwicklungen für die Tätigkeit, die üblicherweise als Therapie bezeichnet wird.

Obwohl in unserer westlichen Kultur die Mittel der etablierten Therapien in erster Linie mündlich sind, beschäftigt sich das vorliegende Buch vor allem mit der schriftlichen Tradition. Daher sei an dieser Stelle kurz etwas darüber gesagt, was die schriftliche von der mündlichen Tradition unterscheidet.

Zwischen Sprache und Schrift besteht ein deutlicher Unterschied. Obwohl das gesprochene Wort historisch gesehen dem geschriebenen voranging, und Schrift auf Sprache beruht, steht jedoch fest, daß sich in Gesellschaften, die des Lesens und Schreibens kundig sind, beide Traditionen unabhängig voneinander entwickelt haben. Zu den Unterschieden zwischen geschriebener und gesprochener Sprache sagt Stubbs (1980): „... die geschriebene Sprache gibt gesprochene Sprache nicht direkt wieder. Verschiedene Tatsachen sprechen dafür, daß die beiden Systeme zumindest teilweise autonom sind“ (S. 41).

Nachdem er unterschiedliche Formen der geschriebenen Sprache und ihre unterschiedliche Beziehung zur gesprochenen Sprache untersucht hat, schreibt Stubbs weiter: „... wir müssen zugeben, daß in Gesellschaften, die eine hochentwickelte Schrift haben, zumindest für einige Menschen die Verbindung zwischen gesprochener und geschriebener Sprache ausgesprochen schwach ist, so daß die Schriftform einen Teil ihres Sekundärcharakters verlieren und einen unabhängigeren, primären Charakter gewinnen kann" (S. 41).

Der zugrundegelegte „Wahrheits-"– Gehalt und relative Erfolg gesprochener und geschriebener Sprachen hängt bis zu einem gewissen Grad von dem in Frage kommenden Tätigkeitsbereich ab. Sicher genießt in unserer Gesellschaft das, was man schwarz auf weiß besitzt, im offiziellen Bereich größeres Ansehen. Dagegen überwiegt in anderen Bereichen die Ansicht: „Das glaube ich erst, wenn ich es höre."

In vielen Fällen erlangt die Schriftform eine überlegene Autorität durch die Tatsache, daß man sie nicht hören, sondern nur sehen kann. So existiert in der westlichen Welt eine altehrwürdige Tradition, die das Sehen den anderen Sinnen vorzieht; eine Tradition des „Okularzentrismus"[14].

Es ist eine kulturell vorgegebene Gewohnheit, einem „sichtbaren" Beweis besonderes Vertrauen entgegenzubringen. Dies wird deutlich an den Adjektiven, mit denen wir Menschen „Wissens-fähigkeit" und Realitätsangemessenheit zum Ausdruck bringen. Die von uns in diesem Zusammenhang benutzten Adjektive sind überwiegend, wenn auch nicht ausschließlich, visuell geprägt. So werden z.B. Menschen, von denen vermutet wird, daß sie über fundiertes Wissen verfügen, als Menschen mit „Scharfblick", „Weitsicht" und „Einsicht" bezeichnet. Im Gegensatz dazu werden Menschen, denen diese Eigenschaften abgesprochen werden, als „blind" oder „kurzsichtig" betitelt. Ideen, die sehr wahrscheinlich bereitwillig angenommen werden, sind „erleuchtend", „erhellend" und „visionär", usw.

Die schriftliche Tradition

Stubbs (1980) hat bei seiner Untersuchung von Schriftsystemen festgestellt, daß eine Gesellschaft mit Schriftsprache über „neue intellektuelle Ressourcen, die das Denken erheblich erleichtern" verfügt, und zwar weil:

1. „... nicht mehr jede Generation ganz von vorn oder mit dem, was die vorhergehende Generation erinnern und weitergeben kann," anfangen muß;

2. Die Schriftform die „... Anhäufung aufgezeichneter Weisheiten ..." ermöglicht;
3. Entdeckungen in einer Form aufgezeichnet werden können, die „... ihr Studium und ihre kritische Betrachtung erleichtert, was wiederum zu weiteren Entdeckungen führt";
4. „... der Informationsgehalt geschriebener Sprache höher und weniger vorhersehbar ist".
5. die Schriftform in dramatischer Weise das Verhältnis zwischen Lehrer und Schüler verändert und unabhängiges Denken fördert, da „... es ein Wissen ohne Mitwisser geben kann, Wissen, das unabhängig von diesen in Büchern existiert ..." (S. 107).

Es läßt sich argumentieren, daß die genannten Vorteile für ein geschriebenes System sowohl überzogen als auch kulturspezifisch sind. So ist zum Beispiel nachgewiesen worden, daß wesentlich in einer Gesellschaft vorhandenes Wissen auch mit anderen Mitteln weitergegeben werden kann, so zum Beispiel mit der Tradition des Geschichtenerzählens und den Medien Gesang und Tanz. Viele Kenntnisse der australischen Aborigines waren zum Beispiel in Liedtexten enthalten, mit denen sie über Generationen hinweg „ihre Welt in die Existenz" sangen (Chatwin 1988).

Doch obschon die Erkenntnisse Stubbs' einen gewissen Ethnozentrismus widerspiegeln, stützen sie doch die Annahme, daß in unserer Kultur der Rückgriff auf die schriftliche Tradition in der Therapie die Formalisierung, Legitimierung und Kontinuität von Volkswissen und die unabhängige Autorität von Menschen zu fördern vermag und bei der Entdeckung neuer Erfahrungs- und Verhaltensmöglichkeiten eine Hilfe sein könnte.

Die schriftliche Tradition und die zeitliche Dimension

Um einen Wandel im Leben wahrzunehmen – um das Leben als Prozeß zu erkennen – und um sich darin selbst als veränderndes Element wahrzunehmen, benötigt der Mensch Mechanismen, die ihm helfen, die Ereignisse seines Lebens in einen Kontext kohärenter zeitlicher Abläufe einzuordnen – in Vergangenheit, Gegenwart und Zukunft. Mit anderen Worten, die Wahrnehmung eines Wandels ist für die Zuordnung einer Bedeutung und die Erfahrung persönlicher Wirksamkeit entscheidend, und diese Wahrnehmung wird durch die

Einführung einer linearen Zeitkonzeption ermöglicht. Dennoch wurde die Dimension der Zeit im therapeutischen Feld oft übersehen.

Da ein „linearer Zeitbegriff die Fähigkeit voraussetzt, Ereignisfolgen zu berichten" (Stubbs 1980), und da sich die Schriftform für diese Berichterstattung besonders eignet, dürfte es auch einleuchten, daß Sprache die schriftliche Tradition für die Einführung einer linearen Zeitkonzeption und damit für die Entstehung von Bedeutung und Sinn wesentlich ist.

In einer Therapie fühlen sich Patienten häufig unfähig, ihrem scheinbar festgefahrenen Leben eine Wende zu geben. Sie zeigen sich auch in ihrer Suche nach neuen Möglichkeiten und neuen Bedeutungen behindert. So liegt es nahe anzunehmen, daß gerade die Schriftform, wenn es um die Darstellung von Erfahrung in einer zeitlichen Dimension geht, hier eine Hilfe sein kann.

Die Verwaltung von Informationen

Indem Chafe (1985) zwischen gesprochener und geschriebener Sprache unterschied und dabei die durch den jeweiligen Bewußtseinsfokus bedingten Einschränkungen hervorhob, prägte er den Begriff „gedankliche Einheiten" (idea units). Gedankliche Einheiten repräsentieren das Fassungsvermögen des menschlichen Kurzzeitgedächtnisses, ein Vermögen, das den Umfang der Informationen festlegt und begrenzt, auf die wir unsere Aufmerksamkeit jeweils zu einem bestimmten Zeitpunkt richten können. „... eine gedankliche Einheit drückt aus, was zu einem bestimmten Zeitpunkt in einem Kurzzeitgedächtnis vorhanden ist. Das Kurzzeitgedächtnis enthält in etwa die Menge an Informationen, die sich ohne Mühe in sieben Worten der englischen Sprache zum Ausdruck bringen lassen. Der Inhalt des Kurzzeitgedächtnisses ändert sich alle zwei Sekunden ..." (S. 106).

Nach Chafe befreit die schriftliche Sprache den Menschen einerseits von den Zwängen, die durch die „begrenzte zeitliche und informationserfassende Kapazität eines fokalisierten Bewußtseins" gegeben sind: Wir haben nunmehr „Zeit, unsere Aufmerksamkeit über eine große Anzahl von Informationen schweifen zu lassen und die jeweils notwendigen linguistischen Ressourcen zu mobilisieren". Sie liefert auch den Mechanismus, mit dessen Hilfe sich der Informationsgehalt gedanklicher Einheiten beträchtlich erhöhen und diese Einheiten in verschiedensten „Abhängigkeitsverhältnissen" neu ordnen lassen.

Wenn wir also Chafes Gedankengängen folgen, bietet sich die Einführung der Schriftform in die Therapie an, weil sie die Informationsmenge erhöht, die in unserem Kurzzeitgedächtnis zu einem bestimmten Zeitpunkt verarbeitet werden kann. Weiter vermag sie „bewußtere Nutzung linguistischer Ressourcen" und die Organisation „gedanklicher Einheiten" in unterschiedlichen „Abhängigkeitsverhältnissen" zu fördern. Somit liefert die Schriftform einen Mechanismus, mit dessen Hilfe Betroffene aktive Informationen und Erfahrungen in ihre Berichte von Ereignissen und Erfahrungen einbringen können.

Diese Anmerkungen bezüglich der Nützlichkeit der Schriftform dürften für den Leser wie für den Autor, den Therapeuten und seinen Patienten relevant sein.

Schlußfolgerung

In diesen ersten Kapiteln lieferte ich einen Überblick über einige neuere Entwicklungen in der gesellschaftswissenschaftlichen Theorie, wobei ich mein Hauptaugenmerk auf die Textanalogie und das Gedankengut Foucaults richtete. Außerdem stellte ich verschiedene Ansätze einer Therapieform vor, die auf den beschriebenen Ideen beruht. Dann plädierte ich für die Einführung der Schriftform in die Therapie, obschon das keineswegs ein neuer Vorschlag ist. (Über dieses Thema gibt es bereits eine einschlägige Literatur,[15] auf die an dieser Stelle nicht näher eingegangen werden soll.)

Obwohl David und ich weder der mündlichen noch der schriftlichen Tradition den höheren Wert geben, ziehen wir in unserer täglichen Arbeit doch zumeist die mündliche Tradition vor. Mit unseren allermeisten Patienten reden wir,[16] wir schreiben jedoch bei weitem nicht allen. Das gilt auch für das Verfassen schriftlicher Geschichten. Häufig schränkt der Zeitdruck unseren Rückgriff auf Geschriebenes ein. Als wir jedoch das Material für das vorliegende Buch zusammenstellten, mußten wir uns die Frage stellen, ob hier unsere Vorlieben noch gerechtfertigt sind.

In unseren Therapien experimentierten David und ich schon seit geraumer Zeit mit schriftlichen Praktiken. Wir kamen zu dem Schluß, daß gesprochene und geschriebene Sprache ihre unterschiedlichen Anwendungsbereiche haben, obwohl es da Überschneidungen gibt. Wir sind beide der Meinung, daß literarische Mittel gerade angesichts schwerer Probleme eine wichtige zusätzliche Ressource bilden. Die

Reaktionen, die wir bisher diesbezüglich von unseren Patienten erhielten, bestätigen uns in dieser Meinung. Wir werden uns auch weiterhin fragen, wie sich die Verwendung der Schrift noch ausweiten läßt.

Da David und ich räumlich durch einige Tausend Kilometer voneinander getrennt sind (David lebt in Auckland, Neuseeland, und ich lebe in Adelaide, Australien), entstanden die meisten der in diesem Buch vorgestellten Dokumente unabhängig voneinander. Dennoch beeinflußten wir einander dabei wesentlich, da jeder die Veröffentlichungen des anderen las und wir von Zeit zu Zeit miteinander arbeiten, Ideen brieflich austauschen und gemeinsame Workshops durchführen konnten. Ich bin sicher, der Leser wird beim Vergleich der von David und mir verwendeten Schriften viele Ähnlichkeiten feststellen und dabei erkennen können, wie bereichernd diese Zusammenarbeit für uns beide war.

Wir hoffen, daß das in diesem Buch zusammengestellte Material unsere Verwendung der schriftlichen Tradition in unseren Therapien, die sich auf die Textanalogie und das Gedankengut Foucaults stützen, angemessen wiedergibt und auch die Erfahrungen unserer Patienten einigermaßen repräsentiert.

3. Die Externalisierung von Problemen

Einleitung

Der vorliegende Beitrag ist meine Antwort auf zahlreiche Anfragen von Therapeuten. Ich möchte darin einmal ausführlicher die Praktiken darstellen, die sich bei der Externalisierung von Problemen als hilfreich erwiesen haben. Es handelt sich um ein Gedankengut, das ich in den vergangenen Jahren bereits in verschiedenen Artikeln veröffentlicht und auf Workshops oder in Vorträgen vorgestellt habe.

Zunächst bringe ich einige Überlegungen zur Theorie und Praxis der Externalisierung, um dann spezielle Aspekte dieser Praxis näher zu beleuchten. Anschließend bespreche ich kulturelle Praktiken, die, indem sie bestimmte Identitäten festschreiben, den Kontext für die „Verdinglichung" oder „Objektivierung" von Personen liefern. Die bei der Externalisierung von Problemen zum Zuge kommenden Praktiken lassen sich gleichsam als Gegenpraktiken zu denen verstehen, die die jeweilige Kultur ins Spiel bringt.

Bei der „Externalisierung" versucht der Therapeut, als bedrückend empfundene Probleme zu objektivieren und auch manchmal zu „personifizieren". Während dieses Prozesses verselbständigt sich das Problem und löst sich damit von dem Menschen oder der Beziehung, die als Problem beschrieben wurden, ab. Die Probleme und Eigenschaften, die bislang an Personen oder Beziehungen festgemacht wurden, verselbständigen sich und werden dadurch weniger belastend und einschränkend.

Ich begann vor etwa zehn Jahren, systematisch mit meinen Patienten an der Externalisierung ihrer Probleme zu arbeiten. Dies geschah überwiegend im Rahmen meiner Arbeit mit Familien, die aufgrund der bei ihren Kindern diagnostizierten Probleme um eine Therapie nachsuchten. Diverse Aspekte dieser Arbeit habe ich bereits in verschiedenen Veröffentlichungen vorgestellt (1984, 1985, 1986).

Die Externalisierung des im Kind diagnostizierten Problems fand bei diesen Familien großen Anklang. Obwohl das Problem üblicherweise nur dem Kind zugeschrieben wurde, fühlten sich doch alle Familienmitglieder davon betroffen, häufig sogar überwältigt, entmutigt und niedergeschlagen. Auf unterschiedliche Art nahmen sie den Fortbestand des Problems und ihre fehlgeschlagenen Lösungsversuche als Anschuldigung gegen sich selbst, gegeneinander bzw. gegen die Beziehung wahr. Der Fortbestand des Problems auch nach wiederholten therapeutischen und/oder Korrekturmaßnahmen diente den Familienmitgliedern als Bestätigung für negative Eigenschaften, die entweder einer Person oder der Beziehung zukamen.

Als die Mitglieder dieser Familien die zur Therapie führenden Probleme näher erläuterten, war es daher durchaus verständlich, daß sie eine, wie ich es nenne, „problembefrachtete Beschreibung" des Familienlebens lieferten. Wie noch aus meiner folgenden Darstellung der Textanalogie hervorgehen wird, läßt sich solche Beschreibung auch „beherrschende Familiengeschichte" nennen (White 1988).

Die Externalisierung half den Familienmitgliedern, sich selbst und ihre gegenseitige Beziehung von dem Problem zu lösen und eröffnete ihnen die Möglichkeit, sich selbst und ihre Beziehungen unter einer neuen und nichtproblembefrachteten Perspektive zu betrachten; sie ermöglichte damit die Entstehung einer anderen, neuen Familiengeschichte, die für alle Familienmitglieder attraktiver war. Mit Hilfe dieser neuen Betrachtungsweise waren sie in der Lage, „Tatsachen" in ihrem Leben und ihren Beziehungen zu orten, die im problembefrachteten Familienbericht nicht einmal verschwommen wahrnehmbar gewesen waren; „Tatsachen", die zu dieser problembefrachteten Darstellung im Widerspruch standen und nun zum Kernpunkt neuer Geschichten wurden. Im Verlauf dieses Prozesses ließ sich dann das Problem des Kindes langsam aber sicher lösen.

Die ausgesprochen positiven Reaktionen auf diese frühen systematischen Versuche, Familien zur Externalisierung ihrer Probleme zu ermutigen, veranlaßten mich, diese Praxis auf eine ganze Reihe vorliegender Probleme auszuweiten. Bei der sich anschließenden Erprobung dieser Praxis stellte ich fest, daß die (im folgenden näher zu beschreibende) Externalisierung den Betroffenen bei ihrer Auseinandersetzung mit einer weiten Spielbreite von Problemen zu helfen vermochte. Es zeigte sich, daß diese Praxis unter anderem

1. unproduktive zwischenmenschliche Konflikte einschließlich der Diskussionen darüber, wer für das Problem verantwortlich ist, entschärft;
2. das Gefühl des Versagens, das in vielen Menschen als Reaktion auf den Fortbestand des Problems auch nach vergeblichen Lösungsversuchen eintritt, abschwächt;
3. den Weg für eine Zusammenarbeit der Betroffenen ebnet, indem diese sich nun gegen das Problem und seinen Einfluß auf ihr Leben zusammenschließen;
4. den Betroffenen neue Möglichkeiten eröffnet, um ihr Leben und ihre Beziehungen aktiv von dem Problem und dessen Einfluß zu befreien;
5. Menschen für eine gelassenere, effektivere und weniger belastende Behandlung „todernster" Problem freimacht; und
6. Möglichkeiten zum Dialog statt zum Monolog über das Problem schafft.

Für die zur Externalisierung von Problemen verwendeten Praktiken gilt eben, daß nicht die Person oder die Beziehung, sondern das Problem das Problem ist.

Praktiken der Externalisierung

Im folgenden beschreibe ich einige der bei der Externalisierung von Problemen verwandten Praktiken, die ich im Laufe der Zeit erarbeitet habe. Sie erwiesen sich den Betroffenen durchweg als große Hilfe, um sich von den problembefrachteten Beschreibungen ihres Lebens und ihrer Beziehungen loslösen und sich lohnendere, neuartige Geschichten aneignen zu können.

Mein therapeutisches Interesse an der Externalisierung von Problemen verstärkte und erweiterte sich noch durch meine Lektüre der „interpretativen Methode" und Michel Foucaults Analyse der in westlichen Gesellschaften vorherrschenden kulturellen Praktiken. Im zweiten Teil dieser Einleitung erörterte ich einige Aspekte seiner Analyse, so daß ich an dieser Stelle nur kurz die interpretative Methode erläutern möchte, wobei ich die „Textanalogie" besonders hervorhebe. Nähere Einzelheiten über die Textanalogie und ihre Anwendung in der Therapie lassen sich den vorausgegangenen und folgenden Kapiteln dieses Buches entnehmen.

Ich behandle die interpretative Methode nicht unter psychoanalytischen Gesichtspunkten. Sozialwissenschaftler bedienen sich dieser Methode, wenn sie die Prozesse betrachten, mittels derer Menschen der Welt einen Sinn verleihen. Mit dem Argument, daß Menschen keine unmittelbaren Kenntnisse über die Welt haben können – daß sie die Realität niemals objektiv wahrnehmen –, verbindet sich für Sozialwissenschaftler die Annahme, daß das gesamte Wissen eines Menschen auf der Interpretation seiner Erfahrungen beruht. Jeder Interpretationsvorgang erfordert dabei die Zuschreibung einer Bedeutung.

Die Textanalogie geht davon aus, daß diese Bedeutung sich von der „Geschichte" herleitet, in die man jeweils eine Erfahrung kleidet, genauer: daß die Lebensgeschichte eines Menschen die Bedeutung, die er seinen Erfahrungen beimißt, bestimmt. Die Zusammenfassung von Erfahrungen oder Ereignissen zu Geschichten oder „Erzählungen über sich" (Gergen a. Gergen 1984) ist erforderlich, damit Menschen ihrem Leben einen Sinn verleihen und darin Kohärenz und Kontinuität erkennen können.

Die Lebensgeschichte eines Menschen ist nicht nur bestimmend für die Bedeutung, die er seinen Erfahrungen zuschreibt, sondern auch dafür, welche Aspekte seines Lebens er für die Zuschreibung der Bedeutung auswählt. Bruner (1986) argumentiert, daß Erzählungen nicht die gesamte Bandbreite unserer gelebten Erfahrungen erfassen können. „... gelebte Erfahrung ist reicher als ihre Darstellung. Erzählstrukturen ordnen und geben Erlebtem eine Bedeutung, aber es gibt immer noch Gefühle und Erlebnisse, die von der beherrschenden Geschichte nicht erfaßt werden" (1986, S. 143).

Ausgehend von der These, daß es die Lebensgeschichte eines Menschen ist, die sowohl die Zuschreibung einer Bedeutung für die Erfahrung als auch die Auswahl der jeweils zum Ausdruck zu bringenden Erfahrungsaspekte bestimmt, läßt sich der Schluß ziehen, daß solche Geschichten das Leben eines Menschen bestimmen oder formen. Das Leben und die Beziehungen eines Menschen entwickeln sich, während er durch diese Geschichten lebt oder sie in Szene setzt.

Mit Hilfe der Textanalogie lassen sich aus der Weise, wie Menschen ihre Probleme erleben, verschiedene Vermutungen ableiten. Allgemein kann ich feststellen, daß Menschen häufig dann eine Therapie aufsuchen, wenn die Geschichten, mittels derer sie ihre Erfahrungen beschreiben bzw. sich von anderen beschreiben lassen:

a) ihre gelebten Erfahrungen nicht genügend widerspiegeln, und daß es unter diesen Voraussetzungen b) wesentliche Aspekte ihrer gelebten Erfahrung gibt, die diesen beherrschenden Erzählungen widersprechen.

Mit der Externalisierung des Problems können wir uns von den unser Leben und unsere Beziehungen beherrschenden Geschichten loslösen. Wie bereits erwähnt, habe ich diese Geschichten „problembefrachtete" Beschreibungen genannt. Trennen wir uns von diesen Geschichten, können wir Aspekte gelebter Erfahrungen erkennen, die wir bislang nicht wahrgenommen haben. Diese bislang unbeachteten Aspekte gelebter Erfahrungen wären aus der beherrschenden Geschichte nicht hervorgegangen. Daher habe ich diese Erfahrungsaspekte nach Goffman (1961) als „einmalige Ereignisfolgen" (unique outcomes) bezeichnet (1987, 1988).

Werden einmalige Ereignisfolgen identifiziert, können die Betroffenen dazu ermutigt werden, für diese einmaligen Ereignisfolgen neue Bedeutungen zu entwickeln. Soll dieses Unterfangen erfolgreich sein, müssen sich die einmaligen Ereignisfolgen in eine neuartige Lebensgeschichte der Betroffenen einfügen. Ich habe diese neuartige Geschichte eine „einmalige Beschreibung" (unique account) genannt und eine Form der Befragung entwickelt, die Patienten dazu ermutigt, neue, andersartige Geschichten zu orten, zu entwickeln oder wiederzubeleben, die den einmaligen Ereignisfolgen „einen Sinn geben" (White 1988).

Es lassen sich dann andere Fragen einflechten, die dazu anregen, zu untersuchen, welche Eigenschaften der Person und der Beziehung diese neuen Entwicklungen wohl widerspiegeln. Im Verlauf solchen Frage- und Antwortgeschehens können die Betreffenden neue und „einmalige Neubeschreibungen"[17] (unique-descriptions) ihrer selbst und ihrer Beziehungen entwickeln (White 1988).

Dann lassen sich Fragen stellen, mit denen dazu aufgefordert wird, diese neuartigen Geschichten auszuweiten. Sie regen an, einige der neuen und „einmaligen Möglichkeiten" genauer zu untersuchen, die in den einmaligen Darstellungen und den einmaligen Neubeschreibungen von Personen und ihren Beziehungen angelegt sind (1988). Diese neuartigen Geschichten lassen sich noch weiter durch die Einführung von Fragen ausdehnen, die die Betroffenen dazu einladen, sich für die Darstellung neuer, für ihr Leben wichtiger

Bedeutungen ein Publikum auszusuchen und zusammenzustellen. Diese Fragen habe ich als einmalig zirkuläre Fragen (unique circulation questions) bezeichnet.

Ich meine, ein therapeutischer Ansatz, bei dem es um Externalisierung von Problemen geht, erleichtert eine „Neufassung" (Myerhoff 1986) unserer Lebensgeschichte und unserer Beziehungen. Daher neige ich dazu, von einer „schriftstellernden Therapie" (1988) zu sprechen.

Im folgenden möchte ich einige Techniken der Externalisierung von Problemen eingehender beschreiben, wobei sich allerdings Überschneidungen nicht ganz ausschließen lassen.

Befragung nach dem relativen Einfluß

Eine Form der Interviewführung, die den Betroffenen bei der Externalisierung ihres Problems eine große Hilfe war, nannte ich „Befragung nach dem relativen Einfluß" (White 1986b). Diese Befragung setzt bereits zu Beginn des ersten Gesprächs ein und erlaubt somit den Betroffenen von Anfang an, sich aktiv an der Loslösung ihres Lebens und ihrer Beziehungen von dem Problem zu beteiligen.

Die Befragung nach dem relativen Einfluß zielt auf zwei Bereiche: Zum einen werden die Betroffenen dazu aufgefordert, den Einfluß des Problems auf ihr Leben und ihre Beziehungen zu umreißen. Zum anderen sollen sie ihren eigenen Einfluß auf das „Leben" des Problems skizzieren.

Nachdem die Betroffenen aufgefordert wurden, zu überlegen, wie sich das Problem auf ihr Leben und ihre Beziehungen auswirkt, regt sie nunmehr die Befragung nach dem relativen Einfluß an, sich ihrer Beziehung zu dem Problem bewußt zu werden und diese zu beschreiben. Damit werden sie aus ihrer starren Problemwelt herausgeholt und zu einer sich in ständigem Wandel befindlichen Welt der Erfahrung hingeführt. In dieser Welt eröffnen sich den Betroffenen neue Möglichkeiten für positives Handeln, ergeben sich neue Chancen für Flexibilität.

Der Einfluß des Problems wird umrissen

Mit Hilfe von Fragen werden die Betroffenen dazu aufgefordert, den Einfluß des Problems auf ihr Leben und ihre Beziehungen zu umreißen. Sie vermögen dadurch das Ausmaß des Einflusses festzustellen, den das Problem auf viele ihrer Lebensbereiche – sei es auf ihr

Verhalten, ihre Emotionen, ihren Körper, auf ihre Interaktionen mit anderen Menschen und auf deren Meinungen – ausübt.

Es kennzeichnet die problembefrachtete Beschreibung des Familienlebens, daß sie normalerweise sehr viel mehr Raum einnimmt als die Beschreibung des „eigentlichen" Problems. Gleichsam im Gegenzug hinterfragen wir nun nicht nur die Auswirkungen des Problems auf die Beziehung zwischen den Betroffenen und dem Problem, sondern auch, wie sich das Problem in anderen Beziehungskonstellationen auswirkt; so zum Beispiel in der Beziehung zwischen Problem und verschiedenen anderen Personen und zwischen Problem und verschiedensten Interaktionsmustern.

Durch Einbeziehung all dieser Interaktionsebenen ergibt sich dann ein weites Betätigungsfeld für die anschließende Suche nach einmaligen Ereignisfolgen und für Möglichkeiten zum positiven Handeln. Alle vom Problem Betroffenen vermögen ein neues Gefühl persönlicher Wirksamkeit zu entdecken.

Als praktisches Beispiel für ein solches „Umreißen des Problemeinflusses" wähle ich im folgenden einen Fall von Enkopresis. Die meisten der in diesem Buch vorgestellten Praktiken ergaben sich aus meiner Arbeit mit Familien, worin Kinder anhaltend eingekotet und allen Therapieversuchen getrotzt hatten.

Der sechsjährige Nick wurde mir von seinen Eltern Sue und Ron[18] vorgestellt. Nick hatte eine lange Vorgeschichte von Enkopresis, die allen Lösungsversuchen, auch denen zahlreicher Therapeuten, widerstanden hatte. Kaum ein Tag verging ohne „Unfall" oder „Ereignis", was in der Regel eine volle Unterhose bedeutete.

Schlimmer war jedoch, daß Nick sich mit dem „Dreck" angefreundet hatte. Der Dreck war sein Spielgefährte geworden. Er pflegte ihn an Wänden „abzustreifen", ihn in Schubladen zu verschmieren und zu Kügelchen zu formen, die er hinter Regale und Kleiderschränke schnippte; er hatte es sogar fertiggebracht, ihn unter den Küchentisch zu kleben. Außerdem stießen Sue und Ron überall im Haus immer wieder auf versteckte verschmutzte Kleidungsstücke und auf den in Ecken, in der Dusche und im Waschbecken verschmierten Dreck. Der Dreck hatte es sich sogar zur Gewohnheit werden lassen, Nick ins Bad zu begleiten.

Als Reaktion auf meine Fragen nach dem Einfluß des Drecks auf das Leben und die Beziehungen der Familienmitglieder untereinander entdeckten wir:

1. Daß der Dreck Nicks Leben erheblich beeinträchtigte, denn er isolierte ihn von anderen Kindern und behinderte seine Arbeit in der Schule. Der Dreck überzog sein Leben und nahm seiner Zukunft den Glanz, so daß es für ihn selbst und auch für die anderen unmöglich wurde zu sehen, wie er wirklich war. Diese Schmiererei verunstaltete sein Persönlichkeitsbild und erschwerte es anderen Menschen zu erkennen, wie interessant und intelligent er eigentlich war.

2. Daß der Dreck Sue unglücklich machte und sie dazu zwang, ihre Fähigkeiten als Mutter und als Persönlichkeit überhaupt in Frage zu stellen. Sie war so überwältigt und verzweifelt,daß sie nahe daran war aufzugeben und davon überzeugt war, daß auch ihre Zukunft als Mutter von Verzweiflung überschattet sein würde.

3. Daß die Unnachgiebigkeit des Drecks Ron in äußerste Verlegenheit brachte. Diese Verlegenheit war es, die ihn von Freunden und Verwandten isolierte. Über ein solches Problem konnte er einfach nicht mit Arbeitskollegen reden. Außerdem wohnte die Familie in einem kleinen Ort außerhalb der Metropole, so daß ein Besuch von Freunden und Verwandten in der Regel mit einer Übernachtung verbunden war. Diese Übernachtungen waren zur Tradition geworden. Als Nicks „Unfälle" und „Ereignisse" so häufig auftraten, daß sie mit den Übernachtungen anfielen, sah sich Ron außerstande, an dieser Tradition festzuhalten. Ron hatte sich immer für einen offenen, ehrlichen Menschen gehalten, und es fiel ihm schwer, sich anderen mitzuteilen und zugleich das „schreckliche" Geheimnis für sich behalten zu müssen.

4. Daß der Dreck alle Beziehungen innerhalb der Familie auf unterschiedliche Art und Weise beeinflußte. So trieb er z.B. einen Keil zwischen Nick und seine Eltern. In Nicks Beziehung zu Sue war eine Spannung getreten und dabei war viel Freude verlorengegangen. Unter der Tyrannei des Drecks hatte die Beziehung zwischen Nick und Ron ebenfalls erheblichen Schaden genommen. Da sich ihre Gespräche nur noch um ihre Frustrationen im Zusammenhang mit Nicks Problemen drehten, hatte der Dreck schließlich auch die Beziehung zwischen Sue und Ron so erheblich beeinträchtigt, daß es für jeden von ihnen inzwischen schwierig geworden war, dem anderen überhaupt Aufmerksamkeit zu schenken.

Der Einfluß von Betroffenen wird umrissen

Ist die Einflußsphäre des Problems durch Skizzierung seiner Auswirkungen auf das Leben und die Beziehungen der Betroffenen erst einmal umrissen, kann der zweite Fragenbereich zum Zuge kommen. Dabei geht es um Fragen, die die Betroffenen auffordern, ihren Einfluß und den Einfluß ihrer Beziehungen auf das „Leben" des Problems zu skizzieren. Diese Fragen fördern Informationen zutage, die zu der problembefrachteten Beschreibung des Familienlebens im Widerspruch stehen. Das aber versetzt die Betroffenen in die Lage, sich ihrer Fähigkeiten und Ressourcen angesichts einer Notlage bewußt zu werden.

In der Regel fällt es den Betroffenen zunächst schwer, Beispiele für ihren Einfluß auf das Vorhandensein des Problems auszumachen. Dies ist vor allem dann der Fall, wenn sie unter langanhaltenden und offensichtlich schwer zu handhabenden Problemen zu leiden hatten, die sie bislang als düstere Schatten über ihrem Leben und ihren Beziehungen wahrnahmen.

Jedoch läßt sich nun, nachdem sich der Einfluß des Problems auf die Betroffenen ausmachen ließ, auch leichter der Einfluß der Betroffenen auf das Problem identifizieren. Der erste Fragenkomplex führte dazu, daß die Betroffenen sich von ihrem Problem loslösen und ihre Beziehung dazu neu gestalten konnten. Sie sind daher durch das Problem weniger gelähmt und weniger in ihrer Wahrnehmung von problembezogenen Ereignissen eingeschränkt. Das weitet den Blick und erleichtert die Entdeckung einmaliger Ereignisfolgen.

Damit sich die Betroffenen für eine neue Information über bislang unbeachtete und der bisherigen problembefrachteten Lebensbeschreibung widersprechende „Tatsachen" öffnen können, muß diese für die Betroffenen von besonderer Bedeutung sein. Nur mit dieser Bedeutung kann sie sich als einmalige Ereignisfolge zeigen. Ist einmal der Einflußbereich des Problems abgesteckt, ist auch der Boden für die Erzeugung solcher Bedeutung bereitet. Jede neue Information über den Einfluß, den die Betroffenen selbst ausüben, hebt sich gegen die bisherige Wahrnehmung scharf ab. So war eine junge Frau erst nach der Vergegenwärtigung des Einflusses, den eine Anorexia nervosa auf ihr Leben und ihre Beziehungen ausübte, in der Lage, die enorme Bedeutung der Tatsache zu erkennen, daß sie dem Problem nicht erlaubt hatte, sie von ihren Freunden zu isolieren.

Bei der Herausarbeitung des Einflusses, den die Familienmitglieder auf das Leben des von uns inzwischen so genannten „hinterhältigen Dreckmachers" hatten, entdeckten wir:

1. Obwohl der hinterhältige Dreckmacher ständig versuchte, Nick zum Mitspielen zu bewegen, konnte Nick sich an verschiedene

Gelegenheiten erinnern, bei denen er dem hinterhältigen Dreckmacher nicht erlaubt hatte, ihn „auszutricksen". Dabei hätte Nick ihm durchaus nachgeben können, indem er „geschmiert", „gestrichen" oder „aufgetragen" hätte, aber er hatte sich geweigert. Er hatte es sich nicht erlaubt, da hineingezogen zu werden.

2. Gerade vor kurzem noch hatte es eine Gelegenheit gegeben, bei der der hinterhältige Dreckmacher Sue beinahe kreuzunglücklich gemacht hätte. Sie blieb aber standhaft, ließ sich nicht aus der Ruhe bringen und schaltete statt dessen das Radio ein. Außerdem weigerte sie sich diesmal, an ihren mütterlichen und menschlichen Fähigkeiten zu zweifeln.

3. Ron konnte sich an kein einziges Mal erinnern, wo er sich nicht durch den hinterhältigen Dreckmacher hatte verwirren und von anderen Menschen isolieren lassen. Als ihm jedoch klar geworden war, daß der hinterhältige Dreckmacher auch ihn herausforderte, zeigte er Interesse an der Idee, solcher Herausforderung zu trotzen. Auf meine neugierige Frage, wie er denn wohl gegen die Herausforderungen des hinterhältigen Dreckmachers protestieren wolle, antwortete er mir, er werde versuchen, das „schreckliche" Geheimnis einem Arbeitskollegen zu offenbaren.[19]

4. Als es darum ging, den Einfluß der Familienbeziehungen auf das Leben des hinterhältigen Dreckmachers zu bestimmen, tauchten Schwierigkeiten auf. Im Verlauf des Gesprächs stellte sich jedoch heraus, daß es dem hinterhältigen Dreckmacher noch nicht völlig gelungen war, die Liebe in Nicks Beziehung zu Sue und Ron zu zerstören. Es gab da noch manch gute Substanz.

Nachdem wir den Einfluß, den Nick, Sue und Ron auf den hinterhältigen Dreckmacher ausübten, herausgearbeitet hatten, stellte ich Fragen, die die drei dazu ermutigten, diesem Tatbestand eine Bedeutung zu geben, die nunmehr ihr Leben und ihre Beziehungen insgesamt in einem neuen Licht erscheinen ließ.

Wie hatten sie es geschafft, solcherart gegen das Problem anzugehen? Was sagte das über sie als Menschen und über ihre Beziehungen aus? Auf welche persönlichen Eigenschaften und Beziehungsmerkmale konnten sie diesen Erfolg zurückführen? Gab solch ein Erfolgserlebnis ihnen das Gefühl, sie könnten weitere Schritte unternehmen, um ihr Leben von dem Problem zurückzugewinnen? Würden sie mit dem neuen Wissen, das sie über sich gewonnen hatten, dem Problem in Zukunft anders begegnen?

In Beantwortung dieser Fragen meinte Nick, er sei in der Lage, den hinterhältigen Dreckmacher davon abzuhalten, ihn so oft hereinzulegen, und er werde sich nicht mehr so leicht als Spielgefährte gewinnen lassen. Sue hatte ein paar neue Ideen, wie sie den hinterhältigen Dreckmacher daran hindern konnte, sie unglücklich zu machen, und Ron meinte, er könne es schon riskieren, seine Idee, einem Arbeitskollegen von seinem Kampf gegen den hinterhältigen Dreckmacher zu erzählen, in die Tat umzusetzen.

Zwei Wochen später war die Familie wieder bei mir. Während dieser Zeit hatte Nick lediglich einen kleineren Unfall zu verzeichnen, der als leichte „Verdreckung" beschrieben wurde. Nach neun Tagen hatte der hinterhältige Dreckmacher dann versucht, ihn zurückzugewinnen, aber Nick hatte nicht nachgegeben. Er hatte dem hinterhältigen Dreckmacher eine Lektion erteilt – er würde ihm nicht länger erlauben, sein Leben zu zerstören. Er beschrieb, wie er sich geweigert hatte, mit dem hinterhältigen Dreckmacher zu spielen und daher glaubte, nun sein eigenes Leben leben zu können. Er war mitteilsamer, glücklicher, fühlte sich stärker und war körperlich aktiver. Der hinterhältige Dreckmacher war ein gemeiner Schurke, und es war gut für Nick, daß er sein Leben für sich zurückgewonnen hatte.

Auch Sue und Ron hatten mit ihrer Entscheidung, dem hinterhältigen Dreckmacher nicht mehr nachzugeben, „Ernst gemacht". Sue hatte begonnen, „sich selbst öfter etwas Gutes anzutun", und dies vor allem dann, wenn der hinterhältige Dreckmacher ihr das Leben schwer machte. Sie war entschlossen, ihm zu zeigen, daß er ihr nicht mehr so leicht beikommen konnte.

Ron hatte es riskiert, die ihm durch den hinterhältigen Dreckmacher auferlegte Isolation zu durchbrechen. Er hatte mit ein paar Arbeitskollegen über das Problem gesprochen, und sie hatten ihm verständnisvoll zugehört und die eine oder andere Bemerkung dazu gemacht. Eine Stunde später war einer der Kollegen zurückgekommen, um Ron zu eröffnen, daß er mit seinem Sohn ein ähnliches Problem gehabt habe. Es hatte sich eine für beide sehr bedeutende Unterhaltung entsponnen, in deren Verlauf sich ihre Freundschaft noch vertieft hatte. Außerdem hatte Ron erkannt, daß man „mit Nick gut reden konnte", seitdem der Dreck nicht mehr auf seinem Leben lastete.

Ich forderte die Familie auf, sich weiter Gedanken darüber zu machen, was dieser Erfolg ihnen wohl über ihre persönlichen und ihre Beziehungsmerkmale aussagen könnte. Ich ermutigte sie auch, sich zu überlegen, wie sich im Lichte solchen Tatbestandes ihre weitere Beziehung zu dem hinterhältigen Dreckmacher gestalten könnte. Im Verlauf dieser Diskussion kamen dann die Familienmitglieder auf weitere Maßnahmen, mittels derer sie den Herausforderungen des hinterhältigen Dreckmachers begegnen konnten.

Drei Wochen später trafen wir uns zum dritten Mal, und ich konnte feststellen, daß alle Beteiligten weitere Schritte gegen den hinterhältigen Dreckmacher unternommen hatten – Schritte, die diesen in seine Schranken verwiesen: Nick hatte neue Freunde gewonnen und war mit seiner Schularbeit auf dem Laufenden, und die Familie war von einigen Freunden und Verwandten über Nacht besucht worden. Sue hatte weiter Abstand von ihren Schuldgefühlen gewonnen. Das wurde bis zu einem gewissen Grad durch die Tatsache erleichtert, daß sie und Ron nunmehr häufiger mit anderen Eltern über ihre mühevollen elterlichen Erfahrungen sprachen. Auf diese Weise hatten sie erfahren, daß sie nicht die einzigen Eltern waren, die ihre elterlichen Fähigkeiten in Zweifel zogen.

Dann suchten wir uns gemeinsam vorzustellen, wie der hinterhältige Dreckmacher erneut versuchen könnte, Nick zu übertölpeln. Einen Monat später kam die Familie wieder zu mir, um zu berichten. Eine sechs Monate später erfolgende Sitzung zeigte, daß Nick enorme Fortschritte gemacht hatte. Nur ein- oder zweimal waren seine Unterhosen noch leicht verschmutzt gewesen. Er war viel zuversichtlicher und kam sowohl mit Freunden als auch in der Schule besser zurecht. Jeder war über seinen Erfolg froh.

Bestimmung des zu externalisierenden Problems

Bei den Praktiken, die der Externalisierung eines Problems dienen, ist darauf zu achten, daß sich die Auswirkungen des Problems auf das Leben und die Beziehungen des Betroffenen eindringlich verdeutlichen. So ergibt sich dessen Externalisierung gleichsam „auf natürliche Weise“. Daran vermag sich dann zwanglos die Herausarbeitung des Einflusses, den die Betroffenen auf das Vorhandensein des Problems ausüben, anzuschließen. Oft beschreiben Patienten ihr Problem in eher allgemeinen Redewendungen. Im Einzelfall sind die Auswirkungen des Problems oder die Art und Weise, wie die Betroffenen dieses wahrnehmen, jedoch immer einzigartig. Daher muß man sich den spezifischen Details jeden Falles zuwenden.

Die Art und Weise, wie Patienten ihr Problem beschreiben, kann sich sehr unterschiedlich gestalten. Sie kann genau auf ein gegebenes Verhalten bezogen sein (zum Beispiel „Er rastet aus, wenn … "), sie kann aber auch recht vage ausfallen (zum Beispiel „Wir haben da ein Kommunikationsproblem"). Dann wiederum gibt es Patienten, denen es schwerfällt, ihr Problem entsprechend ihrer Wahrnehmung zu beschreiben. Hier können Therapeuten behilflich sein, wenn sie mehrere Problemdefinitionen anbieten und dann mit dem Betroffenen gemeinsam herausfinden, welche dieser Definitionen der jeweiligen Erfahrung am besten entspricht.

Damit Therapeuten den Besonderheiten eines jeden Falles mitsamt dessen Implikationen für zukünftiges Geschehen gerecht zu werden vermögen, bedürfen sie auch einer bestimmten „Sensibilität" für verdeckte, politisch mehr oder weniger sanktionierte Formen sozialer Unterdrückung. Andernfalls könnten sie versehentlich noch zur Unterdrückung des/der Patienten beitragen.

Solche Sensibilität sollte den Therapeuten davon abhalten, bei der Externalisierung von Problemen zu Gewalt und sexuellem Mißbrauch aufzufordern. Vielmehr sollte der Therapeut hier auf die Externalisierung und damit Verdeutlichung von Einstellungen und Überzeugungen hinarbeiten, die der Gewalt den Boden bereiten. Das gilt insbesondere für Unterdrückungspraktiken wie erzwungene Geheimhaltung und Isolation.

Die Bestimmung des Problems ist fließend und entwicklungsfähig

Die Benennung des Problems kann während einer Therapie gleich bleiben oder sie kann sich ändern bzw. im Laufe der Zeit entwickeln. Das trifft vor allem auf die Fälle zu, in denen die Betroffenen sich um eine Problemdefinition bemühen, die ihrer Wahrnehmung exakt entspricht.

In dem Maße, in dem ein Therapeut nach dem jeweiligen Einfluß des Problems fragt, fällt es auch leichter, dies angemessen zu definieren. Das möchten wir im folgenden anhand eines Beispiels zeigen.

Marjorie, eine alleinerziehende Mutter von zwei Kindern, zehn und elf Jahre alt, suchte eine Therapie für die, wie sie es nannte, in der Familie dauernd auftretenden Wutanfälle. Auf die Bitte, dies näher zu erläutern, sagte sie, daß alle, auch sie selbst, ihre Frustrationen in Form von Wutanfällen austragen würden.

Auf die Frage, welche Auswirkungen diese Wutanfälle ihrer Meinung nach auf ihr Leben hätten, antwortete Marjorie, sie fühle sich dadurch gezwungen, Konflikten mit ihren Kindern aus dem Weg zu gehen. Als nach den Auswirkungen solcher Konfliktscheu auf ihre Beziehung zu den Kindern gefragt wurde, erkannte sie plötzlich, daß sie dadurch auf ihre eigenen Rechte verzichten mußte. Bedeutete dies, daß sie sich oft als eine Selbstverständlichkeit, ein bloßes Objekt, behandelt fühlte? „Genau das ist es!", rief Marjorie aus.

Als Marjorie weiter nach dem Grund gefragt wurde, warum sie sich so bereitwillig derart von anderen behandeln lasse, tauchte der Begriff „Schuld " als möglicher Grund auf. Daraufhin untersuchten wir genauer die Auswirkungen dieser Schuldgefühle auf ihr Leben. Auf diese Weise ließ sich das Problem mit dem Begriff „Schuldgefühle" neu definieren; er brachte in ihr eine Saite zum Klingen, die wesentliche Aspekte ihrer gelebten Erfahrung erfaßte.

Dann wurde festgestellt, inwieweit Marjorie auf die Existenz der Schuldgefühle Einfluß ausübte. Hier ließen sich wieder einmalige Ereignisfolgen in ihrer Bedeutung festmachen. Von dieser Basis aus unternahm sie dann Schritte in Richtung auf eine Ausweitung ihres Einflusses: Sie stellte sich gegen die Auswirkungen der Schuldgefühle und kündigte ihre Abkehr davon an. Bei den Kindern ließ sich wiederum feststellen, daß die Schuldgefühle der Mutter ihnen bis zu einem gewissen Grad abverlangt hatten, Marjorie als selbstverständlich, d. h. als jemanden hinzunehmen, der sich alles gefallen ließ. Dennoch ließen sich einige Gelegenheiten ausmachen, bei denen die Kinder solcher Herausforderung nicht nachgekommen waren. Diese Familie konnte schon bald ihr Leben und ihre Beziehungen wieder in den Griff bekommen.

Vom Spezifischen zum Allgemeinen

Liefern Patienten eine sehr spezifizierte Definition des Problems, kann es in einigen Fällen hilfreich sein, wenn man sie dazu ermutigt, dieses allgemeiner zu definieren. Dadurch wachsen die Möglichkeiten, den Einfluß des Problems sowie einmalige Ereignisfolgen zu bestimmen.

Der folgende Fall zeigt, wie sich eine allgemeinere Problemdefinition als nützlich erweisen kann.

Familie Smith fragte mich um Rat wegen ihrer siebenjährigen Tochter Mary, die bereits seit langem „Einschlafprobleme" hatte. Die

Eltern, James und Rachel, fanden das Problem sehr ermüdend. Sie hatten oft genug Versuche unternommen, es zu lösen, ohne auch nur die Spur eines Erfolges zu sehen. Sie hatten Bücher zu Rate gezogen, ärztliche Hilfe gesucht und Kurse für Erziehungsprobleme belegt.

Rachel und James waren zu dem Schluß gekommen, daß der einzig gangbare Weg, mit diesem Problem fertigzuwerden, darin bestand, daß einer von ihnen beiden sich neben Mary setzen und ihre Hand halten mußte, bis sie eingeschlafen war. Das nahm oft über anderthalb Stunden in Anspruch – manchmal sogar bis zu zweieinhalb Stunden. Rachel und James waren mit ihrer Weisheit am Ende.

Da Rachel, James und Mary sich nicht daran erinnern konnten, daß Mary auch nur einmal allein eingeschlafen wäre, schien es sehr unwahrscheinlich, daß man in diesem engen Bereich, der durch die spezifische Definition des Problems vorgegeben war, bedeutende Beispiele hätte finden können. Daher stellte ich Fragen, die dazu anregten, ein generelleres Problem mit einem weiteren Einflußbereich zu benennen.

Die Einschlafstörungen machten Mary von der Beruhigung durch ihre Eltern abhängig. Wie wirkte sich dies wohl nach Meinung der Eltern auf Marys Leben im allgemeinen aus? Im Verlauf des Gesprächs tauchte „Unsicherheit" als eine umfassendere Problemdefinition auf. Welche Auswirkungen hatte die Unsicherheit neben den Einschlafstörungen auf Marys Leben? Rachel brachte vor, daß Mary aufgrund ihrer Unsicherheit ganz offensichtlich Schwierigkeiten habe, sich offen mit Gleichaltrigen auseinanderzusetzen. Im Falle eines Konfliktes dieser Art wandte sie sich in der Regel sichtbar verstört um Zuspruch an den nächstbesten Erwachsenen. Dies geschah häufiger, wenn Rachel und James in der Nähe waren. Bei der Darstellung der Auswirkungen dieser „Unsicherheit" auf das Leben von James und Rachel und auf ihre Beziehungen zu Mary bestätigte sich, daß sie sich gezwungen sahen, jeweils zugunsten von Mary in solche Streitigkeiten einzugreifen.

In bezug auf den Einfluß der Familienmitglieder auf die Unsicherheit fragte ich, ob sich einer von ihnen erinnern könne, daß Mary sich einmal selbst beruhigt hatte und sich nicht von ihrer Unsicherheit in vermehrte Abhängigkeit vom Zuspruch der Eltern hatte bringen lassen. Sogleich fiel Rachel ein Beispiel ein: Erst vor kurzem noch hatte sie einmal bemerkt, daß Mary ein Problem mit einer Gleichaltrigen selbst gelöst hatte, statt zu ihrer Mutter zu laufen und sie um Hilfe zu bitten.[20]

Danach waren weiterführende Fragen möglich, die das Zuordnen neuer Bedeutungen anregten. Hatte Mary dasselbe bemerkt wie ihre Mutter? Nein. Wie hatte sie es ihrer Meinung nach bewerkstelligt? Womit hatte sie sich auf einen solchen Durchbruch vorbereitet? Wie nahm sie die Entdeckung auf, daß sie Probleme lösen konnte? Was sagte dies außerdem über ihre Fähigkeiten aus? Eingehend untersuchte ich auch die Meinungen der Eltern zu diesen Fragen, und mit Hilfe ihrer Antworten konnte eine neue Definition für Marys Kompetenz und ihre Fähigkeit, sich selbst zu beruhigen, gefunden werden.

Mary sprach sich entschlossen für dieses „neue Bild" ihrer Persönlichkeit gegenüber dem alten aus. Was sagte diese Bevorzugung des neuen Bildes über Marys Bereitschaft aus, weitere Schritte zu unternehmen, um ihr Leben von Unsicherheit zu befreien? Und wie könnte dieses neue Wissen über Marys Fähigkeit, der Unsicherheit auszuweichen und sich selbst den Rücken zu stärken, Rachel und James dabei helfen, sich den Auswirkungen der Unsicherheit auf ihre Beziehung zu widersetzen? Als Antwort auf diese Fragen wurden verschiedene Möglichkeiten diskutiert, und im Verlauf der nächsten sechs Wochen entwickelte Mary ihre Fähigkeit, sich selbst zu beruhigen so weit, daß sie nunmehr darauf bestand, allein ins Bett zu gehen.

Von „Expertendefinitionen" zu „allgemeinverständlichen" Definitionen

Es gibt Fälle, in denen Patienten eine Definition ihres Problems in „Expertenjargon" liefern – vor allem dann, wenn sie bislang angehalten wurden, für die Beschreibung ihrer Sorgen „wissenschaftliche Kategorien" zu benutzen. Solche Problemdefinitionen tendieren jedoch dazu, Probleme aus ihrem Zusammenhang zu reißen, und erschweren es den Betroffenen, auf das „Leben" der Probleme Einfluß zu nehmen. Weder vermögen nun die Betroffenen ihre Beziehung zu dem Problem zu erarbeiten noch einmalige Ereignisfolgen zu identifizieren, noch ein Gefühl für ihre persönliche Wirksamkeit zu bekommen.

In diesem Falle sollte man Patienten auffordern, Probleme neu zu definieren und Begriffe zu finden, die ihrer Erfahrung eher entsprechen, und mittels derer sie ihre eigentlichen Sorgen besser benennen können. Wie das geschehen kann, veranschaulicht das folgende Beispiel.

Jim wurde mir von seinen besorgten Eltern vorgestellt. Vor ungefähr sieben Jahren war er als „schizophren“ diagnostiziert worden. Seinen Eltern bereitete Jims Abhängigkeit von ihnen zunehmend Sorgen. Er lebte völlig zurückgezogen und zeigte nur wenig Interesse daran, sein Leben selbst zu gestalten. Auf die Fragen seiner Eltern, warum er denn aus seinem Leben nichts mache, antwortete er für gewöhnlich: „Das liegt an der Schizophrenie.“

Ich fragte Jim, ob er sich Sorgen darüber mache, wie sein Leben verlaufe. „Ich glaube nicht“, war die Antwort. Auf die Frage, wie er seine Lebensumstände einschätze, sagte er, er habe „Schizophrenie und das ist alles.“

Dann forderte ich Herrn und Frau Brown auf, die Auswirkungen der Schizophrenie auf das Leben und die Beziehungen der Familienmitglieder zu beschreiben. Bezogen auf Jims Leben waren sie der Meinung, daß sie für seine schlechten Manieren verantwortlich sei. Ich bat sie, diese Verhaltensweisen zu beschreiben und mit einigen Beispielen zu belegen. Ich faßte ihre Aussagen wie folgt zusammen: „Also haben die Manieren, mit denen die Schizophrenie Jims Leben überzieht, ihn zu einem Schmarotzer gemacht.“

Ich wandte mich dann an Jim und fragte ihn, ob er auch dieser Meinung sei. Er sagte, er wisse es nicht. Daraufhin fragte ich: „Wenn es so wäre, daß dieses Verhalten Sie zu einem Schmarotzer macht und Sie daran hindert, Ihr eigenes Leben zu führen, wäre dies für Sie von Bedeutung?“ – „Ja, sicher“, antwortete Jim. „Warum würde Ihnen das etwas ausmachen?“ wollte ich weiter wissen. Auf diese und weitere Fragen hin begann Jim seine eigenen Sorgen und seine Wahrnehmung verschiedener Probleme zu artikulieren. Außerdem begann er, sich mit den Auswirkungen dieser Probleme auf sein Leben auseinanderzusetzen.

Eine für beide Seiten annehmbare Definition des Problems erleichtern

Wenn Familien oder Paare sich einer Therapie unterziehen, diskutieren die Mitglieder oft heftig darüber, wie das Problem zu definieren sei. Diese Diskussionen erschweren ihnen die Zusammenarbeit bei möglichen Lösungsversuchen. In solchen Fällen kann mit Hilfe der Externalisierung eine allseits akzeptable Definition des Problems gefunden und damit eine Zusammenarbeit erleichtert werden (siehe z. B. White 1984, 1986a). Das gilt besonders für die Arbeit mit zerstrittenen Partnern und mit den Familien aufsässiger Jugendlicher.

John und Wendy hatten einen Termin vereinbart, um ihre Sorgen hinsichtlich der „Unverantwortlichkeit" ihres Sohnes vorzubringen. Joe war 16 Jahre alt und war nur widerwillig mitgekommen. Er war durchaus nicht der Meinung, daß seine Eltern allen Grund hatten, sich um ihn zu sorgen. Für ihn war die Entscheidung seiner Eltern, einen Therapeuten aufzusuchen, eher die Bestätigung dessen, was er für das eigentliche Problem hielt: deren übertriebenes „Zurechtweisen" und „Herumnörgeln" an ihm.

Weil ich von diesem unproduktiven Disput über die Definition des Problems wegkommen wollte, fragte ich Wendy und John, was ihrer Meinung nach wohl geschehen würde, wenn sich die Dinge nicht änderten. Sie sprachen daraufhin von den Sorgen, die sie sich hinsichtlich der Zukunft ihres Sohnes machten. Dann fragte ich sie, wie diese Sorgen sich auf Joes Leben auswirkten. Sie fühlten sich veranlaßt, Joe stärker zu beaufsichtigen und konzentrierten ihr Leben ausschließlich auf ihn. Dann die nächste Frage: „Wie wirken sich die Sorgen auf Joes Leben aus?"

Joe schloß sich bald der Richtung dieser Untersuchung an. Er stellte fest, daß solche starken Sorgen um seine Zukunft ihn bedrängten und es ihm erschwerten, auf eigenen Füßen zu stehen. War das ein Problem für ihn? Ja. Gefiel ihm die elterliche Beaufsichtigung nicht? Nein. Würde er sich den Eltern näher fühlen, wenn sie diese Sorgen samt deren Auswirkungen auf ihre Beziehung abschwächten? Ja.

Das Finden einer für beide Seiten akzeptablen Definition eines Problems hatte den Weg für eine Zusammenarbeit geebnet. Wendy, John und Joe arbeiteten nun gemeinsam daran, die Auswirkungen der Sorgen auf ihr Leben und ihre Beziehungen noch deutlicher in den Griff zu bekommen. Als sie dann ihren eigenen Einfluß auf die Sorgen umrissen, ließen sich verschiedene einmalige Ereignisfolgen orten, so zum Beispiel ein von Joe erst vor kurzem unternommener Schritt, um die Besorgnisse seiner Eltern hinsichtlich seiner Zukunft abzuschwächen. Mit dem Bekanntwerden weiterer einmaliger Ereignisfolgen eröffneten sich Joe, John und Wendy auch neue Möglichkeiten für die selbständige Gestaltung ihres Lebens und ihrer Beziehungen.

Einmalige Ereignisfolgen

In dem bereits erwähnten Fall des hinterhältigen Dreckmachers ließen sich sowohl in den Beziehungen zwischen dem Problem und

Familienmitgliedern als auch in dem Verhältnis zwischen dem Problem und den Beziehungen der Familienmitglieder einmalige Ereignisfolgen feststellen. Oft ist es jedoch schwierig, einmalige Ereignisfolgen auf allen in Frage kommenden Interaktionsebenen zu entdecken. Das ist aber auch nicht unbedingt notwendig. Es genügt schon, wenn sich eine einmalige Ereignisfolge feststellen und mit einer neuen Bedeutung versehen läßt.

Und obwohl es hilfreich ist, wenn sich alle vom Problem Betroffenen aktiv bemühen, der einen oder anderen Ereignisfolge eine neue Bedeutung zu geben, ist dies ebenfalls nicht unbedingt nötig. Es kann bereits genügen, wenn nur ein Betroffener aktiv an einer solchen Bedeutungsgebung arbeitet und wenn er dadurch in die Lage kommt, alle durch andere unbeabsichtigt verstärkten Forderungen an ihn, mit dem Problem zu kooperieren, abzulehnen.

Wie schon erwähnt, lassen sich einmalige Ereignisfolgen erheblich leichter festmachen, wenn der Einfluß des Problems auf das Leben und die Beziehungen der Familienangehörigen sichtbar gemacht werden kann.

Sind die Auswirkungen des Problems einmal im einzelnen festgehalten, fällt es den Betroffenen wiederum leichter, ihren eigenen Einfluß auf das Problem genauer zu bezeichnen. In unserem Beispiel ließ sich feststellen, daß der hinterhältige Dreckmacher Sue unglücklich machte. Daraus ließen sich Einzelheiten darüber, was dieses Unglück für Sue bedeutete, ableiten. Als ich mit meinen Fragen die Familienangehörigen später ermutigte, ihren persönlichen Einfluß darzustellen, konnte Sue zumindest eine Gelegenheit nennen, bei der der hinterhältige Dreckmacher nicht in dieser Weise auf sie gewirkt hatte. Die Einzelheiten über die Auswirkungen des Problems halfen dann wieder dem Therapeuten, in dieser Richtung weiter zu fragen.

Einmalige Ereignisfolgen in der Vorgeschichte

Einmalige Ereignisfolgen lassen sich feststellen, wenn man dem Einfluß nachgeht, den der Betroffene in der Vergangenheit möglicherweise auf das Problem ausgeübt hat. Man kann dann diesen dazu ermutigen, sich „Tatsachen" oder Ereignisse ins Gedächtnis zu rufen, die nicht in das Bild eines ihn versklavenden Problems passen. Zwar vermögen die Betroffenen solche Ereignisse zum Zeitpunkt ihres Auftauchens wahrzunehmen, sie sind aber aufgrund ihrer problembefrachteten Vorgeschichte nicht in der Lage, diesen Ereignissen eine neue Bedeutung beizumessen.

Die in der Vorgeschichte festgestellten einmaligen Ereignisfolgen erleichtern dann die Zuordnung neuer Bedeutungen in der Gegenwart. Mit Hilfe dieser neuen Bedeutungen vermögen die Betroffenen dann ihre persönliche Geschichte und die ihrer Beziehungen gleichsam neu zu schreiben.

Katherine, 26 Jahre alt, hatte sich mit dreizehn eine ernsthafte Rückenverletzung zugezogen. Neben der körperlichen Beeinträchtigung hatte diese Verletzung beträchtliche Schmerzen zur Folge gehabt, die auf viele Nachfolgeuntersuchungen und -behandlungen nicht angesprochen hatten. Seit dem Unfall hatten sich Katherines Lebensumstände verschlechtert und sie gab zu, erheblich unter Angstzuständen und Depressionen zu leiden.

Katherine wurde beim ersten Gespräch von ihrer Mutter Joan begleitet. Ich forderte sie auf, den Einfluß des Schmerzes auf ihr Leben und ihre Beziehungen zu umreißen. Sie antwortete, daß der Schmerz sie unter anderem habe kontaktscheu werden lassen. Dann sprach ich Katherine und Joan auf ihren persönlichen Einfluß an. Ich fragte Katherine, ob sie sich an eine Begebenheit erinnern könne, bei der sie sich geweigert habe, sich vom Schmerz von einem persönlichen Kontakt zu einem anderen Menschen abhalten zu lassen. Nach zwanzig Minuten Nachdenken fiel Katherine ein Erlebnis ein, das sie vor drei Jahren gehabt hatte. Auf einem kurzen Spaziergang, nicht weit von ihrem Haus entfernt, war ihr ein Fremder entgegengekommen. Er machte einen freundlichen Eindruck, und Katherine dachte, er werde sie grüßen. Als er auf gleicher Höhe war, nickte sie und sagte „Hallo“, als er vorbeiging. Dies war damals ein Kraftakt, den sie nicht hätte voraussagen können. Sie schenkte ihm keine weitere Beachtung.

Ich ermutigte sowohl Joan als auch Katherine, diesem Erlebnis eine Bedeutung beizumessen. Wie wurde Katherine mit ihrer Angst fertig, als sich der Fremde ihr näherte? Wie hatte sie es geschafft, daß die Angst sie nicht zur Umkehr zwingen konnte? Womit hatte sie sich darauf vorbereitet? Wenn sie damals die Bedeutung dieses Ereignisses verstanden hätte, was hätte dies über ihre weitere Entwicklung ausgesagt? Welche Bestätigung hätte dieses Ereignis ihr geben können? Welchen Unterschied hätte es gemacht, hätte sie die Bedeutung dieses Erfolges besser einschätzen können?

Die Herausarbeitung dieser einmaligen Ereignisfolge in der Vorgeschichte stellte sowohl für Katherine als auch für Joan einen

Wendepunkt dar, und zwar in der Gegenwart, drei Jahre nach dem Ereignis. Daraufhin kamen weitere einmalige Ereignisfolgen zutage, auch solche, die anzeigten, daß Joan sich nicht immer von den Schmerzen hatte versklaven lassen. Ein paar Monate experimentierte Katherine daraufhin mit der Ausweitung ihres Einflusses. Sie entwickelte mehrere Freundschaften und einen wahren Lebenshunger. Und Joan begann, mehr auf ihre „eigenen Bedürfnisse" zu achten.

Manche einmalige, in der Vorgeschichte erkennbare Ereignisfolge taucht in der Zeit zwischen den einzelnen Therapiesitzungen auf, manche lassen sich mit dem in Zusammenhang bringen, was in der Therapie abläuft. In jedem Falle erschließen sich neue Bedeutungen und lassen sich neue Geschichten verfassen.

Gail war einige Jahre bevor ich sie kennenlernte als schizophren diagnostiziert worden. Trotz zahlreicher Behandlungen lebte sie sehr zurückgezogen und hatte akustische Halluzinationen, die für sie nach wie vor ein zentrales Problem darstellten. Sie nannte diese Halluzinationen „Stimmen" und beklagte sich, daß diese sie ständig quälten.

Während unseres ersten Gesprächs fand Gail einen Beweis für eine gewisse Autonomie angesichts dieser Quälerei. Sie begann, Schritte zu unternehmen, um ihren eigenen Einfluß auf die Stimmen zu vergrößern und diese auf unterschiedliche Art und Weise in Frage zu stellen und, wenn möglich, ihnen den Stellenwert von Gedanken zu geben.

Gail berichtete mir, daß die Stimmen gegen Gails Treffen mit mir opponierten. Vor unseren Terminen machten sie ihr das Leben besonders schwer und setzten alles daran, sie zur Umkehr zu bewegen. Manchmal war ihnen das beinahe gelungen. Um mir dies besser verständlich zu machen, brachte Gail vor, daß die Stimmen sich durch unsere Treffen bedroht fühlten und nun verzweifelt versuchten, diese um jeden Preis zu verhindern.

Als Gail sich bereits weitgehend von den Stimmen freigemacht hatte, versuchten diese vor einem unserer Gespräche ein Comeback und verstärkten ihre Quälereien. Gail reagierte darauf mit erhöhter Nervosität. Sie befürchtete, die Stimmen könnten wieder die Oberhand gewinnen. Da ich sah, daß Gails neue Lebensgeschichte von ihrer alten überschattet wurde, stellte ich sofort Fragen, von denen ich hoffte, daß sie ihr eine Weiterführung der neuen Geschichte ermöglichten. Einige dieser Fragen zehrten davon, daß ich die Geschichte von Gails Auseinandersetzung mit den Stimmen von der Therapie her kannte.

Wie hatte sie es bei der letzten Gelegenheit geschafft, sich dem Einfluß der Stimmen zu widersetzen und zu unserer Verabredung zu kommen? Sie hatte ihnen befohlen, den Mund zu halten. Ich fragte: „Vor nicht allzu langer Zeit machten die Stimmen Ihnen das Leben wegen unserer Treffen schwer, welche Wirkung hatte das auf Sie?" – „Sie brachten mich zum Weinen", antwortete Gail. „Haben sie Sie auch heute zum Weinen gebracht?" – „Nein." – „Worin besteht also der Unterschied zwischen Ihrer heutigen und damaligen Persönlichkeit?" – „Ich kann viel mehr!" – „Warum sagen Sie den Stimmen nicht, wie es heute um Sie steht?" – „Gut ..."

Gail erholte sich von dem Streß der vorangegangen Wochen und relegierte die Stimmen schnell wieder auf den Status von Gedanken. Zwei Wochen später berichtete Gail bei unserem nächsten Treffen, daß sie von Mal zu Mal Stärke gezeigt und den Stimmen nicht gestattet habe, sie zu quälen. Dies war ein weiterer Wendepunkt in Gails Leben.

Einmalige Ereignisfolgen in der Gegenwart

Einmalige Ereignisfolgen können sich auch spontan während eines Gesprächs zeigen. In der Regel werden die Betroffenen jedoch erst darauf aufmerksam, wenn der Therapeut diese Ereignisse neugierig zur Kenntnis nimmt und sie auffordert, sich dieser bewußt zu werden.

Die Unmittelbarkeit solcher einmaliger Ereignisfolgen ist oft zwingend. Sie lassen sich sofort für die Zuordnung einer neuen Bedeutung nutzen.

Bette hatte Keith unter dem Vorwand zu einer Therapie überreden können, sie wolle eigene Probleme aufarbeiten, zu denen der Therapeut auch seine, Keiths, Gedanken und Meinungen hören sollte. Es wurde jedoch bald klar, daß das eigentliche Problem darin bestand, daß Keith sich aggressiv verhielt und auch gelegentlich gewalttätig wurde.

Eine Untersuchung der Auswirkungen von Gewalt und Aggression auf Bette und auf die Partnerbeziehung zeigte beiden Partnern, daß diese Themen vorrangig behandelt werden mußten. Nach einigem Hin und Her war Keith damit einverstanden, an der Therapie teilzunehmen.

Es wurde ein Fluchtplan entwickelt, der immer dann in Kraft treten sollte, wenn Bette sich bedroht fühlte und glaubte, daß Keith wieder gewalttätig werden könnte. Dieser Fluchtplan bezog auch Keith aktiv mit ein. Er sollte vorsorglich Freunde und Verwandte hinzuziehen. Könnte er mit ihnen über seine Gewalttätigkeit reden, würde er wesentlich zur Lösung des Problems beitragen[21].

Nach einer längeren Diskussion reagierte Keith positiv auf diese Idee. Im Verlauf der Befragung ließen sich Keiths Aggressionen mit gängigen Vorstellungen über die Beziehungen zwischen Mann und Frau sowie mit implizierten Machtstrukturen in Zusammenhang bringen. Im Kontext solcher Vorstellungen und Machtstrukturen zeigten sich auch einmalige Ereignisfolgen, denen sich wieder neue Bedeutungen zuordnen ließen.

Nachdem ungefähr die Hälfte unserer zweiten Sitzung verstrichen war, riskierte Bette, eine eigene Meinung auszusprechen, obwohl sie wußte, daß sie Keith damit widersprach. Sekunden verstrichen, und obwohl Keith offensichtlich mit sich rang, reagierte er nicht. Ich fragte ihn: „Wie haben Sie das geschafft? Das hätte ich in dieser Phase nicht erwartet." – „Wie habe ich was geschafft?" entgegnete Keith. „Wie haben Sie sich zurücknehmen können, statt zu versuchen, den Aussagen Bettes zu widersprechen?" – „Ich weiß es nicht." – „Überrascht Sie das nicht?" – „Ja, ich denke schon ... Ja, natürlich!" – „Was bedeutet das Ihrer Meinung nach?" – „Ja, hm ... " Wir untersuchten dann in der zweiten Hälfte der Sitzung die Bedeutung dieser einmaligen Ereignisfolge. Dabei entwickelte sich ein neues Bild von Keiths Persönlichkeit.

Einmalige Ereignisfolgen in der Zukunft

Es gibt auch zukünftige einmalige Ereignisfolgen. Diese lassen sich festmachen, wenn sich die Betroffenen fragen oder gefragt werden, wie sie sich in Zukunft dem Problem widersetzen können.

Obwohl Nathan Schwierigkeiten hatte, seinen Einfluß auf das Problem zu beschreiben, verwirrte es ihn, als er feststellte, wie sehr das Problem sein Leben beeinflußte. Er war in der Tat so bestürzt, daß er sich entschloß, sich, komme was da wolle, aus der Ecke, in die ihn das Problem gedrängt hatte, herauszumanövrieren.

Daraufhin stellte ich einige Fragen: „Sie sehen so aus, als wollten Sie etwas dagegen unternehmen." Er war dazu entschlossen. „Was können Sie tun, um Ihr Leben in den Griff zu bekommen?" Er hatte bereits einige Ideen. „Woher haben Sie diese Ideen?" – „Wenn Sie merken, daß Sie diesen Ideen entsprechend handeln, würden Sie sich selbst dann anders sehen?" Völlig. „Wenn Sie sich dann so sehen, was würde Ihnen im Leben leichter fallen?" Nathan überlegte sich verschiedene Möglichkeiten.

Beim weiteren Nachdenken wurde er sich bewußt, daß er seine Persönlichkeit auf neue, attraktivere Weise darstellen konnte, was er dann in der Folge auch tat.

Obwohl sich diese einmaligen Ereignisfolgen auf mögliche zukünftige Ereignisse beziehen, haben sie doch einen Bezug zur Gegenwart und können auch zur Ortung einmaliger Ereignisfolgen in der Vorgeschichte führen. Die auf die Zukunft gerichteten Absichten und Hoffnungen lassen sich nutzen, um bereits in der Gegenwart dem Problem zu widerstehen und um der Vergangenheit Perspektiven abzugewinnen, die wiederum wirkungsvoll in die Zukunft weisen.

Einmalige Ereignisfolgen und Vorstellungskraft

Die Vorstellungskraft spielt bei der Externalisierung von Problemen eine wesentliche Rolle – sowohl für den Therapeuten als auch für die Patienten – und dies besonders bei der Ortung einmaliger Ereignisfolgen und der anschließenden Zuordnung neuer Bedeutungen.

Der Therapeut sollte sich vorstellen können, welche neuen Entwicklungen im Leben und in den Beziehungen des Betroffenen möglich und für diesen von Bedeutung sein könnten und sollte sich dabei nicht von eigenen Wertmaßstäben einengen lassen. Die Tatsache, daß jemand einen Besucher zu Hause begrüßt, mag dem Therapeuten bedeutungslos scheinen, für manche Menschen ist dies jedoch eine enorme Leistung – vergleichbar vielleicht mit einem Drahtseilakt des Therapeuten. Solche Leistungen können durchaus als spektakulär angesehen werden. Nicht die Größe des von einem Betroffenen unternommenen Schrittes zählt, sondern dessen Richtung.

In dem Maße, in dem der Therapeut ein Gefühl für die vorhersehbaren, problembezogenen Reaktionen des Patienten bekommt, vermag er sich auch vorzustellen, welche Art von Reaktion als einmalige, unvorhersehbare Ereignisfolge gelten kann. Seine Sensibilisierung für „Unterschiede, die einen Unterschied machen" hilft ihm wiederum bei der Stärkung der Vorstellungskraft seiner Patienten.

Bruce, der vor etwa acht Jahren als schizophren diagnostiziert worden war, wurde mir von seinen Eltern Richard und Mim vorgestellt. Auch seine jüngere Schwester Eileen nahm an dieser Sitzung teil. Mim und Richard sorgten sich über Bruces Entwicklung. Obwohl sich sein Zustand stabilisiert hatte, hatte er sich im Laufe der Zeit völlig zurückgezogen. Zur Zeit unseres Interviews verließ er sein Zimmer nur selten und versteckte sich vor allen Besuchern.

Am Ende der ersten Sitzung glaubte Bruce, er sei in der Lage, seinen Einfluß auf das Problem auszuweiten. Er nahm sich vor, den Leiter einer therapeutischen Gruppe anzurufen, um ein Treffen zu vereinbaren. Man hatte Bruce schon mehrere Male die Telefonnummer dieses Leiters gegeben, aber er hatte sich bisher noch zu keinem Anruf durchringen können. Seit fünf Jahren hatte er kein Telefonat mehr entgegengenommen, geschweige denn selbst angerufen. Ich diskutierte mit Bruce und seinen Eltern, inwieweit er bereit sei, diesen Anruf zu tätigen und fragte mich laut, ob es für ihn nicht ratsamer sei, zunächst andere vorbereitende Schritte zu unternehmen. Doch Bruce war sich sicher, das Gespräch führen zu können.

Als die Familie zur nächsten Verabredung erschien, bat ich sie, mir etwaige Fortschritte mitzuteilen. Offensichtlich gab es keine. Die Dinge waren „so wie immer". Erst nachdem die Hälfte der Sitzung vergangen war, erinnerte ich an Bruces Entschluß, den Leiter der Therapiegruppe anzurufen. Hatte er es gemacht? „Ja", sagte er, begann dann jedoch, über etwas völlig anderes zu reden. Ich warf einen flüchtigen Blick auf die anderen. Sie waren offensichtlich mit anderen Dingen beschäftigt – jeder befand sich in einer anderen Welt. Also war auch nicht zu erwarten, daß sie etwas Außergewöhnliches wahrnehmen würden.

„Moment mal!" sagte ich. „Habe ich richtig gehört?" – „Was?" sagte Bruce. „Vielleicht ist Schizophrenie ansteckend, und ich bilde mir etwas ein." Bruce wurde aufmerksam. „Wie bitte?" fragte er verwirrt. „Na ja, für einen Moment dachte ich, Sie hätten gesagt, daß Sie den Anruf erledigt haben." – „Da bilden Sie sich nichts ein, das habe ich tatsächlich gesagt", bestätigte mir Bruce. „Dann sagen Sie es doch bitte noch einmal, und zwar laut und deutlich, so daß ich die Neuigkeit verdauen kann!" Bruce kam meiner Bitte sofort nach. Ich entschuldigte mich und sagte, daß ich diese Entwicklung wirklich nicht erwartet hatte. Ich fragte Bruce daraufhin, ob es ihm etwas ausmachte, wenn er mir die Neuigkeit noch einmal mitteilte. Er machte es, und ich tat so, als würde ich vom Stuhl fallen.

Das belustigte Bruce. Jetzt schenkten alle Bruces Lebensentwicklungen ihre Aufmerksamkeit. „Wer von ihnen war auf diese Neuigkeiten auch nicht vorbereitet?" „War noch jemand überrascht?" Richard dachte über diese Fragen nach, wandte sich an Mim und sagte: „Überleg doch mal, das ist doch wirklich eine ziemliche Überraschung, oder?" Mim, nun ebenfalls auf Entdeckung gestimmt, schloß sich sofort an und begann, Bruce nach Ereignissen zu fragen, die mit diesem unerwarteten Verhalten in Zusammenhang standen. Während der folgenden dreißig Minuten stellten wir, angefeuert durch unsere Neugierde, Bruce immer neue Fragen und versuchten die Bedeutung dieses Erfolges zu ergründen. Ich zeichnete die Fragen, die Antworten und unsere Mutmaßungen auf und schickte der Familie eine Zusammenfassung in Form eines Briefes.

Bei unserem nächsten Treffen, einen Monat später, erhielt ich gleich zu Beginn der Sitzung die Information, daß Bruce seine Mutter zweimal in Erstaunen versetzt hatte. Da wir für diese Sitzung nur eine Stunde Zeit hatten, schafften wir es nicht, die Ereignisse, die sich auf diese beiden Male bezogen, vollständig zu untersuchen bzw. ihre Bedeutung voll zu erfassen. Auch während der folgenden Sitzungen blieben wir weiter hinter Bruce zurück, obwohl wir uns die größte Mühe gaben, mit den neuesten Entwicklungen in seinem Leben Schritt zu halten.

Die Änderung der Beziehungen der Betroffenen zu dem Problem

Das Problem lebt von seinen Auswirkungen. Man kann sagen, das Problem bedarf seiner Auswirkungen, um zu überleben (1986b).

Mit der Ortung einmaliger Ereignisfolgen und der Zuordnung neuer Bedeutungen vermögen die Betroffenen, ihrem Widerstand gegen die Auswirkungen oder Herausforderungen des Problems eine Gestalt zu geben. In dem Maße, in dem sie sich seinen Auswirkungen und Herausforderungen widersetzen, schwächen sie das Problem. Indem sie sich weigern, sich seinen Auswirkungen zu unterwerfen, mindern sie den Einfluß des Problems.

Und das ist um so mehr der Fall, je bewußter sie die Veränderungen in ihrer Beziehung zu dem Problem erleben und dementsprechend zu artikulieren vermögen.

Familie Harrison suchte eine Therapie für ihren achtjährigen Sohn Aaron. Seine ständigen Wutanfälle stellten ein erdrückendes Problem dar, ebenso seine Neigung, mitten in der Nacht wegzulaufen. Die Eltern waren überzeugt, daß er mit zunehmendem Alter noch mehr außer Kontrolle geraten würde.

Es gab noch andere Probleme von Bedeutung. Da waren zum einen Aarons Eßgewohnheiten und seine mangelnde Kooperationsbereitschaft, zum anderen sein unordentliches Verhalten in der Schule. Aarons Eßverhalten war tatsächlich außergewöhnlich. Wenn er die Chance hatte, konnte er eine ganze Kaffeedose oder eine Tube Zahnpasta leeressen oder eine ganze Flasche Sojasoße in einem Schluck leertrinken. Vor kurzem hatte er einen psychologischen Test dadurch sabotiert, daß er das Testmaterial aufaß.

Aaron kam mit einer langen Vorgeschichte von Lernstörungen und besuchte eine Sonderschulklasse. Außerdem war er schon als kleines Kind als hyperaktiv diagnostiziert worden. Im Gegensatz zu Aaron schienen seine älteren Schwestern relativ normale junge Mädchen zu sein. Ihre Eßgewohnheiten waren unauffällig.

Als der Einfluß der Familie auf das Leben des Problems zur Sprache kam, ließ sich eine erst kurz zurückliegende einmalige Ereignisfolge feststellen. Sie hatte damit zu tun, daß Frau Harrison während eines Wutanfalls von Aaron „abgeschaltet" und sich nicht wie sonst üblich darauf eingelassen hatte. Ich regte an, dieser einmaligen Ereignisfolge eine neue Bedeutung zu geben und fragte Mrs. Harrison, was dieses Ereignis für ihre Einstellung gegenüber den Wutanfällen bedeutete. Was bedeutete ihr „Abschalten"? Hatte sie sich den Anforderungen des Problems gefügt oder widersetzt? Welche Beziehung zu dem Problem – eine fügsame oder sich widersetzende – war ihr angenehmer? Würde die Aufkündigung ihrer Kooperation mit dem Problem dieses stärken oder schwächen? Was könnte sie noch tun, um an dieser neuen Beziehung zu dem Problem festzuhalten? War sie jetzt der effektivere Partner in dieser neuen Beziehung?

Im Verlauf einiger Sitzungen veränderte Frau Harrison ihre Beziehung zu dem Problem. Andere Familienmitglieder folgten ihrem Beispiel, so daß den Wutanfällen schon bald die Lebensgrundlage entzogen war. Aarons Verhalten besserte sich zusehends, sein Lernverhalten zeigte dramatische Fortschritte und seine Konzentrationsfähigkeit wurde deutlich besser. Zu meiner großen Freude wurde Frau Harrison zu einer „Beraterin" für die Eltern von Aarons Klassenkameraden. Sie half diesen nun, ihre Beziehungen zu den verschiedenen Problemen, die für sie von Bedeutung waren, zu ändern.

Schlußfolgerung

Der vorliegende Text beschreibt einige der bei der Externalisierung von Problemen zum Zuge kommenden Praktiken. Diese wurden inzwischen von einer Reihe anderer Therapeuten aufgegriffen und kreativ auf einen weiten Bereich unterschiedlicher Probleme angewandt (z. B. Durrant 1985, 1989; Epston 1989).

Ich habe dafür plädiert, solche bei der Externalisierung von Problemen zur Wirkung kommenden Praktiken als Gegenpraktiken zu kulturellen Praktiken anzusehen, die Menschen und ihre Körper objektivieren. Diese Gegenpraktiken setzen Menschen frei, sich selbst und ihre Beziehungen mittels alternativer Geschichten oder neuartigen Wissens neu zu verfassen oder zu bestimmen. Somit entsprechen diese Praktiken meiner Ansicht nach dem Vorschlag Foucaults, daß wir aktiv werden sollten, um „... uns von der beschriebenen Art der staatlich geförderten Vereinzelung zu befreien. Wir müssen diese Art der Individualität, die uns seit Jahrhunderten aufgezwungen wird, ablehnen" (1982, S. 216) und statt dessen neue Formen der Subjektivität fördern.

Ich gehe nicht davon aus, daß man die vorgehend beschriebenen Praktiken der Externalisierung jederzeit in allen Situationen anwenden kann. Es gibt sicher Menschen, die von Therapeuten Hilfe bei der Bewältigung verschiedener Krisen erwarten, ohne daß davon auszugehen ist, daß deren Leben und Beziehungen von problembefrachteten Geschichten beherrscht werden. In diesem Fall sollte der Therapeut den Betroffenen helfen, die Krise unter verschiedenen Aspekten wahrzunehmen und so einer Lösung näherzubringen.

Dann gibt es Patienten, die, obschon sie eine Therapie suchen, einen nicht problembefrachteten Lebensbericht liefern und ihr Leben für relativ normal halten. Diese Patienten könnte der Therapeut dazu ermutigen, „herausragende Ereignisse" in ihrem Leben festzuhalten, sie als Wendepunkte zu verstehen und ihnen eine besondere Bedeutung zuzuschreiben. Das könnte dazu beitragen, daß die Betroffenen die Geschichte beziehungsweise Verfassung ihres Lebens noch einzigartiger als bisher empfinden.

Schließlich gibt es Menschen, die sich zwar bemühen, ihr Leben als einzigartig zu sehen und zu verfassen, die aber Schwierigkeiten damit haben, weil andere Menschen disqualifizierende Versionen, Kenntnisse oder Ansichten über sie und ihre Beziehungen haben. Hier sollte der Therapeut die Betroffenen dazu ermutigen, sich die eigene Geschichte einmal genauer zu eigen zu machen und sodann mit ihnen Möglichkeiten zu sondieren, wie sich die eigene Geschichte wohl besser darstellen, vertreten und in Umlauf bringen ließe.

4. Erzählte Therapie

Unserer Ansicht nach sollten die wissenschaftlich-logische Denkweise und die sich damit verbindenden wissenschaftlichen Theorien im Bereich der Geisteswissenschaften, vor allem dort, wo sie sich auf Gesellschaftsstrukturen beziehen, ernsthaft in Frage gestellt werden. Zu diesem Zweck ist es hilfreich, wenn man die Wissenschaftlichkeit erzeugende Denkweise von der Denkweise unterscheidet, die wir für die Interpretation von Ereignissen in menschlichen Systemen für angebracht halten.

Jerome Bruner (1986) hat diese Unterscheidung getroffen. Er stellt die logisch-wissenschaftliche der „erzählenden" Denkweise gegenüber.

Es gibt zwei Arten kognitiver Tätigkeit, zwei Denkweisen, die beide genaue Wege vorgeben, wie Erfahrung geordnet und Realität errichtet wird. Eine gute Geschichte und ein gut formuliertes Argument sind von Natur aus verschieden. Beide können dazu benutzt werden, einen anderen zu überzeugen. Allerdings ist das, wovon sie überzeugen, völlig verschieden: Argumente überzeugen von ihrer Wahrheit, Geschichten von ihrer Lebensechtheit. Die eine kann durch eine mögliche Berufung auf Verfahren zur Aufstellung formeller und empirischer Wahrheit überprüft werden. Die andere stellt keine Wahrheit, sondern Wahrscheinlichkeit auf (S. 11).

Daher ist die Tätigkeit, die der logisch-wissenschaftlichen Denkweise entspringt, völlig anders als die Tätigkeit, die aus der erzählenden Denkweise resultiert. Die Kriterien für die Erstellung eines guten logischen Arguments und die für eine gute Geschichte sind nicht miteinander vergleichbar.

Die logisch-wissenschaftliche Denkweise umfaßt Verfahren und Gepflogenheiten, die sie als ein legitimes Bemühen innerhalb der wissenschaftlichen Gemeinschaft rechtfertigen, Verfahren und Gepflogenheiten, die die Anwendung „formaler Logik", „genauer Analyse", „empirischer Entdeckung unter vernünftigen Hypothesen" vorschreiben, die Schaffung universeller statt „wahrer Voraussetzungen", und einer Theorie, deren Richtigkeit „überprüfbar" ist. Den Kontext für dieses Bemühen liefert der Indikativ, da die paradigmatische oder logisch-wissenschaftliche Denkweise „... versucht, das Ideal eines formellen, mathematischen Systems der Beschreibung und Erklärung zu verwirklichen. Sie kategorisiert oder legt Begriffe fest und wendet Verfahren an, mittels derer Kategorien erstellt, verfügbar gemacht, idealisiert und miteinander in Beziehung gesetzt werden mit dem Ziel, ein System zu bilden ... Im Großen und Ganzen bewegt sich die logisch-wissenschaftliche Denkweise ... im Bereich allgemeiner Verursachungen, die sie durch Verfahren festlegt, die sich vergleichen lassen und auf ihre empirische Wahrheit überprüft werden können. Ihre Sprache soll dem Anspruch auf Konsistenz und Widerspruchslosigkeit genügen" (1986, S. 12–13).

Im Gegensatz dazu ist die erzählende Denkweise gekennzeichnet durch gute Geschichten, die durch ihre Lebensechtheit Glaubwürdigkeit gewinnen. Sie handeln nicht von Verfahren und Gepflogenheiten für die Erarbeitung abstrakter, universeller Theorien, sondern beschäftigen sich mit den Besonderheiten der Wahrnehmung. Sie stellen keine universellen Wahrheiten auf, sondern verbinden Ereignisse in der Dimension Zeit. Eine Erzählung führt nicht zu Sicherheiten, sondern zu immer neuen Perspektiven. Diese Welt der Erzählungen ist eher durch den Konjunktiv als durch den Indikativ geprägt.

Bei seiner Untersuchung darüber, was eine Geschichte zu einer guten Geschichte macht, wodurch sich eine literarisch wertvolle Geschichte auszeichnet, geht Bruner (1986) von der Existenz gewisser Mechanismen aus, durch die ein Text mehrdeutig wird und die den Leser auffordern, „eine dem Text entsprechende Bedeutung zu finden", so daß er zu einer möglichen Variante des tatsächlichen Textes wird. Mit diesen Mechanismen wird die Realität „konjunktiviert". Bruner beschreibt deren drei:

Da ist zunächst die Auflösung von Voraussetzungen, das Vorhandensein impliziter statt expliziter Bedeutungen, da mit der Ausdrücklichkeit dem Leser die interpretative Freiheit genommen ist. Den zweiten Mechanismus bezeichne ich mit Subjektivierung: die Beschreibung der Realität nicht durch ein allwissendes Auge, das eine zeitlose Realität sieht, sondern durch den Bewußtseinsfilter der

Protagonisten dieser Geschichte. Der dritte ist die vielseitige Perspektive: die Wahrnehmung der Welt nicht auf unzweideutige Art und Weise, sondern durch mehrere Prismen gleichzeitig, von denen jedes einen Teil davon erfaßt. In diesem Fall bedeutet der Konjunktiv, daß man sich eher im Bereich menschlicher Möglichkeiten als ein für alle Mal gegebener Sicherheiten bewegt.

Auch Autoren anderer Fachgebiete haben hervorgehoben, wie wichtig die Konjunktivierung der Realität beim Aufbau eines Rahmens für Veränderungen oder neue Möglichkeiten und damit bei der Zuordnung neuer Bedeutungen ist. Victor Turner (1986) verbindet zum Beispiel den Konjunktiv mit dem Schwellen- oder Zwischenstadium beim sogenannten Durchgangsritual.

Manchmal spreche ich von der Schwellenphase, die in dem kulturellen Konjunktiv vorherrscht, dem Vielleicht, Eventuell, Als-ob, der Hypothese, Fantasie, Mutmaßung, dem Wunsche – je nachdem, ob Wahrnehmung, Affekt und Wollen vorherrschen (S. 43).

Obwohl Jerome Bruners Kommentare sich auf die Struktur literarisch wertvoller Texte beziehen, glauben wir, daß Menschen auch sonst ihrem Leben eine Bedeutung zuschreiben, indem sie ihre Erfahrungen zu Geschichten zusammenstellen, und daß diese Geschichten ihr Leben und ihre Beziehungen formen. Wir meinen auch, daß die meisten Unterhaltungen, einschließlich der „Selbstgespräche", zumindest von den Rudimenten einer Geschichte geformt sind – sie haben einen Anfang, einen Wendepunkt und einen Schluß. Daher beschränkt sich die Erzählstruktur nicht auf literarische Texte.

Unser Leben gestaltet sich unentwegt in Erzählungen, in den Geschichten, die wir erzählen und die uns erzählt werden, die wir träumen oder uns vorstellen oder gern erzählen möchten; Erzählungen, die in der Geschichte unseres Lebens aufgearbeitet werden, die wir uns selbst in einem episodischen, manchmal halb bewußten, im Grunde aber ununterbrochenen Monolog erzählen. Wir sind in eine Erzählung eingebettet, zählen die Bedeutung unserer vergangenen Taten auf und schätzen sie neu ein, ahnen den Ausgang unserer Projekte für die Zukunft und setzen uns dabei an die Schnittstelle verschiedener unvollendeter Geschichten (Brooks 1984, S. 3).

In der folgenden Erörterung verdeutlichen wir die Unterschiede zwischen der logisch-wissenschaftlichen und der erzählenden Denkweise unter Berücksichtigung verschiedener Dimensionen.

Erfahrung

Bei der logisch-wissenschaftlichen Betrachtungsweise werden die Einzelheiten persönlicher Erfahrung zugunsten konstruierter Schemata, Ereigniskategorien, Klassifizierungs- und Diagnosesysteme außer acht gelassen.

Im Gegensatz dazu zieht die erzählende Denkweise die Einzelheiten gelebter Erfahrung vor. Die gelebte Erfahrung ist das „Entscheidende", und es sind die Verknüpfungen zwischen den Aspekten gelebter Erfahrung, die für Sinn und Bedeutung sorgen.

Nur wenn wir die uns beschäftigende gegenwärtige Erfahrung mit den kumulativen Ergebnissen ähnlicher oder zumindest relevanter, wenn nicht gar ungleichartiger, aber gleichermaßen intensiver vergangener Erfahrungen verbinden, kann die Art von Beziehungsstruktur entstehen, die einen „Sinn" gibt (Turner 1986, S. 36).

Zeit

Da sich die logisch-wissenschaftliche Denkweise mit der Ableitung allgemeiner Naturgesetze und mit der Konstruktion einer Welt beschäftigt, die aus universellen Tatsachen besteht, von denen man annimmt, sie seien immer und überall wahr, bleibt die Dimension Zeit ausgeschlossen. Die zeitliche Dimension hat auf die Interpretation von Ereignissen in dieser Welt nicht nur keinen Einfluß, sondern die Deutungen müssen etwaige zeitliche Auswirkungen transzendieren – sie müssen „der Zeit standhalten" und Unveränderlichkeit demonstrieren, um als wertvoll eingestuft oder für „wahr" gehalten zu werden.

Im Gegensatz dazu ist die Zeitlichkeit ein wichtiges Kriterium für die erzählende Denkweise, in der Geschichten nur kraft der Verknüpfung sich entwickelnder Ereignisse im Laufe der Zeit existieren. Diese lineare zeitliche Abfolge von Ereignissen ist notwendig für das Entstehen eines jeden „erzählten Sinnes". Geschichten haben einen Anfang und einen Schluß, und dazwischen vergeht Zeit.

Diese vorläufige Definition zeigt deutlich, wie sich in einer Geschichte jeweils mehrere Ereignisse verknoten. Eine Geschichte besteht in dem Maße aus Ereignissen, wie ein zentrales Thema daraus eine Geschichte macht. Dieses Thema zeigt sich somit an der Schnittstelle von Zeitlichkeit und Erzählbarkeit angesiedelt (Brooks 1984, S. 3).

Sprache

Die logisch-wissenschaftliche Denkweise kreist um linguistische Praktiken, die sich auf den Indikativ stützen, um Unbestimmtheit und Komplexität zu reduzieren. Mittels dieser Praktiken versucht man, Realität zu begründen und den Sprechenden eine gewisse Substanz an die Hand zu geben, und der Welt, die sie bewohnen, Materialität und Bestimmtheit zu verleihen.

Da Konsistenz und Widerspruchslosigkeit die beherrschenden Kriterien dieser Weltkonstruktion sind, eliminiert man mögliche andere Bedeutungen durch unzweideutige Wortwahl und zieht quantitative den qualitativen Beschreibungen vor. Technische Sprachen versuchen, die Risiken einer Polysemiotik zu reduzieren; d. h. die Menge der Wörter einzuschränken, die mehr als eine Bedeutung haben und und sich für eine Verwendung in verschiedensten Kontexten anbieten. Der geheiligte Zweck besteht darin, die Identität einer Bedeutung mit Blick auf das beabsichtigte „Argument" sicherzustellen.

Die erzählende Denkweise stützt sich dagegen auf linguistische Praktiken, die sich des Konjunktivs bedienen, um eine Welt impliziter statt expliziter Bedeutungen zu schaffen, um den Bereich der Möglichkeiten durch „Einführung neuer Voraussetzungen" zu erweitern, um „vielfältige Perspektiven" zu eröffnen und um den „Leser" zu neuer Sinnstiftung anzuregen. Diese sprachlichen Praktiken führen zu einer Anerkennung der Komplexität und Subjektivität unserer Erfahrung.

Statt der unzweideutigen Wortwahl wird Polysemiotik begrüßt. Jederzeit wird zu mehr als einer Interpretation oder Lesart aufgefordert und mit der Vergrößerung unserer sprachlichen Ressourcen erweitert sich der Bereich möglicher Realitäten. Die jeweils einzigartige Kombination von normalen, poetischen oder bildhaften Beschreibungen wird technischen Beschreibungen vorgezogen; die Konversation ist weniger zweckorientiert als frei forschend.

Persönliche Wirksamkeit

Die logisch-wissenschaftliche Denkweise stellt eine Persönlichkeit als passives Betätigungsfeld unpersönlicher Kräfte, Antriebe, Anstöße, Energieübertragungen usw. dar. Das ist in den von ihr benutzten Termini vorgegeben. In ihren Fragestellungen geht sie davon aus, daß es interne oder externe Kräfte gibt, die auf einen Menschen einwirken, und daß diese Kräfte dessen Leben formen und gestalten. Manchmal werden Menschen in dieser Art wissenschaftlicher Untersuchung zu hochentwickelten Automaten degradiert.

Die erzählende Denkweise stellt einen Menschen als Protagonisten oder Teilnehmer in eine Welt, in der er ständig agiert. Es ist eine Welt interpretativer Handlungen, eine Welt, in der jede Nacherzählung einer Geschichte eine neue Erzählung darstellt, eine Welt, in der Menschen zusammen mit anderen an einer „Neufassung" ihrer Geschichte und damit auch an der Gestaltung ihres Lebens und ihrer Beziehungen arbeiten.

Position des Beobachters

Die logisch-wissenschaftliche Denkweise trennt den Beobachter von dem Beobachteten durch Zuschreibung von Objektivität. Das Objekt befindet sich dem Beobachter „gegenüber" und ist per definitionem, der- bzw. dasjenige, an dem gehandelt werden muß. Der Beobachter wird nicht in die Entstehung der beobachteten Phänomene mit einbezogen, und das Objekt soll dieser Beobachtung gegenüber immun sein. Das dient dazu, den Beobachter über und hinter das Objekt zu stellen.

Die erzählende Denkweise definiert die Beziehung zwischen Beobachter und Objekt neu. Sowohl „Beobachter" als auch „Objekt" werden in die auszuführende „wissenschaftliche" Geschichte mit einbezogen, worin dem Beobachter nun die Rolle des bevorzugten Autors zugeschrieben wird.

Stellt man eine Therapie in den Bezugsrahmen der erzählenden Denkweise, dann geht man davon aus, daß die Lebensgeschichten durch den „Bewußtseinsfilter der Protagonisten" entstanden sind. Daher werden die abstrakten Begriffe „wir" und „es" des subjektivierten Menschen durch die Pronomen „ich" und „du" des personifizierten Menschen ersetzt.

Praxis

Eine Therapie , die sich auf die erzählende Denkweise stützt, sollte eine Form annehmen, die

1. vor allem der gelebten Erfahrung des Betroffenen Rechnung trägt;

2. die Wahrnehmung einer sich verändernden Welt durch die Verknüpfung gelebter Erfahrungen in der Dimension Zeit fördert;
3. mit Hilfe des Konjunktivs Voraussetzungen ins Blickfeld bringt, implizite Bedeutungen bildet und vielseitige Perspektiven schafft;
4. Polysemiotik sowie den Gebrauch einer alltäglichen, poetischen und bildhaften Sprache für die Einbettung von Erfahrung in neuen Geschichten fördert;
5. zu einer reflexiven Haltung sowie zu der Erkenntnis, da man selbst deutend an Handlungen beteiligt ist, herausfordert;
6. ein Gefühl dafür vermittelt, daß man, indem man seine Geschichte erzählt und neufaßt, Autor seines Lebens und seiner Beziehungen ist;
7. anerkennt, daß Geschichten jeweils Koproduktionen sind und die sich bemüht, Voraussetzungen zu schaffen, unter denen das „Subjekt" zum privilegierten Autor wird;
8. ständig die Pronomen „ich" und „du" bei der Beschreibung von Ereignissen anwendet.

Das folgende Material soll unsere Verwendung literarischer Mittel in einer solchen Therapie – d. h. einer Erzähltherapie – belegen.

Einladungen

Einladungen sind im Alltag so geläufig, daß sie keiner besonderen Einführung bedürfen. Im Rahmen des Verhältnisses zwischen Arzt und Patienten müssen Einladungsbriefe jedoch ‚seltsam' anmuten, da dieses Verhältnis in der Regel darauf beruht, daß ein Patient um eine Unterredung bittet und man ihm dafür einen Termin gibt. Ich (D. E.) nutze diese Einladungen, wenn ich der Meinung bin, daß es wichtig ist, Menschen zu einer Therapie zu bewegen, die sich bisher dagegen sträubten.

Sally

Sechs Wochen nach dem Selbstmord ihres Mannes begann Mrs. Jones mitten in der Nacht umherzuwandern, begleitet von ihrem zwölfjährigen Enkel. Sie erzählte ihrem Nachbarn, sie suche für ihren Enkel, von dem sie annahm, daß er der Sohn ihrer Tochter war, einen Zufluchtsort vor der sexuellen Verfolgung durch ihren Mann. Ihre Töchter Sally (30), Margy (27) und Joan (25) wohnten alle nicht mehr bei ihr. Mrs. Jones wandte sich schließlich an eine psychiatrische Beratungsstelle. Diese half ihr, sich nach und nach eines 30 Jahre währenden Alptraums sexueller Folter zu „erinnern“ und sich damit auseinanderzusetzen. Dabei war ein kurzer Krankenhausaufenthalt von Hilfe.

Margy und Joan hatten sich vor drei Jahren gegenseitig ihre Mißhandlungen durch den Vater eingestanden. Eine Enthüllung ergab die nächste, so daß sie immer hellhöriger und erregter wurden. Dabei ging es nicht nur um eigenes Leid. Sie machten sich auch Sorgen, daß Joans Töchter, 7 und 4 Jahre alt, mißhandelt würden oder mißhandelt werden könnten. Die gesamte Familie wurde an das Leslie Centre überwiesen, damit die Mißhandlungen der Enkelinnen verhindert und der Familie geholfen werden konnte, ihre Geschichte zu rekonstruieren. Den zwölfjährigen Enkel, entstanden aus der Vergewaltigung der Tochter (Sally) durch den Vater, hatte man bereits von seiner Großmutter abgeholt und zu Joan gebracht. Sally hatte eine umfangreiche psychiatrische Krankengeschichte vorzuweisen, so daß angenommen werden mußte, daß sie sich nicht um ihn kümmern konnte. Manchmal glaubte sie, sie sei von einem Teufel besessen.

Wir trafen uns mit Mrs. Jones, Margy, Joan und Joans Mann, Barry. Alle waren darüber besorgt, daß Sally nicht erschienen war und sich strikt weigerte, je wieder irgend etwas mit Psychiatrie zu tun haben zu wollen. Es war uns jedoch wichtig, daß Sally an der Rekonstruktion der Ereignisse durch die Familie teilnahm, vor allem sich auch zur Unterbringung ihres Sohnes äußerte. Die Familie war auch der Meinung, daß entschieden werden sollte, wie man den Jungen über seine Eltern aufklären könnte. Eileen leitete das Gespräch, während ich den folgenden Brief entwarf. Ich las ihn anschließend vor, um jeden Abschnitt zur Diskussion zu stellen und darüber abstimmen zu lassen.

Liebe Sally,
wir haben uns im Leslie Centre getroffen und fanden es sehr schade, daß Du nicht da warst. Wir haben so viel über Dich gesprochen, daß wir Dir schreiben wollen. Wir alle stehen vor Bruchstücken unseres Lebens, die zusammengefügt werden müssen, damit unser Leben für uns einen Sinn ergibt und wir einen Unterschied sehen können zwischen Gerechtigkeit und

Ungerechtigkeit, Liebe und Qual, den Lügen, die uns erzählt wurden und der Wahrheit, die nun herauskommt. Margy und Joan fühlen sich tief in Deiner Schuld, weil sie erst jetzt vollständig begreifen, daß Du Dich bis zu einem gewissen Grad geopfert hast, um uns zu retten. Du hast uns beigebracht, wie man sich verstecken kann, wie wir uns schützen und wie wir weglaufen konnten. Du hast am schwersten unter der Unterdrückung unserer Familie gelitten. Alle lieben Dich und respektieren und bewundern Dich für das, was Du für andere getan hast. Wir wollen nun den Spieß umdrehen und für Dich tun, was Du für uns getan hast.

In der Vergangenheit hat Dir niemand geglaubt, denn wir konnten uns selbst keinen Glauben schenken. Vor drei Jahren haben Margy und Joan es gewagt, miteinander über die Wahrheit zu sprechen, und seitdem passen unsere Leben auf schmerzhafte Weise zueinander, so daß sich nun Verwirrung und Verrücktheit aufklären.

Wir haben uns als Schwestern in Liebe und Verständnis zusammengesetzt und hätten Dich gern dabeigehabt. Es fehlt uns sehr viel, wenn Du nicht da bist. Das, was Du uns in der Vergangenheit gegeben hast, würden wir Dir jetzt gern zurückgeben, weil Du am meisten gelitten hast und am meisten gequält wurdest.

Wir alle wurden hinters Licht geführt, mit der Folge, daß unser Vater seine Gewalt und seine sexuellen Folterungen an uns allen verüben konnte. Wir alle waren Opfer und haben es heute alle überlebt. Als nächstes müssen wir die Dinge für uns als Individuen wieder geraderücken und Zeugnis ablegen gegen die durch Männer erfolgende Unterdrückung von Frauen und Mädchen. Wir wissen, daß das nicht leicht fallen wird und daß es Zeit braucht, aber wir sind entschlossen, es durchzustehen. Wir wollen so gern, daß Du bei uns bist, damit auch Du zu Dir selbst finden kannst.

Als Familie waren wir ein besetztes Gebiet, in dem unser Vater als Unterdrücker herrschte und uns terrorisierte. Aber heute können und werden wir uns zurückgewinnen, unsere Körper, unsere Würde und unseren Stolz. Das können wir am besten gemeinsam als eine Familie, denn wir haben noch nicht all unsere Kraft verbraucht. Du hast in den schlechten Zeiten am meisten gekämpft und bist wahrscheinlich am meisten geschwächt worden. Wir würden Dir nun gern etwas von unserer Kraft geben, weil wir davon mehr als genug haben. Du hast uns stark werden lassen, zu den starken Frauen, die wir jetzt sind, und wir schulden Dir eine Menge. Du hast so lange allein gekämpft – jetzt werden wir gemeinsam zurückschlagen.

Viele liebe Grüße

Sally nahm an der nächsten Sitzung teil, und als der Brief noch einmal vorgelesen wurde, weinten wir alle.

Haare

Haare war ein 13jähriger Maori, der zum Zeitpunkt seiner Geburt von seinen Großeltern „adoptiert" worden war. Er war der Sohn ihrer Tochter. Solche Adoptionen sind bei den Maori Sitte. Zuerst starb Haares Großmutter, dann sein Großvater. In dieser Zeit war Haares Asthma nicht mehr in den Griff zu bekommen. Seine leibliche Mutter wurde aus einer anderen Stadt herbeigerufen, um für ihn zu sorgen. Während er von seinen Großeltern aufgezogen worden war, hatte sie nur wenig Kontakt zu ihm gehabt, und das Gefühl, ihn nicht zu kennen, nahm ihr die elterliche Autorität. Während der folgenden neun Monate wurde Haare sechsmal in das Spital eingewiesen, hatte einen Erstickungsanfall und zwei lebensbedrohliche Anfälle. Seine medizinische Versorgung war dürftig, seine Mitarbeit gleich Null, da er sich bei den meisten Besuchen in der Klinik weigerte zu sprechen. Beim letzten Atemstillstand wurde er auf dem Fahrradlenker eines Freundes in die Notaufnahme gebracht. Sein behandelnder Arzt befürchtete, daß er in der nächsten Zeit sterben würde und erlaubte mir, dies der Familie bekanntzugeben. Seine leibliche Mutter nahm an einem Gespräch an meinem Arbeitsplatz gemeinsam mit Haare teil. Haare lehnte es ab, mit mir zu reden, und seine Mutter schien diese Situation zu kränken und zu verwirren. Die im folgenden vereinbarten Termine wurden trotz meiner häufigen Anrufe nicht wahrgenommen.

Ich reagierte daraufhin mit folgendem Brief:

Ich würde mich gern mit Ihnen zusammensetzen sowie mit allen, die sich darüber Sorgen machen, daß Haare sich nicht um seinen Körper kümmert, außer daß er an seinem eigenen Begräbnis teilnehmen und über seinen Leichnam trauern will.

Ich mache mir deswegen große Sorgen. Daher möchte ich Sie bitten, falls Sie sich nicht zu einem Gespräch entschließen können, mich anzurufen und mir zu sagen, daß ich Ihrer Meinung nach alles getan habe, um Haares Sterbeprozeß aufzuhalten.

Mit freundlichen Grüßen
D. E.

In den nächsten Tagen rief Haares Mutter an, um einen Termin zu vereinbaren. Ich bestand darauf, daß sie seine gesamte Familie einberufen solle und daß ich erst dann kommen würde, wenn mindestens 20 Leute daran teilnehmen würden. Diese Behandlung einer solchen Krise stimmte durchaus mit den gegebenen kulturellen Gepflogenheiten überein. Bei diesem Treffen einigten sich alle auf die Formulierung, daß „dieser Junge sich nicht genug um sich selbst kümmert und daher sterben könnte". Haare ignorierte wie gewöhnlich alle, die sich in seinem Haus versammelt hatten. Er hatte auch nach dem Tode der Großmutter die Schule nicht mehr besucht. Es entwickelte sich eine Diskussion darüber, wo Haare leben und wer ihn „bemuttern" solle. Man vereinbarte, Haare solle bei seiner leiblichen Mutter bleiben, obwohl jeder sah, daß sie ihn nicht sehr gut kannte. Alle brachten ihre Besorgnis darüber zum Ausdruck, daß sie ihn nicht beaufsichtigen könne, zum Teil wegen der allzu nachsichtigen und übertriebenen Fürsorge seiner inzwischen verstorbenen Großeltern.

Einige Entscheidungen wurden einstimmig angenommen. Ein Onkel sollte sicherstellen, daß Haare regelmäßig zur Schule ging. Einige seiner „Tanten" hatten beobachtet, daß er nie um seine Großeltern getrauert hatte, weil er behauptete, daß „seine Gefühle in seinem Innern bitter wurden". Sie machten den Vorschlag, daß sie sich in Haares Gegenwart Fotos von den Großeltern ansehen wollten, um sich an sie zu erinnern und zu trauern. Seine leibliche Mutter wurde in ihrem Versuch bestärkt, elterliche Kontrolle über ihn zu erlangen, allerdings unter der Bedingung, daß sie sich an jeden Verwandten um Hilfe wenden konnte. Haares „Vettern" waren damit einverstanden, ihm den Gang „in die Stadt" mit ihnen zu verbieten, wenn er an dem Tag nicht zur Schule gegangen war.

Nach diesem Treffen war Haare während zwölf Monaten nur an einem Tag im Krankenhaus und während der nächsten fünf Jahre durchschnittlich zwei Tage im Jahr.

Mrs. S.

Mrs. S. rief am 5. Februar 1985 im Leslie Centre an und bat um Hilfe für ihre Familie. Sie hatte Angst um ihre ältere Tochter Jane ($15\frac{1}{2}$), von der sie angab, sie habe nur wenig Selbstvertrauen, Konflikte mit ihrer Mutter, sei aggressiv gegenüber anderen Familienmitgliedern und schwänze die Schule. Ein Termin wurde für den 20. März 1985 vereinbart. Zu diesem Zeitpunkt wußten wir nicht viel mehr, als die

Mutter uns gesagt hatte, sowie die Tatsache, daß es sich um eine vierköpfige Familie mit zwei Töchtern handelte. Die andere Tochter war neun Jahre alt.

Zu dem vereinbarten Termin erschien die Familie nicht. Nach 15 Minuten erreichte uns der verzweifelte, hoffnungslose Anruf der Mutter. Jane hatte sich geweigert, zu dem Termin zu erscheinen, und es war zu einem großen Familienkrach gekommen. Unsere Nachfragen ergaben, daß Jane sich unter anderem deshalb weigerte, das Haus zu verlassen, weil sie sehr stark unter Akne litt. Am Ende unseres Telefongesprächs vereinbarten wir ein Treffen in zwei Wochen, mit oder ohne Jane. In der Zwischenzeit wollten wir Jane einen Brief schreiben.

Wir verfaßten folgenden Brief:

Liebe Jane,
ich schreibe Dir, weil wir uns am vergangenen Mittwoch um 17.00 Uhr nicht zusammensetzen konnten.

Ich heiße Mary und arbeite seit zwei Jahren am Leslie Centre. Ich habe eine Tochter, die etwas jünger ist als Du.

Als Deine Mutter anrief, um uns mitzuteilen, daß Deine Familie nicht kommen würde, sagte sie, daß es Dir schlecht gehe, weil Deine Akne aufgeblüht war. Ich kann Dich gut verstehen – auch ich habe manchmal einen Hautausschlag im Gesicht und am Hals.

Es fällt mir sehr schwer, Dir zu schreiben, weil ich nicht weiß, wie Du aussiehst. Wenn Du mir ein Foto schickst, sende ich Dir auch eins von mir.

Es ist uns allen ziemlich klar, daß da in Eurer Familie etwas nicht in Ordnung ist. Es ist heute sehr schwer, erwachsen zu werden – ich bin mir sicher, daß es schwerer ist als jemals zuvor. Es sieht so aus, als würdest Du manchmal nicht zur Schule gehen und als hättest Du Schwierigkeiten, mit Deinem Leben zurechtzukommen. Wer wäre darüber nicht unglücklich.

Wenn ich Deine Mutter und Deinen Vater das nächste Mal kennenlerne, denke ich, daß Du wahrscheinlich wieder einen Ausbruch von Akne haben wirst – und ich weiß, wie es ist, wenn man Leute treffen soll, obwohl es einem nicht gut geht – mir geht es oft so.

Ich werde also Verständnis dafür haben, wenn Du Dich nicht danach fühlst zu kommen und Dir über Deine Zukunft Gedanken zu machen. Andererseits fühle ich mich nicht wohl bei dem Gedanken, hinter Deinem Rücken mit Deiner Mutter und Deinem Vater über Dich zu reden.

Ich habe über dieses Problem ein wenig nachgedacht und möchte Dir ein paar Vorschläge machen. Ich bin neugierig, was Du davon hältst:

1. *Könntest Du eine Freundin bitten, Dich bei der Sitzung zu vertreten – als Anwalt sozusagen – und für Dich zu sprechen.*
2. *Wenn Dir diese Idee nicht gefällt, wie wäre es, wenn Deine Mutter oder Dein Vater einen ihrer Freunde aussuchten, die Dich vertreten.*
3. *Wenn Dir das auch nicht zusagt, was hältst Du davon, wenn wir eine „Standleitung" einrichten, so daß Du per Telefon an der Sitzung teilnehmen kannst. Dann kann ich Dich anrufen, wenn ich den Eindruck habe, daß Deine Eltern vergessen haben, wie es ist, wenn man so alt ist wie Du. Ich kann Dich dann fragen, wie es Dir dabei geht.*

Es sieht so aus, als würden sich Deine Eltern ganz schön Sorgen machen um Dich.

Wenn Du Deinen Eltern diesen Brief zeigen willst, macht das nichts. Mir wäre es aber lieber, wenn Du es nicht tun würdest.

Ich habe vor, Deine Mutter und Deinen Vater am Mittwoch, dem 3. April um 17.30 Uhr zu treffen. Ich schlage vor, Du kommst mit oder auch nicht oder Du läßt Dir die anderen Vorschläge durch den Kopf gehen. Das überlasse ich Dir.

Für heute Tschüß und viele Grüße
Deine Mary

Die Familie erschien zu dem nächsten Termin vollzählig. Jane nahm lebhaft an der Diskussion teil. Wir hatten zwei Sitzungen mit der Familie und zwei Sitzungen mit den Eltern.

An dem Kontrolltermin im Februar 1986 besuchte Jane regelmäßig die Schule und ging mit einem Freund aus, hielt sich aber an die von den Eltern gesteckten Grenzen. Konflikte zwischen Jane und ihren Eltern wurden jetzt als „nichts im Vergleich zu vorher" und „völlig normal" beschrieben.

Entlassungsbriefe

Ich (D. E.) habe bei der Entstehung vieler Briefe mitgewirkt, die Menschen aus einem bestimmten Rollenverhalten entließen, wie zum Beispiel aus der Rolle der „elterlichen Aufsichtsperson", des „elterlichen Eheberaters", des „väterlichen Bruders" usw. Folgende Briefe sind Beispiele dafür.

Charlotte/Danny

Charlotte wollte nach neun Jahren Drogenabhängigkeit ihre Rolle als „Mutter" für ihren zwölfjährigen Sohn Danny wieder aufnehmen.

Damit hatte sie in ihrem Verhältnis zu Danny enorme Schwierigkeiten heraufbeschworen. Charlotte versuchte verzweifelt, die Mutter ihres Sohnes zu werden; Danny war ebenso verzweifelt, weil er der Vater seiner Mutter bleiben wollte. Wir baten Charlotte, Danny einen Entlassungsbrief zu schreiben, da sie seine „väterliche Aufsicht“ nicht mehr brauchte. Sie wartete bis zur nächsten Sitzung, in der sie ihm den Brief vorlas. Tränen rannen über Dannys Wangen, als Charlotte ihn darum bat, die Rollen zu tauschen.

Lieber Danny,
ich schreibe diesen Brief als Dank für Deine Dienste in den vergangenen acht Jahren Deines Lebens. Dienste, die die Fürsorge für mich einschlossen, wenn ich krank war. Fürsorge für mich und Deine Schwester.

Während ich mir das jetzt so durch den Kopf gehen lasse, fällt mir auf, daß Du Dich nie beklagt hast, obwohl alles, was ich tat, egoistisch war. Immer, wenn ich versagte, wurdest Du zur Mutter, zum Vater, zur Hausfrau, zum Koch und zur Putzfrau.

Du hast Deine Kindheit geopfert, um uns das Leben zu erleichtern.

Du warst stark, als ich schwach war. Du hast schon in jungen Jahren gelernt, mit Sorgen und Schmerz umzugehen, während ich nur gelernt habe, diese zu dämpfen und zu vergraben.

Deine Hilfe war eine übermenschliche Leistung, denn Du hast mich in all den Jahren beraten, ohne selbst Forderungen zu stellen. Du hast mich gelehrt zu sehen und zu akzeptieren, was ich uns angetan habe, weil Du die Konfrontation nicht gescheut hast..

Du hast mich gepflegt, als ich krank war, und mich ermutigt, wenn ich aufgeben wollte. Du warst immer auf Deinem Posten. Als ich die Richtung aus den Augen verlor, hast Du mir den Weg gezeigt.

Jetzt, da es mir wieder gut geht, gibt es nur eine Möglichkeit, wie ich Dir für alles, was Du getan hast, danken kann: Laß mich für Dich sein, was Du für mich warst.

Danke, daß Du mein Berater warst, und bitte sei froh darüber, daß Du aus all Deinen vergangenen Verpflichtungen mit den besten Empfehlungen entlassen bist.

Mary/Tom

Mary (24) und ihr jüngerer Bruder Tom (16) hatten sich in einen Machtkampf verbissen. Mary glaubte, Autorität über Tom haben zu müssen, während Tom der Meinung war, für sich selbst sorgen zu können. Die zweite Sitzung wurde in Anspruch genommen, um Tom bei der Vorbereitung seines Entlassungsbriefes zu helfen. Mary dachte darüber nach und kam zu dem Schluß, daß sie sich selbst entlasten sollte.

Ich, Tom Jones, entlasse meine Schwester Mary aus ihrer Mutterrolle mir gegenüber. Das war vielleicht notwendig, als ich noch viel jünger war, aber das ist nicht mehr der Fall. Ich habe bemerkt, wie sehr Du Dich um meinen Erfolg im Leben sorgst, und das geht wahrscheinlich schon seit einiger Zeit in Dir vor. Infolgedessen hast Du Dich mir gegenüber verantwortlich gefühlt – und schuldig, wenn Du Dich mit mir einmal nicht abmühen wolltest. Du hast diese Rolle übernommen, als ich klein war und Aufsicht brauchte. Du hast Deine Sache so gut gemacht, daß Du jetzt zur Seite treten kannst, denn ich bin flügge geworden. Ich möchte nicht Deine Marionette sein, also laß uns beide einige Fäden durchtrennen.

Ich habe mich gegen Gewaltanwendung entschieden und meine Mutter gebeten, mich tätlich zu bedrohen, wenn ich Dich wieder schlage. Bis wir uns daran gewöhnt haben, daß wir als Bruder und Schwester gleichberechtigt sind, werden wir wahrscheinlich noch einige Auseinandersetzungen haben, in denen jeder versuchen wird, das letzte Wort zu behalten. Ich schlage vor, daß wir in solchen Fällen einfach losen. Auf diese Weise werden wir uns daran gewöhnen, 50 % zu gewinnen und 50 % zu verlieren, so daß wir letztlich gleichziehen. Ich muß Dir nun nicht beweisen, daß Du nicht über mir stehst und ich nicht Dein Untergebener bin. Wir sind gleich und haben dadurch eine Chance, Bruder und Schwester statt „Sohn" und „Mutter" zu werden.

Ich danke Dir für alles, was Du für mich getan hast, als ich klein war. Ich glaube, daß die Fürsorge, die Du aufgebracht hast, eine gute Übung für Dich war, wenn Du Kinderfrau werden willst.

Unterzeichnet:
Datum:
Gesehen (Mutter):

Ich, Mary Jones, war meinem Bruder in den Jahren, als er meine Aufmerksamkeit brauchte, sehr von Nutzen. Als er älter wurde, brauchte er meine Aufsicht weniger, obwohl ich mich auch weiterhin um ihn kümmerte. Weil er mir gegenüber Gewalt anwandte, war ich davon überzeugt, daß ich ihn stärker beaufsichtigen mußte. Ich lief Gefahr, eine Bindung zu einer Knechtschaft werden zu lassen. Mein Bruder bittet mich, die Rolle seiner Mutter aufzugeben und Fäden durchzutrennen, weil er nicht meine Marionette sein will und weil er möchte, daß ich ihm eine Chance gebe, auf eigenen Füßen zu stehen. Er und auch meine Mutter sagen, daß es einzig und allein sein Problem ist, ob er seine Prüfungen in der Schule besteht oder nicht. Beide haben mir versichert, daß er auf jeden Fall auf sich allein aufpassen und seine Zukunft allein in die Hand nehmen kann. Beide bitten mich, daß ich mich mehr um meine eigenen Angelegenheiten kümmere und nicht mehr so viel für andere da bin. Sie wollen nicht, daß ich eine von diesen nur selbstlosen, pflichtbewußten Töchtern werde. Auch wenn meine Mutter nie allein gelebt hat, ist sie edel genug vorzuschlagen, ich solle meinen eigenen Weg gehen, bevor das Leben an mir vorübergeht. Auch ein Sklave der Pflicht ist ein Sklave, ganz gleich wie man es betrachtet.

Ich weiß auch, daß es mir nicht leichtfallen wird, mich aus meiner Mutterrolle gegenüber meinem Bruder zurückzuziehen, da ich sie mein Leben lang ausgeführt habe.

Ich sollte während der nächsten vier Monate ganz allmählich damit aufhören. In dieser Zeit werde ich zwischen dem Wunsch, meine Pflicht zu erfüllen, und dem Versuch, mehr an mich selbst zu denken, hin- und hergerissen sein. Wenn die Pflicht ruft, sollte ich daran denken, egoistischer zu sein. An diesem Punkt werde ich auf Schuldgefühle stoßen. David Epston hat den Vorschlag gemacht, daß ich mich nicht kopfüber damit auseinandersetze, sondern wie ein Spion ihre Schleichwege und Mittel beobachte. David Epston hat mir von einer offenen Kriegführung abgeraten und schlägt eine Aufklärungsmission vor. Zum jetzigen Zeitpunkt sollte ich nur gewinnen, wenn ich nicht verlieren kann.

Ich bin mir voll und ganz bewußt, daß David Epston glaubt, ich habe alles getan, was ein Elternteil nur tun kann, und daß es jetzt an der Zeit sei, ihn mit Auszeichnung zu entlassen. Ich weiß auch, daß David Epston hofft, dieser Brief möge einen Einfluß auf mich haben, obwohl es unwahrscheinlich ist, daß diese Wirkung schon nach dem ersten Lesen eintreten wird. Ich vermute, er glaubt, daß ich meine Ausbildung als Kinderfrau unbewußt deshalb gewählt habe, weil ich meinen fürsorglichen Lebensstil beibehalten will, und daß ich bereits einigen meiner Kollegen weit voraus bin, die nicht meine jahrelange Übung haben.

Wenn mein Rücktritt einmal abgeschlossen ist, werden mein Bruder und ich die Chance haben, eine Beziehung zwischen Bruder und Schwester aufzubauen. Es ist noch zu früh, um sagen zu können, wie das geschehen soll.

Ich für mich werde aufpassen müssen, da er immer noch versuchen wird, die Vorteile auszunutzen, die ich als seine Mutter für ihn hatte, und zur gleichen Zeit wird er diese Rolle ablehnen.

Unterzeichnet:
Datum:
Gesehen (Mutter):

Ein Jahr später traf ich Mary wieder, und wir sprachen über die Briefe, wobei sie mir berichtete, was sie vor kurzem noch erlebt hatte:

Einmal saß ich am Strand und holte den Brief heraus. Beim Lesen hörte ich auf zu weinen. Ich hatte gerade erfahren, daß Tom wieder einmal seine Stelle verloren hatte. Ich habe Schlimmes durchgemacht, mich geschnitten, meinen Kopf an der Duschwand aufgeschlagen, weil ich nicht wußte, was ich tun sollte... Ich habe mich selbst krank gemacht. Von meiner Schwester und meiner Mutter erfuhr ich, daß sie mit ihm schimpfen wollten. Meine Mutter bekam Magenschmerzen. Ich ging hinaus an den Strand und saß dort eine Ewigkeit. Ich habe nicht bemerkt, daß ich mich verantwortlich fühlte, bis ich den Brief gelesen hatte. Es war witzig ... es war mehr meine Reaktion auf den Brief. Ich hörte einfach auf zu weinen – es ging mir besser. Also sah ich mir den Inhalt des Briefes an – was stand darin? Ich war nicht verantwortlich für Tom. Der Brief hatte seinen Zweck bereits vorher erfüllt, so daß ich ihn verdrängt hatte, weil ich dachte, er habe seinen Zweck erfüllt und könnte vergessen werden.

Vorhersagen

Am Ende einer Therapie bitte ich (D. E.) häufig um Erlaubnis, eine Vorhersage für die Zukunft eines Menschen, einer Beziehung oder einer Familie machen zu dürfen. In der Regel wähle ich den Zeitraum von sechs Monaten. Ich bezeichne diesen Zeitraum als „Ihre nächste Zukunft". Ich lege diese Vorhersagen in einem Brief nieder, den ich falte, aufstaple und gut sichtbar mit „persönlich und vertraulich" kennzeichne, außerdem mit der Angabe „nicht öffnen vor dem ... (Datum in sechs Monaten)". Ich beabsichtige damit zweierlei:

1. Die Vorhersage schlägt ein Nachfolge-/Kontrollgespräch nach sechs Monaten vor und geht davon aus, daß dies eine interessante Übung sowohl für den Betroffenen/die Familie als auch für den Therapeuten sein wird; und

2. Da ich den Verdacht habe, daß die meisten Menschen nicht abwarten, sondern ihren Bericht schon vor dem festgesetzten Datum überprüfen wollen, erwarte ich, daß die Vorhersage wie eine Prophezeiung wirkt, die sich selbst erfüllt.

Jane

Jane (16) wurde von ihrer Mutter vorgestellt, weil sie sich zu arbeiten weigerte, weil sie sich mit einer Motorradbande eingelassen hatte, an deren kriminellen Handlungen sie teilnahm, und weil sie sich immer stärker tätowieren ließ.

Jane hatte eine unglückliche Schullaufbahn hinter sich und „sich dumm gestellt". Dann war sie auf eine Sonderschule verwiesen worden, wo sie ein starkes Selbstbewußtsein, gepaart mit Straßenwissen, erlangte. Wir trafen uns fünfmal. In dieser Zeit begann Jane, sich selbst ernst zu nehmen, und beschloß die „Abendschule" zu besuchen. Ihre Mutter war in der Lage, sich nicht mehr so sehr um die Tochter, sondern mehr um sich selbst zu kümmern.

Die folgende Niederschrift ist eine Vorhersage für die nächste Zukunft von Jane Brown, … (Anschrift). Die Obenerwähnte kann den Inhalt dieser Vorhersage in sechs Monaten ab heute, dem 15. 6. 88 oder jederzeit danach erfahren.

Meine Vorhersage lautet: Jane wird die neue Richtung, die sie in den letzten sechs Monaten begonnen hat, weiter verfolgen. Im Laufe der Zeit wird sie immer weniger dazu neigen, Dummheit vorzutäuschen und immer stärker ihre Intelligenz und damit sich selbst akzeptieren. In gewisser Weise hat sie eine Lüge gelebt, die ihr ein paar wenig hilfreiche Lehrer vor einigen Jahren erzählt haben, aber die Wahrheit wird sich durchsetzen. Jane wird auf viele verschiedene Arten erfahren, daß die Wahrheit über die eigene Person und deren Fähigkeiten den Lügen vorzuziehen ist, die sie sich erzählt hat und wird davon auch andere überzeugen. Am Ende dieses Zeitraums für die Vorhersage wird es eine Übergangsphase geben, wie in der Geschichte von dem häßlichen grauen Entlein, das zu einem eleganten Schwan wird. Es mag Bekannte geben, die sie lieber so mögen, wie sie einmal war, und es wird sehr wahrscheinlich einiges Unbehagen zwischen diese Leute und Jane treten. Sobald Jane aus dem Schatten tritt, wird sie eine viel stärkere Erscheinung in ihrem eigenen Leben sein und viel weniger von der Erscheinung anderer abhängen. Sie wird beginnen, stolz sowohl auf ihre eigenen Leistungen als auch auf die Leistungen anderer zu sein. Kurz vor Ende dieses Zeitraums der Vorhersage wird sie den Gedanken ein für allemal aufgeben, sie sei dumm, und wird es für ungerecht halten, daß sie dies so lange Zeit geglaubt hat. Ich, David Epston, habe diese Vorhersage in Auckland, Neuseeland, am 15. Dezember 1987 gemacht.

Unterzeichnet

Rücküberweisungen

Der zwölfjährige Lenny wurde durch einen kurzen Brief seines besorgten Hausarztes und einen neun Seiten langen Brief seiner besorgten Mutter angekündigt. Lenny war immer von seiner Mutter als „wehleidig wie seine Großmutter" charakterisiert worden. Vor sechs Monaten hatte Lenny einen Artikel über Aids gelesen und war davon überzeugt, daß seine immer wiederkehrenden Pickel Symptome dieser bösartigen Krankheit waren. Allmählich gab er alle Freundschaften und sportlichen Aktivitäten auf, er verlor das Interesse an fesselnden Beschäftigungen, wurde appetitlos und gestattete seinen Eltern nicht, Geld für seine Kleidung auszugeben. Statt dessen drängte er sie, für seine Beerdigung zu sparen. Viele hatten sich bemüht, ihm zu helfen und waren durch die Sinnlosigkeit ihrer Versuche, mit Lenny vernünftig zu reden, frustriert.

Nach unserem ersten gemeinsamen Treffen schöpfte Lenny so viel Mut, daß er einen Bluttest bei seinem Hausarzt vorschlug, an dessen negatives Resultat er dann auch glaubte. Zuvor hatte er es abgelehnt, sich einem solchen, die Sache klärenden Test zu unterziehen, weil er behauptete, daß ihm niemand die schlechte Nachricht würde beibringen wollen.

Nach einem Monat hielten alle Lenny für „einen völlig anderen Menschen", außer Lenny selbst, der nicht ganz so weit gehen wollte. Er gab lediglich zu, daß er auf dem Wege war, ein mutiger Mensch zu werden. Die nächste Sitzung diente der Zusammenfassung seiner Erlebnisse im Zusammenhang mit seiner Wiederaufnahme in die Pfadfinder-Organisation Australiens, die mit einer Mutprobe verbunden war. Wir alle beteiligten uns an der Verfassung der Rücküberweisung für Lenny:

Betr.: Lenny, 12 Jahre alt

Sehr geehrter Herr Dr. Brown,

ich habe Lenny und seine Familie dreimal getroffen, am 6. 12. 88, am 21. 12. 88 und am 2. 2. 89. Zusammenfassend können wir sagen:

Lenny hat angefangen, an sich selbst zu glauben, und schenkt daher seinen Ängsten keinen Glauben mehr. Er ist nicht mehr verängstigt, sondern hat seine Befürchtungen weitgehend aus seinem Leben gestrichen. Sandra (seine Mutter) berichtet, daß „die Befürchtungen, die er in den letzten sechs Monaten hatte, aus seinem Leben verschwunden sind". Und auch das mußte sie sagen: „Er hat sich als der wunderbare Mensch herausgestellt, den seine Mutter und sein Vater immer in ihm sahen". Lenny wiederholte bereitwillig, daß er „netter war als vorher". Auch hat er im Laufe der Zeit einige Tapferkeitssiege errungen, so zum Beispiel mutige Gänge zur Toilette in der Nacht, den Besuch einer neuen Schule, die spontane Freundschaft mit einem Jungen in seiner Klasse und den Sieg über die Furcht vor dem Surfen im Sommer. Wir alle hielten die Rückkehr seines Mutes für so vollkommen, daß ich ihn zur Aufnahme in die Pfadfinder-Organisation Australiens vorschlug. Sollte er Erfolg haben, ist er berechtigt, anderen Kindern, die unter Ängsten zu leiden haben, Hilfe anzubieten. Alle sind sich einig darüber, daß das Glück wieder in die Familie Jones zurückgekehrt ist, während vorher Frustration und Sorge vorherrschten. Lennys Taktik bei der Bewältigung seiner Ängste bestand, wie er es formulierte, darin: „Den Ängsten ins Auge sehen, statt vor ihnen davonzulaufen." Und die Überraschung dabei war, daß die Ängste vor ihm davonrannten, als er sich so verhielt.

Vielen Dank für die Überweisung dieses bemerkenswerten jungen Mannes. Es war ein Vergnügen, ihn und seine Familie kennengelernt zu haben.

Mit freundlichen Grüßen
D. E.
Kopie an: Familie Jones

Referenzschreiben

Sam & Sally

Sam und Sally waren die Eltern von Zwillingen, Eileen und Richard, 12 Jahre alt. Sie baten mich um Rat, weil sie sich Sorgen machten, daß Richard nicht so lebenslustig war wie Eileen. Sie war offensichtlich außergewöhnlich engagiert und beteiligte sich an unzähligen sozialen Aktivitäten. Richard hatte im Gegensatz dazu nur zwei oder drei Freunde, die ihn in seinem Zimmer besuchten, das er in ein technisches Labor verwandelt hatte. Hier saßen sie tagelang, diskutierten und schrieben Pläne für ihre Erfindungen auf. Manchmal gelang ihnen die Erfindung eines Prototyps. Obwohl Richard die Geselligkeit seiner Schwester anerkannte, hatte er sich dem Maschinenbau verschrieben und war entschlossen, dieses Fach an der Universität zu studieren.

Sam und Sally bewunderten das gesellige Leben ihrer Tochter Eileen. Es stellte sich heraus, daß sie beide eine, wie sie es beschrieben, „freudlose und einsame Kindheit" hatten. Trotz ihrer offensichtlichen Erfolge in all ihren bisherigen Unternehmungen fühlten sich beide ausgesprochen unvollkommen. Sie ließen meine Beobachtung unbeachtet, daß ihre leidenschaftliche Sorge füreinander die Unzulänglichkeiten ihrer jeweiligen Kindheit mehr als aufgewogen hatte. Sie waren bestürzt, als ich (D. E.) ein so großes Gewicht auf die eigene Partnerbeziehung (statt auf ihre Ursprungsfamilien) legte. Richard, der sich geschickt gegen die sorgenvolle Erwartung seiner Eltern verteidigt hatte, er sei „einsam und unglücklich" und wiederhole die Kindheitserfahrungen seiner Eltern, nahm die Gelegenheit beim Schopf und bestätigte: „Sie würden mir nur Glauben schenken, wenn sie einen Brief von einem Psychiater erhielten." Ich hakte nach mit der Frage: „Richard, glaubst du, daß ein Brief von mir genügen würde?" Eileen und auch Richard stimmten zu. Wir diskutierten darüber mit Sam und Sally, woraufhin sie einem „Referenzbrief" zustimmten.

An alle, die es angeht
Sam und Sally Martin sind nach Meinung des Autors ausgesprochen gute und fürsorgliche Eltern. Beeindruckend an ihnen ist folgendes:

1. Anders als andere Eltern haben sie ihre Kinder Eileen und Richard dazu ermutigt, eine eigene Meinung zu entwickeln und ihr Leben entsprechend ihrer unterschiedlichen Neigungen und Begabungen selbst zu gestalten. Sie haben einen Familienrahmen geschaffen, in dem ihre Kinder geachtet werden und dank dieser Tatsache achten die Kinder sich selbst. Eileen und Richard fangen an zu begreifen, wer und was sie sind und sein können.

2. Angesichts der Tatsache, daß ihre Kinder Zwillinge sind, haben sie Mittel und Wege gefunden, sie zu unterscheiden und jeden Zwilling dazu veranlaßt, die Unterschiede des anderen ohne Neid oder unberechtigte Eifersucht zu achten. Eileen hat ihre geselligen Fähigkeiten entwickelt, während Richard ein sehr konstruktiver, phantasievoller junger Mann ist.

3. Sie haben Wege gefunden, ihre Kinder zu fördern. Wenn einer von beiden ein Problem hat, weichen sie nicht davor zurück, sondern finden Möglichkeiten, wie man ihm begegnen könnte. Ich fand, daß Eileen und Richard Probleme sehr kreativ lösen.

4. Gelegentlich erreichen die Diskussionen zwischen Eileen und Richard einen solchen Lärmpegel, daß ihre Eltern aufgrund des Geschreis meinen, eingreifen zu müssen. Ich glaube, das ist unnötig, und habe ihnen eine mögliche Lösung vorgeschlagen, so daß sie sich diesen Aufforderungen zu einer Teilnahme widersetzen können.

5. Sie sind sehr fürsorgliche Eltern, die offensichtlich ihren Kindern andere Kindheitserlebnisse wünschen als die, die sie selbst erlebt haben. Soweit ich weiß, waren sie außerordentlich erfolgreich, und verglichen mit den unglücklichen Kindheiten ihrer Eltern haben es Eileen und Richard recht gut angetroffen. Wenn die Eltern einmal eingesehen haben, daß sie nicht perfekt sein müssen, werden auch Eileen und Richard ihre eigenen Unzulänglichkeiten eher akzeptieren. Schließlich ist niemand perfekt; und sollte es auch nicht sein.

Es war eine sehr angenehme Erfahrung für mich, Eltern kennenzulernen und mit ihnen über Elternprobleme zu reden, die so gut informiert, nachdenklich und fürsorglich sind. Wenn jedes Kind Eltern wie diese hätte, würden viele der „Krankheiten", die wir mit Kindern und Heranwachsenden in Verbindung bringen, nicht existieren.

Mit freundlichen Grüßen

D.E.

P. S.: Diese Empfehlung hat ein Jahr Gültigkeit (22. 9. 87 – 22. 9. 88). Sie kann auf Wunsch erneuert werden.

Sam und Sally haben keine Neufassung verlangt.

Freddy

Ich (M. W.) wußte im ersten Augenblick, als ich ihn sah, daß Freddy ein Unhold war. Er kam mit seiner Mutter und seinen Geschwistern in mein Zimmer und begann sofort „den Laden an sich zu reißen". Er warf sprühende Blicke durch das Zimmer und grinste unheilvoll. Selbst im Sitzen schien er immer auf dem Sprung zu sein.

Freddys Mutter Jan war mit ihrer Weisheit am Ende. Freddy war aus den Fugen geraten. Immer wieder geriet er in Schwierigkeiten, weil er Autos aufbrach und Zigaretten stahl. Er stand kurz davor, aus der Schule geworfen zu werden, hatte die Nachbarn dermaßen terrorisiert, daß sich eine Familie gezwungen sah, aus der Gemeinde wegzuziehen, war vor kurzem dabei erwischt worden, wie er Drogen verkaufte. Mit den anderen Familienmitgliedern wollte er absolut nichts zu tun haben. Das alles im zarten Alter von zehn Jahren. Was konnte man tun?

Ich befragte die Familienmitglieder über den Einfluß, den das Unheil auf ihr Leben und ihre Beziehungen ausübte, dann nach ihrem Einfluß auf das Leben des Unheils. Obwohl alle sich darin einig waren, daß Freddy sein Leben nahezu vollständig dem Unheil ausgeliefert hatte, gab es doch einige Beispiele für Gelegenheiten, bei denen er die Oberhand behalten hatte, bei denen er sich dem Unheil hätte unterwerfen können, es aber nicht getan hatte. Die Tatsache, daß Freddy auf das Leben des Unheils immer noch Einfluß ausübte, gefiel ihm, und er dachte, er würde gern versuchen, seinen Einfluß auszuweiten. Er nahm sich vor, dem Unheil „den Boden unter den Füßen zu nehmen". Diese Idee gefiel auch den anderen Familienmitgliedern, und sie erörterten gemeinsam Pläne, wie sie ihr Leben und ihre Beziehungen wieder ins Gleis bringen könnten.

Als ich sie wiedersah, war ich schockiert über das Ausmaß, in dem Freddy das Unheil besiegt hatte. David Epston, der mich zufällig zu dieser Zeit besuchte, ging es ebenso. Wie reagierten andere auf die Neuigkeiten über Freddys Rettung vor dem Unheil? Wir entdeckten, daß viele, die den Wandel mitbekommen hatten, ebenfalls schockiert waren und daß einige die Neuigkeiten so erstaunlich fanden, daß sie ungläubig reagierten und ihn immer noch so behandelten, als sei er der Alte. Nachdem wir Freddy die Möglichkeit gegeben hatten, uns Einzelheiten seiner Siege in dramatischer Form vorzutragen, sprachen David und ich darüber, wie man Freddy helfen könnte, sein neues Bild Ungläubigen vorzustellen, so daß sie dazu ermutigt würden, ihn auch als diesen neuen Menschen zu behandeln. David schlug einen Brief „an alle, die es angeht" vor. Freddy war begeistert von dieser Idee, so daß wir ihm zwanzig Kopien des folgenden Briefes schickten, die er an die betreffenden Menschen verteilen konnte.

An alle, die es angeht

Wie Sie alle wissen, war Freddy eine Zeitlang ein Unheilstifter. Er hat folgende Missetaten begangen:

a) Er war nicht kooperativ und nicht unter Kontrolle zu halten;
b) er hat gestohlen;
c) er hat geraucht;
d) er hat gelogen;
e) er hat Nachbarn terrorisiert;
f) er konnte sich nicht konzentrieren;
g) er hat seine Schularbeiten nicht erledigt.

Nach unserem Treffen am 22. Juli kam Freddy eine Woche später wieder zurück und hatte beschlossen, seinen unheilvollen Lebensstil aufzugeben. Ich muß gestehen, daß ich ebenso überrascht war, dies zu hören, wie Sie es sein werden, wenn Sie es lesen. Daher bat ich Freddy, seine Mutter und seinen Bruder, genau zu überlegen, ob es einen Beweis gebe, der diese Änderung belegen könnte. Ich entdeckte, daß Freddy:

a) seine Gefühle geändert hatte und anderen gegenüber sensibler geworden war, hervorgehoben durch seine neuentdeckte Fähigkeit, für andere zu sorgen;

b) aufgehört hatte zu rauchen;

c) aufgehört hatte zu stehlen;

d) aufgehört hatte, Nachbarn zu terrorisieren;

e) sich kooperativ gezeigt hatte;

f) einen Sieg über seinen Hang zum Lügen errungen hatte;

g) eine bessere Haltung seiner Schularbeit gegenüber hatte.

Natürlich ist es zu früh, Freddy als geheilt von seinem unheilvollen Lebensstil bezeichnen zu können. Daher gab ich Freddy und seiner Familie folgenden Rat:

1. Freddy sollte seine neue Richtung beibehalten, auch wenn es vielen seiner Freunde und Feinde schwerfallen würde zu glauben, daß er ein neuer Mensch geworden ist, und sie ihn noch als den Alten behandeln würden.

2. Seine Mutter und sein Bruder sollten auf jeden weiteren Beweis achten, der belegt, daß Freddy seine neue Richtung beibehält.

3. Freddy soll diesen Brief an Menschen wie Sie, die ihm viel bedeuten, verteilen, so daß sie von Freddys neuem Verhalten nicht überrascht werden und ihn nicht entsprechend seinem alten, unheilvollen Lebensstil behandeln.

Natürlich kann ich nicht dafür garantieren, daß Freddys neuer Lebensstil sich fortsetzen wird, das liegt allein an Freddy.

Mit freundlichen Grüßen
M. W.

Ein paar Monate nach meinem letzten Kontakt mit Freddy und seiner Familie befand ich mich gerade mit meiner Tochter auf einer Rollschuhbahn, als ich beinahe zu Fall gekommen wäre. Ich war auf der Bahn, als die Lichter für eine langsame Nummer gedämpft wurden und eine kleine Person so nah an mir vorbeihuschte, daß ich zu Tode erschrak. Bevor ich meine Fassung wiedergefunden hatte, passierte es wieder, nur erhielt ich diesmal einen leichten Stoß in den Rücken. Ich war mit einem Abstand von mindestens zwanzig Jahren der

Älteste auf der Bahn und fühlte mich auch ohne diese Assistenz schon alt genug. Beim dritten Mal war ich vorbereitet und ergriff den Halunken im Vorbeilaufen. Ich verlor die Balance und begann zu kippen. Der kleine Mann stützte mich und blinzelte mir in die Augen. Dann sagte er: „Ich bin's, das Unheil!", und mit einem plötzlichen Schock des Erkennens entfuhr es mir: „Freddy!"

Wir führten ein angenehmes Gespräch, bei dem sich herausstellte, daß er nur so getan hatte, als sei er zu seinem unheilvollen Verhalten zurückgekehrt, und daß er diesem in Wirklichkeit einen „Tritt versetzt" habe. Gott sei Dank, dachte ich, und war erleichtert, daß das, was ich erlebt hatte, nicht der Wahrheit entsprach. Freddys Eltern bestätigten mir daraufhin, daß er nicht länger von Unheil geplagt sei. Rückblickend muß ich sagen, es war eine wunderschöne Zufallsbegegnung, aber ich hoffe, er wird beim nächsten Mal mein Alter berücksichtigen!

Briefe für besondere Anlässe

Ray

Elf Monate, bevor ich (D. E.) Ray (15) zum ersten Mal sah, war er in einen Verkehrsunfall verwickelt, bei dem seine beiden älteren Brüder Brian (19) und Kerry (17) ums Leben kamen. Seine Familie lebte auf dem Lande, und er besuchte eine Secondary School in Auckland, wo er bei früheren Nachbarn wohnte, die wie eine Familie für ihn waren. Er hatte um so mehr gelitten, je näher der Termin für die von seiner Familie geplante feierliche Enthüllung des Grabsteins für seine Brüder rückte. Darüber waren sowohl seine „Stadtfamilie" als auch seine Familie auf dem Lande so besorgt, daß sie ihren Hausarzt um Hilfe baten, der Ray an mich verwies. Der folgende Brief faßt unsere erste Begegnung zusammen:

Lieber Ray,
der Tod Deiner geliebten Brüder Kerry und Brian war sicher ein großer Schock für Dich. Es ist nicht verwunderlich, daß Du erst vor kurzem diesen Schock überwunden hast und nun Traurigkeit verspürst. Du mußt Dich davor nicht fürchten, denn es ist durchaus verständlich, daß der Tod Deiner Brüder Dich sowohl schockiert als auch traurig macht. Aber erinnere Dich an das Gesetz der Trauer: „Wenn man nach außen weint, bedeutet das, daß man im Innern nicht mehr weint. Und Weinen im Innern ertränkt Deine Kraft." Ich könnte mir vorstellen, daß Du zwar weinen mußt, aber daß du jetzt erst weißt, daß es auch richtig und in Ordnung ist. Wenn Du nämlich

nicht weinen mußt, so würde das nur heißen, daß Deine Brüder Dir nichts bedeutet haben, und ich weiß doch, daß das nicht so ist. Du hast jedoch viele Menschen, an die Du Dich wenden kannst, wenn Du Beruhigung brauchst: Deine Mutter, Mrs. Brown, Angela und Shane. Jeder von ihnen hat dabei seine eigene Art: Deine Mutter und Mrs. Brown sprechen „liebevoll" mit Dir; Angela weiß, wie sie „Dich aufmuntert"; und Shane und Du „sprechen über all die Dinge, die Ihr (zusammen mit Kerry und Brian) immer gemacht habt".

Da Du jetzt Deinen Schock überwunden hast, wirst Du darüber nachdenken wollen, wie Du Deine Brüder in lebendiger Erinnerung behalten kannst. Du hast mir erzählt, daß Brian gern gehabt hätte, wenn Du stark geworden wärst, weil Stärke zu Deinem Glück beitragen würde. Brian war sehr fürsorglich und hat Dich besonders beschützt, vielleicht weil Du der Jüngste warst. Er war der Älteste und sehr verantwortungsbewußt. Wie Du einmal sagtest: „Er war uns ein Beispiel". Er war ein ausgezeichneter Sportler sowohl im Cricket als auch im Rugby. Aber allein die Tatsache „ein älterer Bruder zu sein" war sicher die größte Leistung in seinem viel zu kurzen Leben. Auch Kerry hatte viele Tugenden. Er hat Dir beigebracht, wie Du Dir Freude und ein schönes Leben bereiten kannst. Das mag die größte Leistung seines zu kurzen Lebens gewesen sein. Du hast mir gesagt, daß Du die Erinnerung an sie wachhalten könntest, wenn Du „weiterhin so heranwachsen würdest, daß sie Gefallen daran hätten." Nun, Ray, ich glaube, das wird Dir nicht schwerfallen.

In einem Monat wird der Grabstein für Deine Brüder enthüllt. Eine Enthüllung ist ein besonderer Zeitpunkt, an dem Du Deine Trauer und Deinen Kummer zur Ruhe legen kannst, aber auch ein Zeitpunkt, über Möglichkeiten nachzudenken, wie Du sie in Erinnerung behalten kannst. Ich schlage vor, wir treffen uns kurz davor noch einmal und reden darüber. Ich möchte Dir noch sagen, Ray, daß Du mich, auch wenn Du einen großen Verlust in Deinem Leben erlitten hast, sehr beeindruckt hast als ein junger Mann, der bereits all das ist, was seine Brüder sich für ihn erhofft haben.

Viele Grüße
D. E.

Wir trafen uns wieder, und Ray bekannte sein Unbehagen im Hinblick auf den bevorstehenden Gedenkgottesdienst. Nebenbei informierte er mich: „Ich weiß, es geht mir besser ... vorher dachte ich, ich würde gerade so weitermachen ... ich fühle mich innerlich viel stärker ... ich habe mich nicht mehr so oft aufgeregt ... überhaupt nicht ... nur einmal." Wir einigten uns, daß wir uns zusammensetzen würden, um einen „Brief" für Ray zu verfassen, den er bei der Enthüllung lesen sollte. Das schien sein Gemüt zu beruhigen:

Lieber Ray,
hier kannst Du lesen, was Du vielleicht Brian und Kerry aus Anlaß der Enthüllung zu Ostern vorlesen willst, um Dich und sie zu beruhigen, daß Du die Erinnerung an sie wachhältst.

Liebe Brüder,
ich halte meine Erinnerung an Euch aufrecht, indem ich mich so verhalte, wie Ihr es von mir erwartet. Beim Kricket gebe ich mein Bestes und habe meine Freude daran. Ich schenkte unserer Schule Euren Brian-und-Kerry-Jones Gedächtnispokal und, mehr noch, gewann zusammen mit Matthew das Junior-Kricket-Turnier, und unsere Namen stehen jetzt neben Euren. Wir wären an 5. oder 6. Stelle gewesen, also haben wir gegen eine Übermacht gewonnen. Ich bin ein großer Schläger, so wie Du, Brian. Ich möchte Dir sagen, daß Kricket meine Stärke ist, mir aber auch Spaß macht, genau wie Ihr es wolltet. Was das betrifft, weiß ich, daß Ihr zufrieden mit mir wäret. Wenn ich nicht so bescheiden wäre, würde ich Euch die guten Noten mitteilen, die ich in der Schule erhalte. Ich stehe zu unseren beiden Eltern in enger Beziehung, obwohl sie sich getrennt haben. Sie sind trotzdem noch gute Freunde. Weil ich viel mit Euch herumgezogen bin, bin ich meinem Alter voraus. Ich möchte Euch mitteilen, daß ich immer noch mit Eurer Clique befreundet bin, und ich weiß, daß es Euch nichts ausmachen würde, wenn ich eigene Freunde hätte. Ich weiß, Ihr wollt, daß ich eine Menge Spaß mit Mädchen habe und eine kennenlerne, die so gut zu mir ist wie ich zu ihr. Ich befolge Deinen Rat, Kerry: „ihre Gefühle nicht zu verletzen", „nicht unverschämt zu sein", „nicht in Schwierigkeiten zu geraten" und „nichts zu tun, was Du nicht tun würdest". Ich habe die akademische Richtung eingeschlagen und hoffe, einmal etwas zu tun, was Qualifikationen wie Buchhaltung erfordert. Ich bin in Buchhaltung wirklich gut, und es war in der Tat mein bestes Fach im letzten Jahr. Ich weiß, Ihr werdet Euch freuen, wenn ich die Erinnerung an Euch aufrechterhalte, indem ich das mache, was Ihr von mir erwartet. Das heißt nicht, daß ich Euch beide nicht vermisse und daß es nicht Zeiten gibt, in denen ich voller Kummer und Trauer bin, weil ich Euch so sehr vermisse.

Ray, ich war so froh, von Dir zu hören, daß es Dir besser geht und daß Du weißt, daß Deine Gefühle nicht immer so bleiben werden. Das Wissen darum hat Dir sicher Kraft verliehen. Aus diesem Grund regst Du Dich nicht mehr auf, als es Deine Vernunft erlaubt.

Ich wünsche Dir für die Grabsteinenthüllung alles Gute

D. E.

Ray rief an, um mir mitzuteilen, daß die Enthüllung eine große Erleichterung für ihn war und daß es ihm seither wirklich gut gehe und er nicht mehr „beruhigt" werden müsse. Seine Mutter und Mrs. Brown bestätigten glücklich den Bericht über Rays Wohlergehen.

Julie

Julie (26) war von ihrem betrunkenen Mann vergewaltigt, mißhandelt und bedroht worden, nachdem sie ihn verlassen hatte. Sie hatte die Fehlerzuweisung hinter sich, war auf der Suche nach Kompensation und versuchte, selbstsicherer zu werden. Dennoch hatte sie das Gefühl, daß alle Freunde und die Familie „Druck auf sie ausübten", und sie hatte Angst, den Verstand zu verlieren. Viele Ratschläge kamen ungebeten und waren widersprüchlich („Du mußt ihm noch eine Chance geben" und „Er gehört ins Kittchen"). Nach all dem, was geschehen war, fand sie die Verwirrung unerträglich.

Mit ihrer Einwilligung verfaßte ich (D. E.) diesen Brief „an alle, die es angeht":

An alle, die es angeht

Julie hat eine Morddrohung erhalten, ist vergewaltigt und mißhandelt worden. Jeder, der eine solche Beleidigung für Körper und Seele erfahren hat, leidet unter „posttraumatischem Streß". Es ist dieselbe Erfahrung, die viele verletzte Soldaten gemacht haben. Obwohl das direkte Leid vorüber ist, hört das Leiden an dieser Stelle leider nicht auf. Opfer von Gewaltverbrechen leiden noch lange, obwohl die Wunden verheilt oder vernarbt sind. Sie leiden seelisch, vor allem nachts, wenn sie die Angriffe auf ihre Person in ihren Alpträumen noch einmal erleben. Tagsüber fühlen sie sich terrorisiert und leiden unter einem alles überlagernden Gefühl der Angst. Sie haben Schwierigkeiten, die Gedanken zu vertreiben. Seelisch erleiden sie die Schläge und Vergewaltigungen immer wieder.

Für Sie sieht Julie vielleicht wieder wie früher aus, sie ist es aber leider nicht. Auch wenn Sie sie fragen würden, hätte sie Schwierigkeiten, Ihnen die Agonie und den Terror zu schildern, unter denen sie täglich lebt, vor allem nachts. Sie werden feststellen, daß sie sich mit ihren Gedanken beschäftigt, als wäre sie abwesend. Ich weiß, Sie werden das jetzt verstehen. Dennoch haben Sie vielleicht die Idee, daß Sie ihr einen Rat geben oder sie zu sich selbst führen sollten. Ich bitte Sie dringend, sich eine solche Hilfe zu überlegen. Die beste Hilfe für sie besteht nicht darin, sie zu Entscheidungen zu drängen oder sie zu etwas zu zwingen, was sie sich noch nicht hat überlegen können, sei es aus Zeit- oder aus Kraftmangel. Sie hat genug von Menschen, die sie gegen ihren Willen zu etwas zwingen. Und jetzt ist sie noch zu schwach und verwundbar, um gegen andere zu protestieren, die ihr gegen ihren Willen Meinungen aufzwingen wollen.

Wenn Sie Julie helfen wollen, lassen Sie ihr Zeit und Raum, auszuheilen und ihre Seele von dem Terror und dem Alptraum zu erholen, den sie erlebt hat. Wenn Sie sich gezwungen fühlen, ihr einen Rat erteilen zu müssen, fragen Sie sie zuerst, ob sie es will. Versuchen Sie, ihr die Autorität über ihr Leben zurückzugeben, die verletzt worden ist. Das Beste, was Sie tun können, ist, sie zu fragen, wie Sie ihr helfen können, statt eigenmächtig zu entscheiden, welche Hilfe erforderlich ist. Helfen Sie ihr, ihr Leben wieder in den Griff zu bekommen, ein Leben frei von Terror und Alpträumen.

Es ist allgemein bekannt, daß die Art und Weise, wie Menschen sich zu einem Opfer der Gewalt verhalten, eine wichtige Rolle bei dessen Heilung spielt.

Vielen Dank dafür, daß Sie diesen Brief „angehört" haben.

Julie hat diesen Brief zu verschiedenen Gelegenheiten benutzt und festgestellt, daß die Hilfe, die sie erhielt, genau die Hilfe war, die sie sich erhofft hatte.

Kurzbriefe

Die in der Therapie verwendeten Schriften müssen nicht immer eine Serie darstellen oder umfangreich und zeitaufwendig sein. Knappe, schnell verfaßte „Einmal"-Briefe können von unschätzbarem Wert für Menschen sein, die schwierige Probleme ihres Lebens und ihrer Beziehungen zu lösen suchen.

Viele, denen ich (M. W.) kurze Briefe schicke, führen ein relativ isoliertes Leben. Diesen Menschen fällt es so schwer, ihrer selbst sicher zu sein und sich nicht ständig gefährdet zu sehen. Nur selten werden sie von anderen als schätzenswerte Menschen anerkannt. Für diese Menschen ist allein die Tatsache, persönlich an sie gerichtete Post zu bekommen, eine große Auszeichnung. Ich habe Menschen gekannt, denen solche Bestätigung so viel bedeutet, daß sie ständig einen oder zwei Briefe bei sich tragen, die persönlich an sie gerichtet waren. Bei den Briefen, die von mir stammten, wurde ich oft um neue Kopien gebeten, wenn die Originale auseinanderfielen.

Das sollte uns nicht überraschen. Bis zu einem gewissen Grad dient die Post für uns alle diesem Zweck. Was tun denn die meisten, wenn sie nach einem Arbeitstag nach Hause kommen? Sie schauen in den Briefkasten. War jemand für längere Zeit verreist, sieht er doch zuerst die Post durch, wenn er zurückkehrt. Zum Teil kann dies als ein Ritual bezeichnet werden, mit dessen Hilfe Menschen sich wieder in einer gewohnten Umgebung niederlassen.

Ich habe die folgenden Beispiele für Kurzbriefe unter Überschriften zusammengestellt, von denen ich annehme, daß sie die verschiedenen darin angesprochenen Themen wiedergeben. Dennoch gibt es auch hier wieder eine Menge Überschneidungen, so daß viele Briefe unter mehreren Überschriften stehen könnten. Diese Briefe sind nur eine kleine Auswahl der Möglichkeiten, wie man Menschen bei der Neufassung ihres Lebens und ihrer Beziehungen mit schriftlichen Mitteln helfen kann. Die hier verwendeten Überschriften stellen keinesfalls eine ausführliche Liste von Themen dar, die unter dem Gesichtspunkt der Textanalogie und Foucaults Analyse von Macht/Wissen betrachtet werden können.

Gedanken nach der Sitzung

Manchmal fallen mir die für mich interessantesten Gedanken und wichtigsten Fragen erst nach Beendigung einer Sitzung ein. Von anderen Therapeuten weiß ich, daß sie diesen Kummer auch haben. Natürlich können wir nicht wissen, ob diese Gedanken und Fragen auch für die Betroffenen in der Sitzung so wichtig gewesen wären wie für uns. Dennoch läßt sich aus den Rückmeldungen, die ich erhielt, schließen, daß die Betroffenen es als hilfreich empfunden haben, wenn sie diese Gedanken und Fragen vor der nächsten Sitzung erfuhren.

Ich habe einige Beispiele für Briefe, die solche Gedanken und Fragen beinhalten, ausgewählt.

Liebe Marion, Keith, Michelle und Steven,

nach unserem Treffen habe ich darüber nachgedacht, wie ich Ihnen bei Ihren Plänen, aus Ihrer Isolation auszubrechen, helfen könnte. Ich möchte mich damit auch weiter beschäftigen und dachte mir, ich schicke Ihnen einfach eine kurze Mitteilung, um nachzufragen, wie Ihre Pläne aussehen. Ich bin neugierig, darüber in der nächsten Sitzung zu hören. Sie müssen nicht antworten.

Bis bald,
M. W.

Lieber Rick, liebe Harriet,

Ich bin sicher, Sie kennen das auch, daß die besten Ideen für gewöhnlich im nachhinein kommen. Es wird für Sie also keine Überraschung sein, wenn mir die wichtigsten Fragen erst nach einem Gespräch einfallen. Manchmal ärgere ich mich darüber.

Auf jeden Fall dachte ich, ich sollte Ihnen ein paar wichtige Fragen mitteilen, die mir nach unserem letzten Treffen durch den Kopf gegangen sind.

Rick, wie haben Sie sich den Forderungen Ihrer Tochter widersetzt, für sie zu argumentieren?
Und wie könnte dies Ihrer Meinung nach die Tochter dazu veranlassen, mit sich selbst zu diskutieren?
Glauben Sie, das könnte ihr helfen, vernünftiger zu werden? Harriet, wie haben Sie sich den Forderungen Ihrer Tochter widersetzen können, immer für sie da zu sein?
Und auf welche Weise könnte das Ihre Tochter dazu veranlassen, selbständiger zu werden?
Glauben Sie, das könnte dazu führen, daß sie sich ein wenig mehr um ihr eigenes Leben kümmert?
Was sagt diese gesteigerte Empfindlichkeit gegenüber den Forderungen Ihrer Tochter über Sie beide als Persönlichkeiten aus?
Übrigens, welche Gedanken fielen Ihnen nach unserem letzten Treffen ein?
M. W.

Lieber Danny,

Nachdem du gegangen warst, verspürte ich einen großen Hunger und wollte mehr darüber wissen, wie Du die Verweigerung von Nahrung fertiggebracht hast.

Hast Du das vorher geübt?

Jetzt, da ich dies geschrieben habe, bin ich noch begieriger nach mehr Information geworden. Ich habe großen Hunger – nein, einen Mordshunger auf mehr Wissen. Wenn Dir irgend etwas einfällt, das Du Deiner Mutter oder Deinem Vater erzählen willst, dann könnten sie es mir beim nächsten Mal sagen, wenn wir uns wieder treffen. Das würde mir sehr helfen.

Dein gefräßiger M. W.

Liebe Jane, lieber Peter,

gerade habe ich ein Paar getroffen, das mich an Sie erinnert hat. So sehr, daß ich mich dabei erwischt habe, Fragen zu stellen, die ich Sie auch gefragt habe. Ich hoffe, das macht Ihnen nichts aus.

„Was finden Sie an der physischen/intimen Seite Ihrer Beziehung gut, das nicht zum ‚Hite Report' paßt?"

und

„Wagen Sie es, dies anzuerkennen?"

Diese beiden sagten mir, daß sie die Fragen nicht beantworten könnten und baten mich um Vorschläge. Ich sagte ihnen, daß ich die Antwort für sie nicht kennen würde. Wissen Sie schon, was für Sie darin steckt? Und wenn ja, sind Sie bereit, es zu akzeptieren?

M. W.

Der Therapeut braucht Hilfe

Bestimmte Entwicklungen im Leben und in den Beziehungen eines Patienten widersprechen jeder Erwartung und können einen Therapeuten völlig ratlos ohne jede Stütze zurücklassen. In diesen Fällen ist es für den Therapeuten durchaus denkbar, daß er um Hilfe bittet.

Die folgenden Briefe sind Beispiele für eine Bitte um Information über Ereignisse im Leben und in den Beziehungen meiner Patienten. Sie haben das erklärte Ziel, mich über Entwicklungen auf dem laufenden zu halten, die für mich zu wissen wichtig sind.

Liebe Edith, Travis, Darren und Julie,

ich glaube, ich habe noch nicht ganz verstanden, welche Schritte Sie genau unternommen haben, um Ihre Beziehungen von Zank und Streit zu befreien. Ich hinke etwas hinterher und würde Sie gern bitten, mich auf den neuesten Stand zu bringen.

Die Streitigkeiten hatten Sie alle auf die Rückbank verwiesen, und Langeweile hatte Ihre Beziehungen abgestumpft. Jetzt wechseln Sie sich beim Fahren ab und wählen Autobahnen, die bessere Aussichten versprechen. Ich würde alles begrüßen, was Sie mir über diese Vorgänge berichten können.

Vielen Dank,

M. W.

Liebe Grace, lieber Allen,
ich glaube, die Stärke des Konflikts hat mich bis zu einem gewissen Grad blind werden lassen. Daher bin ich durch die neueren Ereignisse etwas aus dem Gleichgewicht geraten.
Ihre Beziehung war Opfer des Konflikts, doch inzwischen scheinen Sie nicht mehr in seiner Gewalt zu sein. Bisher fing dieser Sie beide immer und immer und immer wieder in denselben alten Mustern ein. Jetzt fangen Sie an, Neues zu schaffen, Abenteuer zu erleben, was offensichtlich besser zu Ihrer Beziehung paßt.

Könnten Sie diese Veränderung in Ihrer Beziehung überprüfen und mir Einzelheiten mitteilen, die mir dabei helfen könnten, den Schatten, den der alte Konflikt über die Therapie geworfen hat, hinter mir zu lassen?
Mit freundlichen Grüßen
M. W.

Abwesenheit des Betroffenen
Manchmal sind die Sorgenkinder einer Familie nicht bereit, diese zu einer Therapie zu begleiten. Ein Therapeut braucht diese Menschen nicht in jedem Fall kennenzulernen, da auch andere Familienmitglieder es übernehmen können, dem Problem entgegenzutreten.

Wenn jedoch diese abwesenden Sorgenkinder der Meinung sind, daß das Problem ihr Leben wesentlich beeinflußt und zu einem Gefühl persönlichen Versagens beiträgt, können Briefe, die sie zu einer neuen Bedeutungsgebung für einmalige Ereignisfolgen ermutigen, sehr nützlich sein.

Lieber Gary,
heute habe ich Deine Mutter und Mrs. Jones kennengelernt. Sie haben mir erzählt, daß Du der Unsicherheit den Rücken gekehrt hast und sie hinter Dir gelassen hast. Das hatte ich so bald nicht erwartet, also will ich mich lieber persönlich erkundigen.

Hast Du wirklich drei Freunde gefunden?
Ist es wahr, daß es Dir besser geht?
Stimmt es, daß Du jetzt Deine eigene Meinung hast und niemanden mehr brauchst, der eine Meinung für Dich hat?
Kann es sein, daß Du schon für Dich selbst sprichst und daß Du niemanden mehr brauchst, der für Dich spricht?
Wenn das alles stimmt, wo liegt Dein Geheimnis?
Ich sagte, daß die Unsicherheit meiner Meinung nach wieder versuchen würde, Dich unterzukriegen, aber Deine Mutter und Mrs. Jones sagten, daß

Du sie in einem solchen Fall wahrscheinlich einfach übergehen würdest. Was glaubst Du?

Ich weiß, das sind schwierige Fragen, aber wenn Du welche davon beantworten kannst, würdest Du es bitte Deiner Mutter mitteilen, so daß sie die Information an mich weitergeben kann? Oder würdest Du es mir lieber persönlich sagen? Oder behältst Du die Antworten lieber für Dich?

Vielleicht sehe ich Dich ja mal,

M. W.

Lieber Graham,

wie Du weißt, habe ich mich einige Male mit Joyce getroffen. Sie hat mir erzählt, daß sie sich seit einiger Zeit Sorgen um Dich macht. Ich denke, das weißt Du auch.

Während unserer zweiten Sitzung kamen einige unerwartete Ereignisse ans Tageslicht, und ich wollte gern mehr darüber wissen. Einige dieser Ereignisse bezogen sich auf Dein Leben, so daß ich Joyce davon in Kenntnis setzte, daß ich Dir schreiben wollte. Sie dachte, es würde Dir nichts ausmachen.

Soweit ich es verstanden habe, hast Du das, was Du für Deine Abhängigkeit von Joyce hältst, sehr kritisch beleuchtet. Sie glaubt, daß diese Abhängigkeit es Dir manchmal sehr schwer gemacht hat, mit der Tatsache zurechtzukommen, daß sie ihr eigenes Leben und ihre eigenen Freunde hat. Obwohl Du aktiv geworden bist, um die Abhängigkeit davon abzuhalten, Joyces Leben zu ersticken, hat sie offensichtlich bis vor kurzem in Deinem Leben die Oberhand behalten.

Die unerwarteten Ereignisse, die ich meine, zeigen mir, daß Du jetzt anfängst, die Abhängigkeit abzuschütteln. Es sieht so aus, als würdest Du der Vergangenheit nicht mehr so sehr nachhängen und als hättest Du ein indirektes Leben gegen ein direktes Leben eingetauscht. Ich bin sicher, Joyce wird Dir gern Einzelheiten über die unerwarteten Ereignisse mitteilen, über die wir gesprochen haben.

Mich würde interessieren, was Dir geholfen hat, den Zwang der Abhängigkeit in Deinem Leben abzuschütteln. Ich wüßte gern, ob Du Dir der Bedeutung dieser Tatsache für Deine Zukunft bewußt bist. Ich möchte gern wissen, wie dies Dein Bild über Dich als Persönlichkeit beeinflußt. Wenn Du bereit bist, über diese Fragen nachzudenken, würdest Du Deine Gedanken Joyce bitte mitteilen, so daß ich die Entwicklungen besser nachvollziehen kann?

Mit freundlichen Grüßen

M. W.

Zusammenstellung eines Publikums

Der Fortbestand neuer Geschichten und deren Ausarbeitung wird verbessert, wenn sie ein Publikum finden. Hierfür gibt es zwei Gründe. Zum einen trägt das Publikum zu neuen Bedeutungsgebungen bei, was sich direkt auf dessen Interaktionen mit dem Subjekt der Geschichten auswirkt. Umgekehrt wird aber auch dieses Subjekt dank der Anregungen, die es vom Publikum erhält, zur weiteren Änderung oder Ausweitung der neuen Geschichte beitragen.

Ganz abgesehen davon, daß sich die Briefe von Therapeuten tatsächlich an ein Publikum richten, können sie Menschen dazu ermutigen, ein weiteres Publikum für die Gestaltung neuer Geschichten zu rekrutieren, und wieder dessen Erfahrungen und neue Bedeutungsgebungen in sich aufzunehmen.

Liebe Joan,
nach unserer letzten Sitzung habe ich noch ein wenig über Ihre Weigerung nachgedacht, für jeden und alles verantwortlich zu sein.

Ich habe mich gefragt, wie wohl Ihre Verwandten und Freunde darauf reagiert haben. Sind sie wohl begeistert darüber, daß Sie den Forderungen, für jedermann immer da zu sein, nicht mehr nachgeben, oder werden sie versuchen, so weiterzumachen, als habe sich nichts geändert?

Ich vermute, daß einige Menschen Schwierigkeiten mit Ihrer Weigerung hatten und Sie statt dessen wie gewohnt aufforderten, ihnen jederzeit zur Verfügung zu stehen. Für Sie dürfte es schwierig gewesen sein, sich einigen dieser Forderungen zu widersetzen.

Sollte diese Möglichkeit existieren, ist es für andere und für Sie vielleicht eine Hilfe, wenn Sie Ihre Weigerung veröffentlichen. Da Sie sich im Verlagswesen auskennen, haben Sie meiner Ansicht nach vielleicht Ideen, wie Sie eine passende „Pressemitteilung“ verfassen können?

Was halten Sie von diesem Gedanken? Für welche Menschen wäre es von Nutzen, wenn sie als Publikum in dieser Pressemitteilung angesprochen würden? Wie könnte man sie Ihrer Meinung nach am besten einbeziehen?

Mit freundlichen Grüßen
M. W.

Liebe Tony,
Sie waren immer nur für andere da. Sie richteten sich danach, was andere von Ihnen dachten. Jetzt gehören Sie sich selbst. Jetzt tun Sie, was Ihrer Meinung nach zu Ihnen paßt. Es gibt aber vieles, was ich nicht sehen kann. Vielleicht sehen Sie es.

Bitte teilen Sie mir, wenn Sie wollen, mit, wo der Wendepunkt für Sie lag? Welche Erkenntnis ragt besonders heraus, und wann und wo und in welchem Zusammenhang kamen Sie zu ihr? Wann haben Sie die Folgen dieser Erkenntnis für Ihr Leben und Ihre Beziehungen zum ersten Mal beobachtet?

Vielleicht können Ihre Bekannten und Freunde mit Einzelheiten bezüglich dieser letzte Frage aushelfen. Wären Sie bereit, sie zu fragen, ob und wann sie festgestellt haben, daß Sie sich verändert haben? Und wie dies sich auf ihr Bild von Ihnen als Persönlichkeit ausgewirkt hat?

Wenn Sie wollen, können Sie sich zu diesen Fragen einige Notizen machen, die wir bei unserem nächsten Termin besprechen können.

Mit freundlichen Grüßen

M. W.

Skizzierung des Einflusses

Menschen, die ihr Leben völlig an ein Problem verloren haben, fällt es schwer, der Verzweiflung zu entrinnen, auch wenn Beweise dafür vorhanden sind, daß sie auf dem Wege zu sich selbst ein wenig Erfolg hatten. Die Verzweiflung kann sie blind machen für den Fortschritt, den sie gegen die Forderungen des Problems erzielt haben, kann die Uhr in ihrem Leben zurückdrehen.

In diesen Fällen ist es daher unumgänglich, daß die Betroffenen ihren Fortschritt bei der Rückeroberung ihres eigenen Territoriums genau abstecken können. Ein gutes Mittel hierfür ist die Feststellung des Einflusses, den das Problem auf das Leben der Betroffenen ausübt, gegenüber dem Einfluß, den der Betroffene auf das Leben des Problems ausübt. Damit wird der relative Einfluß von Menschen und Problemen festgehalten, der sich dann in Prozenten ausdrücken läßt. Mit Hilfe von Briefen läßt sich ein solches Vorgehen unterstützen.

Liebe Molly,

Anorexia nervosa hatte 99 % Ihres Lebens in Anspruch genommen. Sie selbst hielten nur 1 % Ihres Territoriums. Sie haben gesagt, daß Sie inzwischen 25 % Ihres Territoriums halten. Das heißt, Sie haben sich selbst innerhalb der vergangenen acht Monate zu 24 % von der Anorexia nervosa zurückerobert. Dennoch sind Sie verzweifelt über all die verlorenen Jahre, über die restlichen zwei Drittel Ihres Lebens, die noch unter ihrem Einfluß stehen.

Wie lange würde es wohl dauern, wenn Sie in den nächsten acht Monaten weitere 24 % schaffen und in den darauf folgenden acht Monaten wieder 24 % usw., bis Sie 200 % erreicht hätten und somit Ihr Leben doppelt genießen könnten? Und wenn Sie auf diese Weise weitermachen, wie alt werden Sie sein, wenn Sie all die verlorene Zeit wieder aufgeholt haben? Was wird es bedeuten, wenn Ihr Lebensrhythmus immer noch ansteigt, während der anderer Menschen sich verlangsamt?

Das fragt sich
M. W.

Liebe Clive, Lori und Virginia,
Sie alle waren der Meinung, daß der Konflikt Ihr Leben überwältigt hatte. Sie hatten den Eindruck, daß Ihre Beziehungen dem Konflikt völlig zum Opfer gefallen waren. Trotz Ihrer gegenteiligen Absichten sah es so aus, als ob der Konflikt Sie immer ganz leicht wieder in seinem Netz einfangen konnte, und Sie fühlten sich gezwungen, immer wieder auf dieselbe alte, ermüdende und abgedroschene Art und Weise aufeinander zu reagieren.

Während unseres Gesprächs stellte sich jedoch heraus, daß der Konflikt nur 85 % Ihres Lebens in seiner Gewalt hatte und Sie ihm nicht völlig unterlegen waren. Sie arbeiteten einige Ideen aus, wie Sie Ihren eigenen Einfluß mit der Absicht, Ihr Leben wieder für sich zurückzugewinnen, vergrößern könnten.

Inwieweit haben Sie Ihrer Meinung nach seit unserem letzten Treffen den Griff des Konflikts auf Ihre Beziehungen gelockert? Dies zu bestimmen fällt Ihnen vielleicht schwer. Konflikt macht ziemlich blind und könnte es Ihnen erschweren, kleine, aber bedeutende Veränderungen, die Sie bereits in die Wege geleitet haben, wahrzunehmen. Extreme Vorstellungen, wie zum Beispiel der Gedanke, daß es möglich sein könnte, sein Leben und seine Beziehungen sofort von einem Konflikt zu befreien, machen ebenfalls blind gegenüber Veränderungen.

Vielleicht können Sie bis zu unserem nächsten Gespräch überprüfen, inwieweit Sie Ihr Leben und Ihre Beziehungen befreit haben. Vergessen Sie nicht, daß Sie bereits 25 % geschafft haben.

Mit freundlichen Grüßen
M. W.

Historisieren

Das Historisieren einmaliger Ereignisfolgen ermöglicht es den Betroffenen häufig, ihre je eigene einmalige Leidensgeschichte zu lokalisieren, anzunehmen und Alternativen zu jenem „einheitlichen" Wissen zu finden, das ihr Leben und ihre Beziehungen festgeschrieben hatte. Die Aneignung dieses neuen Wissens hilft den Betroffenen, sich dem Griff des einheitlichen Wissens zu entziehen, und ihr Leben und ihre Beziehungen so aufzubauen, daß sie mehr im Einklang mit ihrer gelebten Erfahrung zu leben vermögen.

Briefe können eine wesentliche Rolle spielen, wenn es darum geht, die eigene Geschichte im Lichte neuen Wissens zu verfassen.

Liebe Tammy, lieber Wes,
Sie haben mich mit ein paar wichtigen Fragen zurückgelassen. Oder sollte ich besser sagen, daß mir wichtige Fragen eingefallen sind, nachdem Sie gegangen waren? Das geschieht häufig nach einem Gespräch.

Woher leiten sich zum Beispiel die Einsichten ab, die Sie jetzt in Ihrer Eigenschaft als Eltern und in Ihrer gegenseitigen Beziehung zum Tragen bringen? Ich hatte das Gefühl, daß Sie etwas „von ganz weit hinten" hervorgeholt haben.

Gibt es da eine bislang verschüttete Tradition? Wenn ja, haben Sie in Ihren Erinnerungen gekramt und daraufhin diese speziellen Einsichten wieder ins Leben rufen können? Was haben Sie getan, um Ihr Gedächtnis aufzurütteln?

Noch eine letzte Frage: sind Ihnen auch interessante Fragen nach unserem letzten Treffen eingefallen, die Ihnen helfen könnten, diese Tradition fortzusetzen?

Ich freue mich darauf, von Ihnen Neuigkeiten zu erfahren.
M. W.

Liebe Sally,
ich glaube, wir alle können bezeugen, daß Ihre Geschichte der eigenen Ablehnung einen Riß bekommen hat. Bei unserem letzten Treffen habe ich versucht, diesen Wendepunkt zu verstehen, und dabei festgestellt, daß er offensichtlich einen Übergang in Ihrem Leben von der Selbst-Zerstörung zur Selbst-Behauptung markiert.

Ihre Informationen haben mir klar gezeigt, daß hierfür von Ihren Vorfahren bereits ein Weg gebahnt wurde.

In dieser Hinsicht habe ich noch weitere Fragen, die ich gern zu Papier bringen würde.

Wie zeigt sich Ihnen die Geschichte Ihrer Bemühungen, die zu diesem Wendepunkt geführt haben?

Gibt es Spuren ähnlicher Kämpfe im Leben Ihrer Vorfahren?

Wie ließe sich dies feststellen?

Wenn diese Fragen Sie interessieren, würde ich gern Ihre Antworten hören.
Tschüß,
M. W.

Die Machttechniken in Frage stellen

Vielen Menschen haben Briefe bei dem Entschluß geholfen, die Funktionen der bereits beschriebenen Machttechniken in ihrem Leben und ihren Beziehungen in Frage zu stellen oder dagegen zu protestieren.

Das war der Fall, wenn das Problem des Betroffenen vor allem in Bezug auf folgendes identifiziert wurde:

1. eine Unterwerfung unter spezielle Machttechniken, die von anderen gehandhabt wurden, und/oder
2. Mitwirkung als Träger oder Instrument der Macht an der Unterwerfung anderer, und/oder
3. Unterwerfung unter die eigenen Techniken, wobei der Betrof fene seine eigene Unterwerfung inszeniert.

Die folgenden Briefe sind Beispiele für Möglichkeiten, wie man den Protest gegen solche Machttechniken unterstützen kann.

Lieber Jake,
als wir darüber sprachen, was Ihr Problem von Ihnen fordert, um als Problem fortbestehen zu können, schien dazu auch Ihre Mitwirkung bei der Beschuldigung anderer zu gehören.

Daraufhin beschlossen Sie, nicht länger ein Ausführungsorgan des Problems zu sein. Sie streikten und gaben es auf, immer nur andere verantwortlich zu machen.

Ich erwähnte dies bei einem Gespräch mit Kollegen, die wissen wollten, wie sich das auf die Haltungen anderer Ihnen gegenüber ausgewirkt hatte. Wir beschlossen daraufhin, Ihnen einige Fragen zu schicken, die uns in unserem Gespräch beschäftigt haben.

Wie hat sich Ihrer Meinung nach dieser Streik auf das Bild der anderen über Sie als Persönlichkeit ausgewirkt?

Auf welche Weise hat dies wiederum dazu beigetragen, daß Sie etwas Positives über sich selbst entdecken konnten?

Ich freue mich darauf, von Ihnen etwas dazu zu erfahren.
M. W.

Liebe Susan,
die Bulimie hat viel von Ihnen gefordert. Ihr Fortbestand kam Sie sehr teuer zu stehen.

Sie hat von Ihnen verlangt, sich selbst zu manipulieren. Sie hat verlangt, daß Sie sich selbst ablehnen. Sie hat gefordert, daß Sie sich einer ständigen Bewertung Ihres Körpers und Ihrer Persönlichkeit unterwerfen. Sie hat Fügsamkeit verlangt.

Trotzdem zeigten Sie sich bereit, Ihr Leben zurückzuerobern und die Bulimie offenzulegen, indem Sie einer Freundin Ihre Erfahrungen damit schilderten. Das war ganz schön riskant! Aber es funktionierte.

Nach unserem letzten Gespräch dachte ich über einige Fragen nach, die ich Ihnen gern noch gestellt hätte. Jetzt habe ich beschlossen, sie in einen Brief zu fassen. Ich hoffe, es macht Ihnen nichts aus. Bitte, fühlen Sie sich nicht gezwungen, über diese Fragen nachzudenken oder sie zu beantworten.

Was achtete Ihre Freundin Ihrer Meinung nach an Ihnen, das Sie nicht zeigen konnten, solange Sie sich unter der Herrschaft der Bulimie befanden?

Was sagt Ihnen das über sich als Persönlichkeit aus, was Sie sonst nicht bemerkt hätten?

Welche Art von Wissen über Sie als Frau ist dies?

Wie unterscheidet sich dieses Wissen über Sie als Frau von den Vorstellungen jener Frauen, die sich der Tyrannei der Bulimie unterwerfen?

Ich weiß, Sie halten sich für fähig, einen weiteren Schritt gegen Bulimie zu unternehmen, indem Sie weiterhin der Geheimhaltung abschwören. Sie nehmen sich eine Menge vor. Viel Glück!

Ich freue mich bei unserem nächsten Treffen auf Neuigkeiten.
M. W.

Infragestellen von anscheinend unveränderbaren Persönlichkeits- und Beziehungsmerkmalen

Briefe, die Menschen dabei unterstützen, beherrschende, Persönlichkeit und Beziehungen betreffende „Wahrheiten" in Frage zu stellen, werden ausnahmslos als hilfreich empfunden. Diese „Wahrheiten" sind Abkömmlinge des beschriebenen „einheitlichen und globalen Wissens" und werden in der Regel als einengend – auf der persönlichen wie auf der Beziehungsebene – erlebt.

Diese Briefe ermutigen die Betroffenen, jenen Aspekten ihrer selbst und / oder ihrer Beziehungen eine Bedeutung zu geben, die sie akzeptieren können, ohne daß diese den Normen und Erwartungen

– kurz, den Spezifizierungen – entsprechen, die das einheitliche Wissen vorgibt. Hier beschäftigen sich die Betroffenen dann aktiv mit der Neufassung ihres Lebens sowie der Gewinnung neuartiger Kenntnisse über ihre Persönlichkeit und ihre Beziehungen.

Lieber Rex,
bei unserem letzten Familientreffen entdeckten wir, daß es der Depression beinahe gelungen war, Dich davon zu überzeugen, Du würdest nie ein vernünftiger Mensch werden und Dir werde es nie gelingen, die von Dir an Dich selbst gestellten Ansprüche zu erfüllen. Es wurde auch deutlich, daß der Fortbestand der Depression von diesem Gefühl des Versagens abhing.

Dann sahen wir uns die Art von Erwartungen an, die Du angeblich nicht erfüllt hattest, und entdeckten die Verwüstungen, die sie in Deinem Leben angerichtet hatten. Du hast daraufhin festgestellt, daß Du Dich von ihnen unter Druck gesetzt fühltest. Deine Eltern waren der Meinung, daß vielleicht diese Erwartungen die Depression unterstützt hatten.

Als wir uns jedoch Deinen Einfluß auf das Leben der Depression ansahen, konnten wir „eineinhalb" persönliche Eigenschaften erkennen, die Du an Dir selbst akzeptieren konntest und die nicht zu diesen Erwartungen paßten.

Das weckte das Interesse aller, und wir waren alle neugierig, was dies wohl über Dich als Persönlichkeit aussagen könnte. Es sagte uns mit Sicherheit, daß Du als Persönlichkeit nicht den Erwartungen entsprechen mußtest. Daraufhin blieben wir mit unbeantworteten Fragen zurück.

Wenn Du Dich weiterhin akzeptieren willst, ohne den Erwartungen entsprechen zu wollen, womit würdest Du Deiner Ansicht nach in Berührung kommen?

Welche anderen Schritte könntest Du unternehmen, um diesen Erwartungen zu beweisen, daß Du nicht die Absicht hast, Dein Leben weiterhin nach ihnen zu richten?

Würden diese Schritte die Depression abschwächen?

Wir hätten zwar noch weitere Fragen, aber Du hast klargestellt, daß Du nur drei auf einmal annehmen willst. Ich denke, Deine Bestimmtheit dabei ist ein weiteres Beispiel für Deinen Widerstand gegen Erwartungen, woher sie auch kommen.

Ich freue mich auf unser nächstes Treffen.
Mit freundlichen Grüßen
M. W.

Liebe Shelly, lieber Ken,
wie vereinbart, schreibe ich Ihnen einige Bemerkungen im Hinblick auf unser letztes Treffen.

Bei diesem Gespräch haben Sie mir beide auf verschiedene Art und Weise mitgeteilt, zu welchen Schlüssen Sie über Ihre Beziehung gekommen sind. Sie stimmten darin überein, daß Sie nicht einmal eine halbwegs vernünftige Beziehung erreicht hätten.

Wir erörterten die Formel für Beziehungen, die Sie auf sich anwenden wollten, wobei zwei Dinge deutlich wurden:

a) Es war eine besonders moderne Formel, vielleicht eine Formel der Zukunft.

b) Sie hatten Ihre Beziehung beinahe erfolgreich dieser Formel unterworfen.

Dennoch entdeckten wir, daß Sie Ihre Beziehung nicht völlig unter eine moderne Formel gestellt hatten. Es war zum Beispiel klar, daß Sie sich nicht völlig zerbrochen, zerschmettert und abgeschrieben fühlten, weil Sie nicht gleichzeitig einen Orgasmus hatten. Statt dessen hatten Sie Möglichkeiten gefunden, wie Sie sich an Aspekten Ihrer intimen Beziehung erfreuen konnten, die nicht zu einer modernen Formel paßten. Dann fanden wir andere Aspekte Ihrer Beziehung heraus, die Ihnen gefielen, die aber dieser Formel widersprachen.

Sie waren damit einverstanden, sich einige Fragen im Zusammenhang mit diesen Entdeckungen zu überlegen:

Was sagt dieser erfolgreiche Widerstand gegen die Formung Ihres Lebens nach einer modernen Formel über Ihre Beziehung aus?

Wenn dieser Widerstand durch andere Vorstellungen darüber, wie Beziehungen aussehen können, unterstützt wird, wie sähen diese Vorstellungen aus? Woraus resultieren diese Vorstellungen?

Wagen Sie es, diese Entdeckungen über Ihre Beziehung anzunehmen und Ihren Protest auszuweiten, indem Sie sich diesen neuartigen Vorstellungen anschließen?

Ich freue mich darauf, Ihre Gedanken über diese Fragen zu hören.
Mit freundlichen Grüßen,
M. W.

Das erinnert mich!

Häufig treffe ich Menschen, die mich an andere Menschen erinnern – manchmal an Patienten aus früheren Therapien. Auch eigene Erlebnisse erinnern mich an etwas im Leben oder in den Beziehungen meiner Patienten. In bestimmten Fällen schreibe ich den Betreffenden kurze Briefe, für die ich im folgenden einige Beispiele ausgewählt habe.

Liebe Jane,
heute habe ich eine junge Frau kennengelernt, die sich krampfhaft darum bemüht hat, im Leben etwas darzustellen. Am Ende unserer Sitzung glaubte sie bereit zu sein, einen Schritt zu unternehmen, der dem ähnelte, den Sie bereit waren zu tun.

Da sie mich an Sie erinnerte, wurde ich neugierig, was Sie wohl über Ihre Bereitschaft herausgefunden haben. Haben Sie Ihre Rückkehr ins Leben in Angriff genommen, oder war es zu früh für Sie, einen solchen Schritt zu unternehmen? Ich dachte, ich berichte Ihnen das mal, denn ich bin sicher, daß meine Neugierde bis zu unserem nächsten Treffen warten kann.

Mit freundlichen Grüßen
M. W.

Lieber Fred,
überrascht Sie dieser Brief? Ich bin selbst überrascht, daß ich ihn schreibe. Ich wurde gestern zufällig durch jemanden abgelenkt, der im Park herumsprang. Ich stolperte über eine Rinne, wobei ich mir den Zeh anstieß.

Was das mit Ihnen zu tun hat? Nun, ich erinnere mich, daß Sie bei unserem letzten Treffen einen verletzten Fuß hatten. Als ich mir meinen Zeh verletzte, mußte ich an Ihren Fuß denken, und das wiederum hat mich dazu veranlaßt, mich zu fragen, wie es Ihnen wohl geht. Das ist alles.

Bis zum nächsten Treffen.
M. W.

Lieber Dennis, liebe Fran
gestern wurde ich durch eine Reihe von Ereignissen an die wichtigen und unerwarteten Einsichten über Ihre Beziehung erinnert, die Sie mir bei unserem letzten Treffen vermittelten.

Ich fühlte mich dazu veranlaßt, Ihnen zu schreiben und nachzufragen, wie diese Erkenntnisse sich seitdem auf Ihre Beziehung ausgewirkt haben. Vielleicht versuchen Sie sich mal an die vergangenen zwei Wochen zu erinnern und machen ein paar Gedächtnisnotizen, die Sie zur nächsten Sitzung mitbringen können.

Mit freundlichen Grüßen
M. W.

Zufallsbegegnungen

Es ist für einen Therapeuten durchaus nicht ungewöhnlich, wenn er Menschen trifft, die mit seinen Patienten verwandt sind oder zu dessen Freundeskreis gehören. Das ist vor allem dann der Fall, wenn der Therapeut in Institutionen wie Krankenhäusern arbeitet oder dort beratend tätig ist. Solche Institutionen nehmen oft mit Familienmitgliedern und manchmal auch Freunden Kontakt auf. Und für viele der in solchen Institutionen betreuten Menschen stellen sie die maßgebliche Personengruppe dar, aus der Freundschaften erwachsen.

Zufällige Begegnungen mit diesen Verwandten oder Freunden waren oft Anlaß für einen Brief, vor allem wenn der Betroffene sozial isoliert lebte. Diese Briefe können sehr einfach sein.

Lieber Ronald,
hier nur eine kurze Mitteilung. Ich habe Deine Mutter gestern im Krankenhaus getroffen. Ich dachte mir, ich schreibe Dir kurz, um Hallo zu sagen und zu fragen, wie es Dir geht.

Das ist alles. Tschüß für heute.
M. W.

Liebe Elizabeth,
Cany hat mir erzählt, daß sie große Veränderungen an Dir festgestellt hat. Da ich eine Verabredung hatte, konnte ich leider nicht mehr von ihr erfahren. Ich wäre Dir sehr dankbar, wenn Du meine Lücken auffüllen könntest.

Viele Grüße,
M. W.

Liebe Jemma,
gestern stand ich plötzlich vor Nick. Ich fragte nach Ihnen, aber er konnte mir nicht viel sagen, weil er geschäftlich unterwegs gewesen war.

Da dachte ich mir, ich schicke Ihnen schnell eine kurze Nachricht, um Hallo zu sagen und um direkter nachzuhaken, wie weit Sie mit Ihrem persönlichen Vorhaben gediehen sind.

Viele Grüße,
M. W.

Erzählende Briefe

Gleichwertig durch Ausgleich

Ich (D. E.) hatte Ted (17), seine Eltern, seinen Bruder Michael (15) und seine Schwester Jane (11) ein Jahr zuvor bei einer Sitzung getroffen. Er rief mich an, um mir mitzuteilen, daß seine Eltern ihm die Wahl gelassen hätten, mich allein aufzusuchen oder die Familie zu begleiten. Er gab zu, daß er gar nicht kommen wollte, aber wenn es schon sein müsse, dann wolle er lieber allein kommen. Ich war damit einverstanden und bin froh, daß es so war.

Ted erzählte mir, daß er, auch wenn er sich noch so viel Mühe gebe, die Provokationen seines Bruders und seiner Schwester nicht mehr aushalte. Diese beständen aus Beschimpfungen und – in Janes Fall – auch in physischer Gewalt. Es sah so aus, als würden Michael und Jane ihn um so mehr hänseln, je mehr er sich zurückhielt. Er gab zu, besonders empfindlich auf die Tatsache zu reagieren, daß er nicht so groß war, wie er es gern gewesen wäre, und daß er ein schlechter Verlierer war. Ted war ein junger Mann, der mit dem Erfolg ein Problem hatte: Nahezu alles, was er in die Hand nahm, gelang ihm ausgesprochen gut. Er konnte es jedoch nur schlecht akzeptieren und war beunruhigt, wenn er einmal nicht den gewünschten Erfolg hatte. Vor allem seine Entscheidung, die er vor sechs oder sieben Monaten getroffen hatte und die darin bestand, ein neues Geschwisterverhältnis in seiner Familie aufzubauen, hatte zu einem totalen Mißerfolg geführt. Sie wurde von Michael und Jane nicht nur überhaupt nicht beachtet, sie führte auch noch zu einer weiteren Verschlechterung der Situation. Ted und ich steckten unsere Köpfe zusammen und versuchten, uns über das, was abgelaufen war, klar zu werden. Wir entwarfen einen Plan, der in dem Brief, den ich ihm dann schickte, zusammengefaßt ist.

Lieber Ted,
es hat mich sehr gefreut, Dich wiederzusehen. Du bist für einen jungen Mann Deines Alters sehr reif.

In Bezug auf Dein Problem des „Aufgerieben-Werdens" könnte es gut sein, daß Du in den letzten 6–7 Monaten im Umgang mit Michael und Jane eine andere Richtung eingeschlagen hast. Du hast erkannt, daß Du in nächster Zukunft Dein Elternhaus verlassen wirst und daß Du Deine Geschwister als für Dich wichtige Menschen aufwerten möchtest. Sehr wahrscheinlich waren sie seit einiger Zeit Störenfriede, Nachäffer und

Wettbewerber. Aber Du hattest immer den Vorteil des Alters, der Erfahrung, des Gewichts und der physischen Überlegenheit. Bis zu einem gewissen Grad hast Du Dich aus dem Konflikt zurückgezogen und gehofft, daß sie das bemerken und anders reagieren würden. Zu Deiner Enttäuschung geschah genau das Gegenteil. Je weiter Du von dem alten Verhaltensmuster Bruder-Bruder-Schwester abrücktest, desto mehr wandten sie sich ihm zu. Es ist, als würden sie Deine Mitwirkung vermissen und wollten Dich wieder zum Mitmachen auffordern, indem sie Dich provozieren. Sie wissen nicht, daß Du etwas anderes willst. Mein Vorschlag wäre, daß Du Dich mit ihnen zusammensetzt und ihnen Deinen Vorschlag unterbreitest.

Der Vorschlag lautet:

1. Sage ihnen, daß Du bald von zu Hause weggehen wirst und daß Du zu der Erkenntnis gekommen bist, wie wichtig sie für Dich sind und wie wichtig Du für sie in Zukunft sein möchtest.

2. Sage ihnen, daß Du versucht hast, ihnen Deine Zuneigung zu zeigen, indem Du Dich nicht auf Schimpfwörter und Kämpfe eingelassen hast, was aber niemand bemerkt hat. Es hatte sogar einen gegenteiligen Effekt – sie haben Dich noch mehr als sonst bekämpft und beschimpft. Du fragst Dich nun, ob sie der Meinung sind, Du hieltest Dich für etwas Besseres als sie und stündest über ihnen.

3. Sage ihnen, daß dies absolut nicht der Wahrheit entspricht. Dann sage sowohl Michael als auch Jane, was Du an ihnen bewunderst. Ich glaube nicht, daß Du lange wirst überlegen müssen, um eine Menge Gründe dafür zu finden, warum Du stolz auf sie bist.

4. Sage ihnen, daß Du Dich fragst, ob sie sich nicht, bevor Ihr alle als Bruder und Schwester gleichgestellt seid, in gewisser Weise revanchieren müssen, so daß sie einen Ausgleich schaffen, weil Du eine Zeitlang älter, größer und erfahrener warst als sie (aber sage ihnen, daß das nicht mehr der Fall ist).

5. Aus diesem Grunde wirst Du ihnen eine lange Liste mit all den Beleidigungen aufstellen, mit denen sie Dich treffen können. Schreibe so viele Begriffe wie möglich im Zusammenhang mit kleinem Wuchs und Verlieren auf, zum Beispiel Zwerg, kleiner Furz, Baby, Kümmerling/geborener Verlierer, zweitrangig, Gruftie, Hinterwäldler usw. Diese Liste sollte sehr umfangreich sein, und Du solltest Dein Gedächtnis anstrengen. Michael und Jane sollten eine Kopie dieser Liste bekommen. Du könntest Michael und Jane auch fragen, ob sie sich körperlich an Dir rächen wollen. Wenn ja, könntest Du Deine Eltern bitten, dabeizusein, wenn Deine Geschwister Dich schlagen, um sich ebenbürtig fühlen zu können.

6. Sage ihnen, daß Du sie zu dem Zeitpunkt, an dem ihr quitt seid (Du wirst es daran merken, daß sie sich nicht länger an Dir rächen wollen), zum Essen einladen wirst. Es kann sein, daß Du Dich für eine Zeitlang von ihnen verabschieden willst, sehr wahrscheinlich ist aber auch, daß Du ein neues Verhältnis zwischen Bruder, Bruder und Schwester begrüßen wirst. Mit Jane wirst Du vielleicht das Thema anschneiden müssen, daß Du Euer Verhältnis von allen sexistischen Ansätzen befreien willst.

7. Ted, wenn Michael und Jane mit Dir gleichziehen, vergiß nicht, daß viel mehr dahintersteckt als nur Beschimpfungen – es ist Pionierarbeit auf dem Weg zu einem gleichwertigen und ebenbürtigen Verhältnis zwischen Geschwistern.

Viel Glück!

D. E.

P. S.: Wenn Du noch weitere Fragen hast, bei denen ich Dir helfen kann, ruf mich an (bin für den Rest der Woche unterwegs).

Ted rief mich drei Wochen später an. Er war überglücklich und sagte, er wolle mich noch einmal sehen, um mir zu berichten, was geschehen war. Ted hatte den Plan ein wenig für sich abgeändert: „Ich sagte, ich will sie besser kennenlernen. Sie reagierten nicht – sie fanden das seltsam. Seitdem hatten wir keine größere Auseinandersetzung mehr. Michael hat es besser aufgenommen. Er begann, sich gegen Jane auf meine Seite zu stellen – er hatte erkannt, daß ich mich bemühte. Das gab mir Auftrieb. Vorher hatte ich keine Veränderung festgestellt. Jetzt sehe ich sie. Es läuft etwas. Wir setzen uns zusammen und reden darüber. Ich reagiere nicht. Statt ihnen eine ‚lange Liste' vorzulegen, habe ich ihnen gesagt: Was ist hiermit ... oder damit? Das hat Jane echt auf die Hinterbeine gebracht. Sie hat sich an mir die Zähne ausgebissen. Die Provokationen sind um 90 %, wenn nicht sogar um 95 % zurückgegangen. Das Schwarze ist hell geworden." Er hat die Idee der „körperlichen Rache" fallenlassen. Er hat vorgeschlagen, nach seinen bevorstehenden Prüfungen „mit ihnen ins Kino zu gehen und sie dann zum Essen einzuladen". Dann fuhr er fort, mir zu berichten, daß „er den Eindruck habe, für Michael und Jane so etwas wie Eltern sein zu müssen" Auch wenn seine Eltern, die er sehr bewundert und respektiert, ihn davon abzuhalten versuchten, fühlte er sich doch frustriert, wenn Michael und Jane seinen Rat so ungern annahmen. Unsere Begegnung wurde wieder in einem „Brief" zusammengefaßt.

Lieber Ted,
nun, es dürfte klar sein, daß Eure Probleme mit dem Bruder-Bruder-Schwester-Verhältnis um 90–95% zurückgegangen und, wie Du sagtest, nicht mehr schwarz, sondern hell geworden sind. Mit einem solchen Erfolg im Rücken ist es kein Wunder, wenn es Dir, wie Du sagst, so viel besser geht.

Ich möchte jedoch Dein Gefühl, „für Jane und Michael auch die Elternrolle übernehmen zu müssen", in Frage stellen. Es überrascht mich nicht, wenn Jane und Michael „nicht auf Dich hören" und daß es Dich „wütend macht". Wie Du sagst: „... ich weiß, daß ich ihnen helfen könnte ... ich möchte ihr großer Bruder sein". Ich vermute, daß Jane und Michael gerade jetzt nicht sehr begeistert von diesem Vorschlag sind, daß sie Dich lieber, wie der vergangene Monat gezeigt hat, einfach nur als Bruder, als gleichgestellten Bruder ansehen würden.

Eine Zeitlang wirst Du jetzt wahrscheinlich den Wunsch verspüren, „ihnen Ratschläge zu geben", auch wenn Du nicht weißt „warum". Nun, ich verstehe recht gut, warum. Du hast in Deinen siebzehn Jahren bisher schon so viel gelernt, und einige dieser Lehren hast Du aus Deinen Fehlern und ihrer Berichtigung gezogen. Da Du ein sehr verantwortungsbewußter Mensch bist, möchtest Du natürlich Deine Geschwister vor Fehlern bewahren, indem Du ihnen Deine Erfahrungen weitergibst. Es sieht so aus, als seien Jane und Michael sehr stark und würden lieber „auf eigene Faust entdecken" als „nach Anweisung lernen". Du hast immer noch die Angewohnheit, gute Ratschläge zu erteilen, was schwierig abzustellen ist.

Wir haben folgende Lösung vereinbart: Du sollst den nachfolgenden Brief lesen und überarbeiten, 20 Kopien davon machen und sie Michael geben. Sage ihm, daß Du die Angewohnheit hast, gute Ratschläge zu erteilen, die Du Dir abgewöhnen willst. Frage ihn, ob er Dir dabei helfen will. Bitte ihn, Dir jedesmal eine Kopie des Briefes zu überreichen, wenn Du ihm einen guten Rat gibst, den er zu dem Zeitpunkt nicht gebrauchen kann.

Lieber Michael,
ich habe mich immer als Dein größerer Bruder gefühlt, aber jetzt möchte ich, daß wir gleichberechtigt sind. Aber Angewohnheiten kann man nicht so schnell ablegen. Ich bin nun seit 15 Jahren Dein großer Bruder. Wenn Du bemerkst, daß ich unsere Gleichberechtigung vergessen habe und Dir gute Ratschläge erteile, die Du nicht hören willst, gib mir bitte eine Kopie dieses Briefes. Ich habe Dir 20 Kopien gegeben. Wenn Du mehr brauchst, laß es mich wissen.

Dein gleichberechtigter
Ted

Ich schrieb eine kurze Mitteilung an Teds Eltern, da sie vor unserem ersten Treffen angerufen hatten, um mir ihre Besorgnis darüber mitzuteilen, daß ihr Sohn manisch-depressiv sei. Sie wollten auch wissen, ob sie einen Psychiater aufsuchen sollten. Sie hatten auch nach unserem ersten Treffen angerufen, da sie die offensichtlichen Verbesserungen bemerkt hatten.

Lieber George, liebe Danny,
ich bin sicher, daß Sie auf Michael und Jane besonders stolz sein können, aber ich möchte Ihre Aufmerksamkeit auf meine Bewunderung und Achtung für Ted lenken. Selten habe ich einen jungen Mann in seinem Alter kennengelernt, der so sensibel anderen gegenüber war, so selbstsicher und nachdenklich. Ich glaube, es gibt an ihm vieles, auf das Sie stolz sein können. Sorgen bereitet mir lediglich seine übermäßige Verantwortlichkeit. Vielleicht überlegen Sie sich ein paar Möglichkeiten, wie Sie ihn davon abbringen können, sich so viel um andere zu kümmern, da er dadurch seine eigenen Belange vergessen könnte.

Ich möchte noch einmal betonen, daß es mir viel Freude bereitet hat, mit Ihrem Sohn zu reden.

Mit freundlichen Grüßen
D. E.

Neun Monate später rief ich Ted an, als er gerade dabei war, ins Ausland zu gehen. Obwohl er gern zu mir gekommen wäre, um mir alles zu berichten, reichte die Zeit nicht mehr aus. Ted sagte jedoch, alles habe so geklappt, wie er es sich erhofft hatte; er war nun mit seinem Bruder und seiner Schwester auf gleicher Ebene.

Die Spur der Schwierigkeiten zurückverfolgen

Glenn war 13 Jahre alt und befand sich gegen Ende seines ersten Schuljahres an der High School in Schwierigkeiten. Ich (D. E.) hatte ihn zwei Jahre zuvor wegen seiner Diebstähle kennengelernt. Seine Eltern berichteten mir, er habe nach unserem Treffen nicht mehr nur Dinge entwendet, sondern sein Repertoire noch erweitert. Im Jahr darauf habe er sich „einigermaßen kooperativ" gezeigt, und seine Eltern hatten so viel Vertrauen in ihn, seine Schwester (16) und seinen Bruder (11), daß sie die Kinder allein zu Hause lassen konnten, wenn sie ausgehen wollten. Glenn sagte, er ziehe Verantwortung der Unverantwortlichkeit vor, denn „wenn deine Eltern dir vertrauen, fühlst du dich viel sicherer". Seitdem er jedoch an der High School begonnen hatte, war Glenn in immer größere Schwierigkeiten geraten. Zuerst war seine Schularbeit ins Rutschen geraten; dann begann er zu schwänzen und sich zu verstecken; schließlich wurde er wegen Ladendiebstahls festgenommen. Das war in einem Zeitraum von sechs Monaten geschehen und machte seinen Eltern große Sorgen. Aber was sie auch versuchten, er wollte darüber nicht reden und begann, sich in seinem Zimmer zu verstecken. Seine Mutter spürte „eine große, dicke Mauer, Stein für Stein ..." zwischen sich und ihrem Sohn. Glenn mußte zugeben, daß es ihn betrübte, in solche Schwierigkeiten zu geraten. Den Worten seiner Mutter zufolge konnte er nicht gut schlafen und war sehr unglücklich. Ich schickte Glenn folgenden Brief:

Lieber Glenn,
es sieht ganz so aus, als hättest Du Dich in Schwierigkeiten gebracht. Ich mache Dir keine Vorwürfe, wenn Du da jetzt wieder heraus willst. Deine Mutter und Dein Vater hatten Dir im vergangenen Jahr wirklich Vertrauen entgegengebracht, weil Du so vernünftig geworden warst. Auch ich glaube, daß Du nun groß genug bist, Dich selbst aus diesen Schwierigkeiten herauszuziehen.

Die beste Möglichkeit, sich aus der Patsche zu ziehen, besteht darin, sich anzusehen, wie man hineingeraten ist. Wenn Du Dich zum Beispiel im Urwald verlaufen hast, so ist es das Beste, wenn Du Deine Spuren zurückverfolgst. Hier ist die Geschichte Deiner Schwierigkeiten, die Dir nun Sorgen bereiten.

Du hast die Mittelschule im Sauseschritt absolviert, ohne viel dafür tun zu müssen. Du konntest mithalten, wenn Du nur ein wenig aufmerksam warst. Dann hast Du den großen Schritt in die High School gewagt. Dort hattest Du einen Bombenstart. Vielleicht hast Du deshalb geglaubt, Du könntest die High School durchsegeln. Wahrscheinlich bist Du auf die Idee gekommen, daß sich Arbeit für die Schule nicht lohnt. Du wußtest auch nicht, daß Dich niemand sorgfältig anleiten und überwachen würde, wie es Deine Lehrer in der Mittelschule getan hatten. Du hast nicht erkannt, daß Du Dich selbst organisieren mußt und dies nicht andere für Dich machen. Kein Wunder also, wenn Du angefangen hast, heimlich die Schule zu schwänzen und dann versagt hast. Es war ganz schön schwer für Dich, damit fertigzuwerden, so daß Du angefangen hast, Dich hinter verschlossenen Türen zu verbergen und mit Deinen Eltern nicht über dieses Thema reden wolltest. „Eine große dicke Mauer richtete sich zwischen Euch auf, Stein für Stein." Im Juni hast Du eine Rolle in einem Musical bekommen, und das diente Dir als Entschuldigung dafür, nicht herausfinden zu müssen, was Du versäumt hattest. Also bist Du immer weiter zurückgeblieben. Du hast angefangen, Dich jetzt wirklich zurückzuziehen und die Schule sausen zu lassen. Die Schule wurde dadurch alarmiert und beschloß, Dich zu überwachen und auf eine „schwarze Liste" zu setzen. Dann hast Du Dich wirklich aufgegeben und angefangen zu stehlen. Jetzt hattest Du Ärger mit der Polizei. Der Leiter der Jugendfürsorge gab Dir, wie Du sagtest, „gute Ratschläge", die auch bei Dir anzukommen schienen.

Glenn, Deine Aufgabe besteht jetzt darin, Deinen Weg zurückzuverfolgen und Dich aus dem Schlamassel wieder herauszuziehen. Du hast Dich hineingebracht, so daß es richtig und rechtens ist, wenn Du Dich auch wieder herausholst. Wenn es Dir gelingt, würdest Du Deine Mutter und Deinen Vater wirklich beeindrucken, und sie würden dann sicher sein, daß Du erwachsen geworden bist, weil Du aus Deinen Fehlern lernen kannst. Das heißt nicht, daß Du Deine Mutter oder Deinen Vater nicht um Hilfe, Unterstützung oder Anleitung bitten kannst. Aber wenn Du aus Deinem Strudel herauswillst, mußt Du selbst schwimmen. Es wäre eine gute Idee, wenn Du Deine Mutter und Deinen Vater über Deine Rückkehr informieren würdest.

Glenn, vielleicht bist Du noch nicht erwachsen genug, um allein aus den Schwierigkeiten herauszufinden. Wenn das so ist, dann müssen Deine Mutter und Dein Vater Dich als einen Jüngeren behandeln und Dich stärker beaufsichtigen.

Mit dem, was Du jetzt weißt, glaube ich, kannst Du es allein.

Ich habe eine Kopie dieses Briefes für Mary und Tom beigefügt. Gib sie ihnen bitte.

Können wir uns nicht in einem Monat wieder treffen, um zu sehen, ob Du tiefer in Schwierigkeiten geraten bist und Dir größere Sorgen machst, d.h. unglücklicher bist, nicht gut schlafen kannst usw., oder ob Du aus den Schwierigkeiten herausfindest und sorgloser bist, d.h. glücklich, sorgenfrei usw. Bitte Deine Mutter oder Deinen Vater, einen Termin zu vereinbaren, wann es ihnen recht ist.

Viel Glück für Deine Rückkehr,

D. E.

P. S.: Wenn Du Dich entschließt, aus den Schwierigkeiten herauszufinden, möchte ich nicht, daß Du denkst, es wird Dir leichtfallen. Je härter, desto besser ist es jedoch. Je schwerer es Dir fällt, desto stärker wirst Du daraus hervorgehen.

Zwei Monate später trafen wir uns wieder. Der folgende Brief faßt unser Gespräch zusammen:

Lieber Glenn,
na ja, Glenn, statt weiter in Schwierigkeiten hineinzurutschen, kommst Du, wie Du sagst, aus den Schwierigkeiten heraus. Du sagst, Du „mochtest nicht gern Ärger haben", und das kann ich Dir nicht verdenken. Du gewinnst Deine Lernfähigkeit zurück und Du sagst, Deine Lehrer mußten es einfach bemerken. Jetzt erledigst Du Deine Hausaufgaben vollständig. Die Klassenarbeiten fallen Dir viel leichter. Du bist weniger besorgt und schläfst besser, sogar so gut, daß Du morgens kaum wach wirst. Deine Mutter und Dein Vater sind nicht mehr so wütend und schenken Dir mehr Vertrauen. Deine Mutter sagt, daß ihr Vertrauen von 10 auf 60-70% gestiegen ist. Dein Vater sagt, daß er Dir wesentlich mehr vertraut. Deine Mutter hat berichtet, daß Du Dich „eifrig an die Hausaufgaben setzt und Dich überhaupt wesentlich reifer verhältst". Es war dann für mich nicht weiter überraschend zu hören, daß Du neue Freunde gefunden hast.

Glenn, Du hast gesagt, daß Du Deinen Weg zurück aus den Schwierigkeiten gefunden hast und „zumindest an den Ausgangspunkt zurückgekehrt" bist. Dein Vater hat dem zugestimmt. Deine Mutter war damit nicht einverstanden. Sie sagt: „Meiner Meinung nach ist er weitergekommen ... er setzt sich mit Schwierigkeiten viel reifer auseinander ... er akzeptiert unsere Grenzen". Glenn, Du sagst, Du hast es mit Wildheit versucht, aber das ging nicht. Also zähmst Du jetzt Deine Ambitionen. Deine Mutter hat auch erwähnt, daß Du viel mehr auf Deine Gesundheit achtest, was Kondition und Gewicht betrifft. Ich vermute, Du übernimmst Verantwortung für Dich, statt dies von Deinen Eltern zu erwarten. Dein Vater hat auch beobachtet, daß Du Deinem jüngeren Bruder gegenüber wesentlich toleranter bist.

Glenn, ich glaube, ich muß Dir widersprechen und mich der Meinung Deiner Mutter anschließen. Sicher hast Du Fortschritte gemacht; Du bist nicht nur zurückgegangen. Denn wenn Du noch so unter Druck wärst, hättest Du unmöglich all das getan, was Du geschafft hast. Aus diesem Grunde bitte ich Dich dringend, sorgfältig darüber nachzudenken, was Du getan hast und Dich an alles zu erinnern. Wenn Du in Zukunft noch einmal Schwierigkeiten bekommen solltest, wirst Du Dich daran erinnern können, wie Du in Schwierigkeiten geraten und wieder herausgekommen bist, statt Dich zu sorgen. Vergrabe diese Erinnerungen, aber lege Dir vorsichtshalber eine „Schatzkarte" darüber an. Du wirst sie in Zukunft vielleicht noch einmal brauchen.

Herzlichen Glückwunsch einerseits dafür, daß Du aus dem Ärger herausgekommen bist und auf der anderen Seite Fortschritte gemacht hast.

Wenn Du willst, kannst Du diesen Brief Mary und Tom vorlegen.

Liebe Grüße,

D. E.

Sechs Monate später rief ich Glenn und seine Eltern an. Alle waren sich darüber einig, daß er nun ein sorgenfreier junger Mann war. Interessant war die Meldung, daß Glenn darauf bestanden hatte, in eine andere Schule überzuwechseln, obwohl sie viel weiter weg war. Er sagte mir, daß dort „mehr Disziplin" herrsche und daß er damit besser zurechtkomme. Seine Eltern waren ein wenig enttäuscht, gaben aber zu, daß er eine wohlüberlegte Entscheidung getroffen habe und achteten ihn deswegen.

Was Sie auch tun, zwingen Sie mich nicht, die Polizei einzuschalten!

Carol hatte in den letzten zehn Jahren ihre fünf Kinder, jetzt zwischen 31 und 16 Jahre alt, allein erzogen. Ich (D. E.) hatte mich drei Jahre zuvor dreimal mit Carol, ihrer jüngsten Tochter und Tony, ihrem jüngsten Sohn getroffen. Damals ging es um die körperliche Gewalt Tonys gegen seine Schwester. Seine offene Gewalttätigkeit ließ nach und Judy (im Alter von 23 Jahren) ging auf eindringliche Bitten ihrer Mutter von zu Hause fort. Während dieses Kontaktes hatte Carol immer einen tapferen Eindruck gemacht.

Diesmal lagen die Dinge offensichtlich anders. Carol war völlig fertig und sagte mir, daß sie mir bei unseren ersten Treffen „nur Krumen vom häuslichen Tisch" gegeben habe. Jetzt glaubte sie sich jemandem anvertrauen zu müssen. Bevor sie jedoch anfing, blickte sie mir in die Augen und sagte: „Was Sie auch tun, zwingen Sie mich nicht, die Polizei einzuschalten!" Aus ihren Worten ging hervor, daß Tony zwar die physische Gewaltanwendung aufgegeben, sie aber durch Terror ersetzt hatte. Außerdem war er einer Beleidigung für schuldig befunden und mit einer Geldstrafe belegt worden und hatte kurze Zeit in einem Heim für straffällige Jungen zugebracht. Er brach immer noch in Wutanfälle aus, wenn Carol nicht damit einverstanden war, daß er Geld verlangte, den Wagen fahren wollte oder wenn sie mit der Art, wie er das Haus benutzte, nicht zufrieden war. Er zertrümmerte ihr Eigentum und drohte damit, daß er sie mit dem Messer verletzen, daß er sie oder ihre Katzen töten würde. Sie gab zu, daß sie inzwischen Angst um ihre Gesundheit hatte. Ich hielt ihre Besorgnis, daß Tony die kriminelle Richtung einschlagen würde, für durchaus berechtigt.

Ich externalisierte und objektivierte „Schuldgefühle" und stellte Carol ergänzende Fragen (1986). Dann gab ich ihr eine zusätzliche Beschreibung der Ereignisse, die ich „meine Zusammenfassung" nannte:

„Die Schuldgefühle fordern Tony heraus, Sie anzugreifen. Wer andere anklagt, muß seinerseits keine Verantwortung für sich übernehmen. Schuldbeladene Eltern reagieren dann übermäßig verantwortungsbewußt angesichts des unverantwortlichen Verhaltens ihrer Kinder." Dann gab ich ihr noch Fragen mit nach Hause:

„1. Wie erklären Sie sich, daß Sie so verwundbar für Schuldgefühle sind? Welche eigenen Erziehungseinflüsse kamen ins Spiel?
2. Wie erklären Sie sich Ihre Familientradition, alles in der Familie für sich zu behalten, und das Gefühl, es sei unloyal und ein Betrug, wenn man das nicht tut?"

Eine Woche später kam Carol wieder zu mir, um mir mitzuteilen, daß ihr die Fragen eingeleuchtet hätten. Sie konnte eine ganze Reihe von Gründen nennen, warum sie sich schuldig fühlen müßte. Seit ihrem fünften Lebensjahr hatte sie sich für die Trunksucht ihres Vaters verantwortlich gefühlt, und niemand durfte wissen, was in ihrer Familie vor sich ging. In ihrer eigenen Familie „hielten alle dicht". Carol sagte, daß sie sich für jedes einzelne Kind und dessen Taten verantwortlich und schuldig fühlte, ebenso für ihre Ehe, die auseinanderging und vor allem für Tonys Probleme.

Am Ende dieser Sitzung gab ich ihr zwei weitere Fragen mit nach Hause:

„1. Ich stelle eine Liste all der Gründe zusammen, deretwegen ich mich meiner Ansicht nach schuldig fühlen sollte.
2. Habe ich schon genug gelitten oder muß ich mich noch weiter quälen?"

Ich war nicht überrascht, als Carol zu unserem nächsten Treffen mit einer langen Liste von Gründen erschien, warum sie sich schuldig fühlte. Der folgende Brief faßt das Gespräch zusammen:

Liebe Carol,
ich bat Sie, eine Liste all der Gründe zusammenzustellen, deretwegen Sie sich Ihrer Ansicht nach schuldig fühlen sollten. Und zweitens sollten Sie sich fragen: Habe ich schon genug gelitten oder muß ich mich noch weiter quälen?

Ihre Liste sieht so aus:

1. *Ich war mit der Pflege eines anderen Jungen beschäftigt, als Tony noch nicht zur Schule ging;*
2. *vielleicht habe ich ihn nicht genug geliebt;*
3. *der Umzug von Tauranga, wo es Tony in der Schule gut ging, nach Auckland, wo er sich in der Schule nicht wohl fühlte;*
4. *meine Ausbildung als Kinderfrau in Tauranga;*
5. *ich habe die Ehe nicht aufrechterhalten;*
6. *ich hatte mit Tony nichts gemeinsam, auch als er noch klein war;*
7. *als Tony sechs Wochen alt war, starb mein Vater. Meine Mutter zog zu mir, und ich gab ihr das Baby, noch während ich es stillte, so daß sie dadurch ein wenig Trost fand und nicht mehr so sehr an den Tod ihres Mannes denken mußte;*
8. *ich habe ihm mit Gesten und Worten begreiflich gemacht, daß ich die Art nicht leiden kann, wie er geworden ist;*
9. *vielleicht habe ich ihm doppelte Botschaften zukommen lassen;*
10. *manchmal möchte ich aufgeben und mich gar nicht mehr um ihn kümmern;*
11. *ich bin nicht in der Lage, für einen ordentlichen Schulbesuch zu sorgen;*
12. *ich bin zu negativ und lobe ihn nicht genug;*
13. *ich wünsche, daß er mein Haus verläßt.*

Carol, als wir über die Relation zwischen dem Einfluß, den die Schuldgefühle auf Sie ausüben, und dem Einfluß, den Sie auf die Schuldgefühle haben, sprachen, zeigten die Ergebnisse einen Trend. Vor sechs Monaten bezeugten 30 % Ihrer Argumente Selbstachtung und 70 % Selbstquälerei. Vor kurzem waren Sie bei 40 % für Selbstachtung und 60 % für Selbstquälerei, und heute waren Sie bei 45 % für Selbstachtung und 55 % für Selbstquälerei. Sie sagen, daß der Kampf ums Überleben Sie in diese Richtung gedrängt hat. Ich glaube, daß entschieden mehr dahintersteckt, obwohl auch ich mich um Ihr Überleben in einer derart bedrückenden Situation sorge. Dennoch werden Sie erst dann bereit sein, entscheidende offensive Schritte zu unternehmen, wenn Ihre Argumente für Selbstachtung Ihre Argumente für Selbstquälerei überwiegen. Wir hatten zwei Ideen, die vielleicht die Waage zugunsten Ihrer Selbstachtung ausschlagen lassen würden, und damit die Selbstquälerei in Frage stellen könnten. Die erste Idee bestand darin, Kopien dieses Briefes an Jan, Donna, Richard und Kathy, ihre älteren Kinder, zu schicken, um deren

Meinung darüber zu hören, welche Richtung Sie einschlagen sollten: Weiterhin sich selbst quälen oder die aufkommende Selbstachtung weiterentwickeln? Wie vereinbart, habe ich Ihnen Kopien zu diesem Zweck mitgegeben. Wenn alle Antworten zurück sind, rufen Sie mich bitte an, damit wir einen Termin vereinbaren können, um noch einmal Bestand aufzunehmen. Ich bin jedoch fest davon überzeugt, daß Sie Ihre Bereitschaft zur weiteren Stärkung Ihrer Selbstachtung erkennen werden, sobald Sie tatsächlich bereit sind. Sollten die Antworten Ihrer Kinder Sie nicht überzeugen können, stärker für Selbstachtung zu plädieren, werden wir wie besprochen Plan 2 in Angriff nehmen. Sie wissen so gut wie ich, daß dieser dann funktionieren wird. Viel Glück für Ihre weitere Verselbständigung.

Denken Sie daran: Ein Leben mit Schuldgefühlen ist ein Todesurteil.

Alle guten Wünsche,

D. E.

Drei Wochen später rief Carol an und bat dringend um einen baldigen Termin. Sie sagte, sie müsse mir unbedingt etwas erzählen. Wir trafen uns am darauffolgenden Tag. Dieses Gespräch wurde wie folgt protokolliert und ihr sofort zugeschickt:

Sie sagten, ich würde wissen, wann ich bereit bin. Ich begann wütend zu werden. Ich hatte zwei schlechte Arbeitstage hinter mir. Ich kam nach Hause und fand dort einen Bankauszug vor, aus dem ersichtlich war, daß $ 130 von meinem Konto abgehoben worden waren. Er kennt meine Kontonummer. Ich hatte ihm manchmal die Scheckkarte gegeben. Vorher hatte er mich gebeten, ihm $ 75 zu leihen. Zunächst waren $ 80, dann $ 10, dann $ 20 und am nächsten Tag $ 10 abgehoben worden. Das macht $ 130 in drei Tagen. Ich rief bei der Bank an und sagte, ich wolle mein Konto sperren lassen. Ich hatte am Arbeitsplatz viel Ärger gehabt. Mir ging es so schlecht, daß ich nicht mehr zur Abendschule gehen wollte. Ich fuhr nach Hause ... Tony sah sehr zufrieden aus, überall lagen Bierdosen herum. Ich wußte nicht, wie mir geschah, aber irgend etwas klickte in mir. Ich fühlte, wie ich aus mir heraustrat. Ich schrie und weinte gleichzeitig: „Ich habe gegeben, gegeben und gegeben – jetzt habe ich nichts mehr." Ich blickte in ein tiefes schwarzes Loch: „Verschwinde oder ich hole die Polizei." Meine Angst war weg... alles war raus aus mir. Ich habe ihn sogar gepackt und gegen die Wand gedrückt. Er machte das Übliche, versuchte es mit allen Tricks: „Soll ich dich etwa in den Schwitzkasten nehmen?" Dann drohte er damit, meinen Wagen zu zerstören, meine Fenster einzuschlagen, mich zu töten. Ich fühlte mich toll

– ich hatte keine Angst mehr. „Du kannst mir nichts anhaben." Ich war selbst erstaunt, wie es geschehen konnte. Da war dieses große leere Loch. Ich hatte keine Angst, auch als er drohte, er werde einen Killer für mich anheuern. Ich ging zu Nachbarn, die mir Wein zu trinken und ein Beruhigungsmittel gaben. Ich schlief sofort ein.

Am nächsten Tag ging ich nach der Arbeit zu Freunden. Ich rief zu Hause an und fragte, ob Dianes Eltern immer noch kommen wollten. Diane ist Tonys Freundin. „Ja". Also ging ich nach Hause. Er stellte uns vor. Ich bot ihnen weder Kaffee noch Tee an. Ich hüllte mich in tödliches Schweigen. Schließlich sagte ihr Vater: „Vertragen sie sich nicht mit Tony?" Wir sagten beide „Ja!" Ich sagte: „Ich habe genug!" Der Vater: „Haben sie noch mehr Kinder?" – „Ja, fünf." – „Kann er woanders hingehen?" – „Ja, zu seinem Vater." Tony sagte: „Aber der wohnt in Merivale." Ich saß da und schwieg mich aus. Schließlich sagte er, daß sie keinen Fremden in ihrem Haus aufnehmen können. Mir war es egal, was sie von mir dachten … das ist mein Haus. Ich suche mir die Leute aus, die ich hier sehen will. Ich will nicht mehr von irgend jemandem herumgestoßen werden. Sie gingen. Dann hatten wir eine Auseinandersetzung wegen des Heizofens. Er zertrümmerte ihn. Er rief seinen Vater an und fragte ihn, ob er dort wohnen könnte. Ich sagte ihm: „Dein Vater soll deine Sachen bis Samstag abholen. Samstag ist der letzte Termin … danach werde ich deine Sachen verkaufen oder auf den Müll werfen." – „Ja, Scheiße!" war alles, was er sagte. Tony sagte seinem Vater: „Da kannst du sehen, wie unvernünftig sie war." Dann trat er mir auf den Fuß, brach aber keine Knochen. Auf dem Weg nach draußen warf er die Uhr auf den Boden. Er ist weg. Ein paar Tage später rief er mich an und bat mich um $ 2,50. Ich ging hin und gab ihm das Geld, wobei er meine Finger verdrehte. Ich spürte einen Anflug von Angst. Richard kam vorbei und wechselte die Türschlösser aus.

Kurz vor Feierabend war ich an diesem Tag in der Lage, Arbeitskollegen zu erzählen, was passiert war. Warum sollte ich ihnen noch etwas vormachen? Ich erzählte es auch ein paar Freunden. Sie waren schockiert. Sie rieten mir, meine Türschlösser auswechseln zu lassen. Ich glaube, das wird wichtig für mich … daß ich anderen berichte.

Sie fragen, welche Schritte ich unternommen habe, nachdem wir uns das letzte Mal sahen. Nun, er tat nichts, was er nicht vorher auch schon getan hätte. Ich war wütend. Warum sollte ich mir das noch länger bieten lassen? Ich habe die Briefe verschickt. Donnas Antwort kam als erste. Jan hatte ihre halb fertig. Ihre Antwort kam, nachdem es bei mir geklickt hatte. Dennoch glaube ich, daß sie geholfen haben. Ich brauche sie vielleicht, um darauf zurückgreifen zu können. Ich wußte nicht, daß ich schon so bereit war. Ich wußte nicht, daß ich so nahe daran war. Die erste Änderung bestand darin, daß ich jemandem ein wenig darüber erzählte, was geschehen war. Das konnte ich vorher nicht. Ich wollte nicht, daß jemand denken könnte, Tony sei kein netter Junge. Ich sah mir ein altes Foto von Tony an, das ihn mit 13 Jahren zeigt – es war nichts mehr übrig von dem Jungen, den ich geliebt habe. Ich wollte mit ihm nichts mehr zu tun haben, wenn er sich nichts aus seinen Mitmenschen macht. Das stimmt!

Es machte Klick ... es war richtig dramatisch. Ich sah mich selbst als großes, tiefes Loch – so rund ... so dunkel ... völlig leer ... auch auf dem Grund war nichts. Ich habe gegeben ... gegeben ... gegeben ... es ist alles weg.

An dem Tag dachte ich auch an all die Menschen, die mich mißbraucht hatten, die mich übervorteilt hatten, wenn ich versucht hatte, nett zu ihnen zu sein. Es kommt mir so vor, als wäre ich über lange Zeit vielen Menschen zum Opfer gefallen.

Es war der Tropfen, der das Faß zum Überlaufen brachte. Es war das Geld und das, was am Arbeitsplatz passiert war. Ich hatte einige Sexisten vor den Kopf gestoßen, die „Kleine" zu mir gesagt hatten. Und dann der lange Weg zur Bank während der Mittagspause. Und daß ich nicht meine Abendschule besuchen konnte.

Die Briefe haben mich sehr verwirrt. Aber jedes Kind war sehr lieb. Ich hatte sie vorher angerufen und ihnen mitgeteilt, daß ich mich wegen vieler Dinge schuldig fühlte. Sie waren ehrlich. Und neugierig. Aber es half. Ich wußte, daß sie mir antworten würden. Ich glaube, ich werde die Briefe noch brauchen, um darauf zurückgreifen zu können. Ihn rauszuschmeißen – das war die Lösung, die ich immer schon im Kopf hatte. Es geschah, genau wie Sie es vorhergesagt hatten. Es ist fabelhaft ... Mit seinem Vater verbindet mich nichts mehr. Ich kann ein ganz neues Leben anfangen. Nachdem ich einmal angefangen hatte, war für Kompromisse kein Platz mehr. Ich war mit Liebe erpreßt worden. Mädchen werden mit Märchen über Liebe und Romantik groß. Ich habe meine Mädchen anders erzogen.

Ich habe meinen Kindern nichts davon gesagt. Ich hatte nicht das Bedürfnis. Ich wollte nur hierherkommen und es Ihnen erzählen.

Carol schrieb mir zwei Wochen später, um mir mitzuteilen, daß alles in Ordnung sei. Sie könne zwar nicht „aufhören, Tony zu lieben und sich um ihn zu kümmern", würde aber jetzt darauf bestehen, „daß er seine innere Einstellung ändert"...

Was ihn betrifft, habe ich immer gedacht, ich hätte völlig versagt, aber ich habe mein Bestes getan, und ich glaube, der Rest lag an ihm. Jetzt bin ich vor allem traurig über die Dinge, die geschehen sind … Es ist interessant, über den Prozeß nachzudenken, der die Dinge für mich so verändert hat. Zunächst glaubte ich Ihnen und vertraute Ihnen voll und ganz – es gab ohnehin keine Alternative. Ich versuchte, über die Dinge so nachzudenken, wie es mir gesagt wurde. Manchmal erforderte es so viel Energie wie schwere körperliche Arbeit. Herausragende Wendepunkte sind die Entdeckung, daß ich anderen erzählen konnte, was geschehen war, und die Überraschung darüber, daß sie mich nicht verurteilten oder schlechte Dinge über Tony sagten. Dann wurde ich immer wütender und spürte, daß ich all das nicht verdient hatte. Den Rest kennen Sie ja. Ich hoffe, daß sich eines Tages das „Loch" wieder füllen wird und ich wieder geben kann, aber im Augenblick will ich nie wieder meine Selbstachtung verlieren.

Vielen Dank, Carol

P. S.: Ich habe mein Examen mit „Gut" bestanden und mich für einen weiterführenden Kurs angemeldet!

Ich antwortete ihr:

Liebe Carol,

vielen Dank für Ihren Brief. Sie hören sich an wie jemand, der aus einem Gefängnis befreit worden ist, dessen Kerkermeister die Schuldgefühle waren. Ich glaube, daß die Leere, die Sie jetzt in sich spüren, von Ihnen selbst und Ihren Freunden schneller, als Sie denken, aufgefüllt wird. Sie können jetzt sowohl geben als auch bereitwillig annehmen. Sie haben sich so lange zurücknehmen müssen. Das Morgen gehört Ihnen und ich glaube, Sie sind mehr als berechtigt dazu. Ich stimme Ihnen zu, wenn Sie sagen: „Ich will meine Selbstachtung nie wieder verlieren." Sie werden sich auch nie wieder selbst quälen.

Herzlichen Glückwunsch zu Ihrem Examensergebnis und viel Glück für Ihren neuen Lebensstart.

Mit Hochachtung,
D. E.

Ein Jahr später schrieb ich Carol, um sie um Erlaubnis zu bitten, ihre Geschichte veröffentlichen zu dürfen, und erhielt die folgende Antwort:

Natürlich können Sie meine Geschichte benutzen. Wenn sie irgend jemandem von Nutzen sein kann, wäre ich mehr als glücklich.

Tony und ich kommen besser miteinander aus als seit Jahren. Nach seinem Auszug hat er verschiedene Stadien durchlaufen, angefangen von Haß bis zu der Bitte, ob er nicht dann und wann vorbeikommen könne. Er darf bei mir weder Drogen noch Alkohol zu sich nehmen oder seine Musik die ganze Zeit laut hören, aber er akzeptiert das.

Er hat getrunken und Drogen genommen. Jetzt hat er beschlossen, damit aufzuhören, es sei denn, er kriegt es umsonst und muß kein Geld dafür ausgeben. Er will im nächsten Jahr als Erwachsener wieder zur Schule gehen und später studieren.

Ich verändere mich immer noch. Ich fühle mich viel zuversichtlicher, und obwohl ich Tonys Tätowierungen und einige seiner Angewohnheiten nicht mag, bin ich stolz darauf, daß er mein Sohn ist. Einige Dinge an ihm mag ich ganz besonders und kann ihn so akzeptieren, wie er ist, ob er sich nun noch weiter ändert oder nicht.

Viele Grüße und alles Gute für Ihr Buch,
Carol

Daran denken zu vergessen

Die 14jährige Janet wurde zusammen mit ihrer Mutter an das Leslie Centre überwiesen, nachdem sie einen Selbstmordversuch hinter sich hatte, der zu ihrer Einweisung ins Krankenhaus geführt hatte. Mrs. Frances Jones suchte verzweifelt eine Hilfe, da Janet nach ihrer Entlassung immer noch von zu Hause fortlief.

Frances und Janet lebten seit sechs Monaten in Auckland. Frances hatte sich vor zehn Jahren von Janets Vater getrennt, und Janets Schwester Anne (12) lebte zur Zeit bei ihm. Frances wollte im Neuen Jahr wieder nach Christchurch ziehen (eine Stadt ca. 1200 km weiter südlich). Frances und auch Janet gaben an, daß sich Janets Verhalten vor etwa zwei Monaten verändert habe. Sie hatte angefangen, übermäßig zu essen, war permanent müde, hatte enorme Schwierigkeiten, morgens wach zu werden und hatte absolut kein Interesse mehr an der Schule, obwohl sie zuvor eine erfolgreiche Schülerin gewesen war.

Im Verlauf des Gesprächs wurde deutlich, daß sowohl Frances als auch Janet aus Christchurch geflohen waren, da sie beide nicht mit dem offensichtlich seltsamen Verhalten von Janets Großmutter zurechtkamen. Die Geschichte, die sie uns erzählten, versetzte uns in Erstaunen. Am Ende der Sitzung faßten wir sie zusammen und sagten, daß es für beide, vor allem aber für Janet, entscheidend sei, dieses Kapitel in ihrem Leben abzuschließen. Wir waren der Ansicht, daß sie zu der Vervollständigung dieses Kapitels beigetragen hatten, indem sie sich gegenseitig und auch zwei Fremden die bislang unaussprechlichen Tatsachen mitteilten. Wir sagten ihnen, daß die Vergangenheit ein Leben um so weniger beeinflußt, je klarer man sie ausdrückt, und daß man dann um so bereitwilliger ein neues Kapitel beginnt. Hier ist eine Zusammenfassung ihrer Geschichte:

Janet, Du bist in dem Bewußtsein aufgewachsen, Großeltern zu haben, die sich intensiv um Dich kümmern. Deine Großmutter hat in ihrem Leben viel Unglück und Durcheinander erlebt. Sie wuchs ohne Vater auf (der ihrem Leben vorenthalten wurde) und wurde schon in jungen Jahren vom Freund ihrer Mutter sexuell belästigt. Ihre Mutter glaubte ihr nicht und behandelte sie dementsprechend schlecht. Das führte dazu, daß sie in ihrem Leben ernsthafte Probleme hatte. Sie heiratete und bekam eine Tochter, die wiederum eine Tochter, Janet, hatte. Janets Vater setzte sich ab, was dazu führte, daß sich ihre Großeltern große Mühe gaben, den fortgelaufenen Vater zu ersetzen – sie wurden fast „zum anderen Elternteil" für Janet.

Daher ist es nicht überraschend, daß sich Enkelin und Großeltern sehr nahestanden, und es kann sein, daß die Großmutter mehr als nötig daran arbeitete, Janet nahe zu sein, weil es ihr nicht gelungen war, Nähe zur eigenen Tochter Frances herzustellen. Es war daher unvermeidlich, daß Deine Mutter, Janet, den Eindruck gewinnen mußte, daß Deine Großmutter ihr Konkurrenz machen wollte und Du somit zwischen zwei liebenden Polen aufgerieben wurdest. Frances glaubte, Du hieltest mehr zu Deiner Großmutter als zu ihr, und das mußte sie wütend machen.

Dann erreichten Dich eines Tages obszöne Anrufe, die Dich sehr verängstigen – immer dann, wenn Deine Mutter nicht zu Hause war, weil sie zur Universität ging, um sich eine bessere Zukunft zu schaffen. Es ist nicht verwunderlich, daß Du dann Deine Großmutter angerufen hast, die natürlich sofort kam. Wenn Frances nach Hause kam, verhielt sich Deine Großmutter ihr gegenüber unterkühlt. Die Anrufe wurden fortgesetzt, so daß Du immer verängstigter wurdest und es wahrscheinlich schwer fandest, Dich auf irgend etwas zu konzentrieren. Dennoch, wie schon bei Sherlock Holmes, ist es immer der Butler, oder die Person, von der man es am wenigsten erwartet. In diesem Fall Deine Großmutter. Das muß Dich verwirrt haben und Dir den Schlaf geraubt haben, weil Du Dich immer wieder gefragt hast: Warum sollte Deine Großmutter, die Dich so sehr geliebt hat, Dich in Angst und Schrecken versetzen?

Das einzige, was Du unternehmen konntest, war, es so schnell wie möglich zu vergessen und mehr oder weniger zu denken, daß nichts gesche-

hen war. Das Problem ist nur, daß es passiert ist und Du in Deinem „Unterbewußtsein" wirklich erstaunt bist.

Wenn Du Deine Geschichte selbst aufschreibst, werden sich die Stücke unserer Meinung nach zusammenfügen, so daß Du Dich so daran erinnern kannst, daß Du es am Ende wirklich vergessen kannst. Wir wissen, daß es eigentlich unmöglich ist, Dinge zu vergessen, es sei denn, sie ergeben einen Sinn. Dies alles wird einen Sinn für Dich ergeben, wenn Du es aus Deinem Leben herausschreibst.

Erwarte allerdings nicht, daß dadurch die Enttäuschung Deiner Mutter über Deine Großmutter berichtigt wird. Das wäre zuviel von Dir verlangt.

Wir vereinbarten ein weiteres Treffen nach einem Monat. In der dritten Woche rief Frances jedoch an, um mir zu sagen, daß Janets Laune sich gebessert habe. Sie ging wieder zur Schule, und beide hatten angefangen, miteinander zu reden. Frances sagte, daß sie nach unserer Sitzung darüber nachgedacht habe, was gesagt worden war, und beschlossen habe, wieder nach Christchurch zu ziehen, weil sie eigentlich dort leben wolle. Sie würden schon in dieser Woche umziehen. Janet hatte ihre Mutter gebeten, anzurufen, um sich zu verabschieden. Janet berichtete mir, daß sie den Eindruck habe, das Kapitel in ihrem Leben abgeschlossen zu haben. Sie wußte, daß sie in Christchurch auf Schwierigkeiten stoßen würde, aber sie war sehr zuversichtlich, daß sie damit fertigwerden könne.

Dieser Fall illustriert ein in der Therapie geläufiges Phänomen, nämlich die Wirkung, die das „Vergessen" traumatischer Erlebnisse haben kann. Mit unserer Therapie schafften wir einen sicheren Ort für die „Erinnerungen" und einen Rahmen, in dem die Geschichte von Frances und Janet niedergeschrieben und neu verfaßt werden konnte, wobei wir den Beteiligten ermöglichten, einen Unterschied zwischen der Vergangenheit, der Gegenwart und der Zukunft zu machen.

Der Einsamkeit entkommen

Ich (M. W.) erinnere mich noch gut an meine erste Begegnung mit Harry James. Ich traf ihn, als er durch die Passage des Dulwich Centres schlenderte und dabei verloren und leidend aussah. Nachdem ich mich vorgestellt hatte, erfuhr ich von ihm, daß ein Freund ihm geraten hatte, mich wegen seines 16jährigen Sohnes Peter aufzusuchen. Harry machte sich um ihn große Sorgen und hielt die Situation für ziemlich ausweglos.

Harrys Worten zufolge hatte Peter vor ungefähr zwei Jahren angefangen, sich zurückzuziehen und sein Selbstvertrauen zu verlieren. Innerhalb weniger Monate zog er sich immer stärker zurück, was auch die Verweigerung des Schulbesuchs beinhaltete. Verschiedene Autoritäten, einschließlich derjenigen aus dem Schulbereich, versuchten einzugreifen. Alle Versuche, auch die energischen und erschöpfenden Bemühungen, ihn wieder zum Besuch der Schule zu bewegen, hatten nicht den gewünschten Effekt. Statt dessen zog Peter sich noch weiter zurück und wurde noch selbstkritischer.

Einige Male war es Harry und Peters Mutter Julie gelungen, ihn zu einer Klinik zu bringen. Hier wurde er dann immer begutachtet, diagnostiziert und mit Medikamenten versorgt. Jedesmal weigerte sich Peter, ein zweites Mal in die Klinik zu gehen und die Medizin zu nehmen.

Er hatte sich schließlich so weit zurückgezogen, daß er nur noch selten sein Zimmer verließ, nur mit seinen Eltern und seinem jüngeren Bruder sprach, und auch das nur manchmal. Die meiste Zeit verbrachte er auf oder hinter seinem Bett liegend, manchmal weinte er und manchmal „warf er einfach Dinge in die Luft und fing sie wieder auf". Er war immer ein „schüchterner und sensibler" Junge gewesen, hatte es aber inzwischen zu einem erfolgreichen Einsiedler gebracht.

Meine Frage nach den Auswirkungen dieses Verhaltens auf andere Familienmitglieder beantwortete Harry damit, daß er und Julie ständig unter Streß litten und daß ihre Verzweiflung im Laufe der Zeit immer größer würde. Peters jüngerer Bruder war offensichtlich weniger betroffen, aber auch er war sensibel und mußte sich manchmal mit dem Zustand seines Bruders auseinandersetzen. Er konnte es nur schwer akzeptieren, daß er keine Möglichkeit fand, Peter zu helfen.

Ich vereinbarte einen Termin, an dem ich die ganze Familie treffen wollte. Harry war sich nicht ganz sicher, ob er Peter dazu bewegen konnte, die Verabredung einzuhalten, und selbst wenn er bei dem ersten Termin Erfolg hätte, so bezweifelte er, ob er ihn zu einer zweiten Sitzung bewegen könnte. Ich antwortete Harry daraufhin, Peters Teilnahme sei nicht unbedingt erforderlich, es wäre aber hilfreich, wenn er zu einer Sitzung erscheinen würde.

Zum Glück konnte Harry Peter dazu bewegen, an dem ersten Gespräch mit der ganzen Familie teilzunehmen. Zu Beginn dieses Treffens waren wir alle außerordentlich angespannt, auch ich. Peter nahm keinen dauerhaften Augenkontakt auf und sprach sehr wenig.

Er schien erregt zu sein und war sicher unglücklich darüber, daß er diesem Treffen beiwohnen mußte.

Als mögliche Beschreibung eines externen Problems tauchte irgendwann sehr früh in der Sitzung der Begriff Zurückgezogenheit auf. Ich erinnere mich nicht daran, wer diese Beschreibung aufbrachte, aber plötzlich war sie da, und wir sprachen darüber, wie sich diese Zurückgezogenheit auf das Leben und die Beziehungen der Familienmitglieder auswirkte. Nach Untersuchung der Auswirkungen stimmten wir darin überein, daß die Zurückgezogenheit Peters einen großen Einfluß ausgeübt hatte.

Als wir den Einfluß der Familienmitglieder auf das Leben des Problems (d. h. der Zurückgezogenheit) umrissen, stießen wir auf einige Bereiche, in denen Peter sich hätte zurückziehen können, es aber nicht getan hatte. Er hatte sich nicht völlig unterworfen und war nicht ganz so passiv. Ich forderte alle auf, diesen einmaligen Ereignisfolgen eine Bedeutung zuzuschreiben, und obwohl Peters Teilnahme an diesem Gespräch alles andere als aktiv war, zeigte er sich doch engagiert und ein wenig überrascht über die Wendung der Ereignisse. Wir fanden auch Gelegenheiten heraus, bei denen die Auswirkungen der Zurückgezogenheit Harry und Julie hätten zwingen können, Aktivitäten in ihrer Beziehung zu unterlassen, bei denen sie aber Widerstand geleistet hatten. Außerdem entdeckten wir verschiedene Gelegenheiten, bei denen die Zurückgezogenheit sie alle viel weiter in die Verzweiflung hätte treiben können, als dies tatsächlich der Fall gewesen war.

Gegen Ende unserer Sitzung lieferte Peter einen kleinen Hinweis darauf, daß sowohl die Zurückgezogenheit als auch ein Entkommen vor ihr durchaus einen Anreiz für ihn hatten. Julie, Harry und James waren sich jedoch klar darüber, was sie bevorzugten, und wir erörterten einige Schritte, die sie unternehmen konnten, um ihren Widerstand gegen die Forderungen des Problems an sie und ihre Beziehungen auszuweiten.

Peter zeigte sich dem Gedanken gegenüber, zu einer zweiten Sitzung zu erscheinen, nicht aufgeschlossen, und ich sah ihn nie wieder. Die weitere Kommunikation mit ihm verlief über die Eltern, seinen Bruder und über Briefe.

Der erste Brief der folgenden Serie – wobei ich nicht alle Briefe anführe, die ich Peter und seinen Eltern schickte – wurde nach dem zweiten Treffen versandt. Ich werde diese Briefe nicht im einzelnen erörtern, sondern möchte nur darauf hinweisen, daß sie etwas von meinen Bemühungen wiedergeben, für Peters Lebenserfahrung und dafür, wie seine Eltern ihn wahrnehmen, einen neuen Bezugsrahmen zu schaffen. Die „alte" Geschichte, die bislang den Bezugsrahmen für die Wahrnehmung bildete, war insgesamt eine Geschichte, die Versagen betonte. Mit dem neuen Bezugsrahmen erschwerte sich die Zuschreibung von Versagen wesentlich.

Das Bemühen des Therapeuten, Menschen von hinten statt von vorn zu stützen, ist für den Aufbau dieses neuen Bezugsrahmens von vorrangiger Bedeutung. Meistens können Menschen keine einmaligen Möglichkeiten für ihr Leben wahrnehmen, wenn andere vor ihnen stehen und ihnen die Sicht versperren. Für Menschen, die sich als völlige Versager wahrnehmen, hat es keinen Wert, wenn man bei ihnen nur Positives herausstellt und sich spontan über alle Ereignisse in ihrem Leben begeistert zeigt. Unter diesen Voraussetzungen werden die Betroffenen eine enorme Diskrepanz feststellen zwischen der Art und Weise, wie sie sich selbst wahrnehmen, und der Art und Weise, von der sie glauben, daß andere sie wahrnehmen. Sie werden feststellen, daß das Bild, das andere von ihrem Leben haben, das eigene Bild weit übertrifft. Sie werden sich somit als zurückgeblieben empfinden und sich als Versager bestätigt finden. Und diese Bestätigung wird sich durchaus real auswirken.

Es ist jedoch unproblematisch, wenn man solche Menschen von hinten unterstützt. Der Therapeut kann dies im allgemeinen dadurch erreichen, daß er daran arbeitet, einmalige Ereignisfolgen festzustellen und die Zuordnung neuer Bedeutungen zu diesen Ereignisfolgen anregt. Dadurch wird der Betroffene ermutigt, als Autor einer neuen Geschichte zu fungieren.

Der Therapeut kann sich auch dadurch hinter dem Patienten postieren, daß er eine Stellung an der „Grundlinie" bezieht, gegen die sich alle Veränderungen im Leben eines Betroffenen scharf abgrenzen lassen. Das vermag diesem zu helfen, sich selbst zu definieren. Der Therapeut bemüht sich ständig um eine Identifikation mit der Position, die der Betroffene bislang innehatte, und gibt acht, nicht zu hastig vorzupreschen. Das ermöglicht es dem Therapeuten, sich von schnellen Entwicklungen überrascht zu zeigen und wirkt der Möglichkeit entgegen, daß der Betroffene sich von ihm, dem Therapeuten, als überholt erlebt. Der Therapeut vermag nun den Betroffenen ständig dazu ermutigen, ihn über die Entwicklungen auf dem laufenden zu halten und sie ihm verständlich zu machen. Sobald der

Betroffene sich als erfolgreicher erlebt, kann der Therapeut auch mal riskieren, ihn zu überholen.

Die „Fragen nach dem Bereitsein" und entsprechende Mutmaßungen können sowohl die Position des Therapeuten hinter dem Betroffenen stärken als auch den Aufbau eines Bezugsrahmens erleichtern, der die Zuschreibung von Versagen erschwert. Der Therapeut kann den Betroffenen neugierig fragen, woher er denn wußte, daß er schon bereit war, die und die Schritte zu unternehmen, und kann ihn auf seine Bereitschaft hin befragen, noch weitere vorgeschlagene Schritte zu unternehmen. Daher wird es zu einer Frage der Bereitschaft und nicht des Versagens, ob ein Mensch einen weiteren Schritt auf seiner Distanzierung von dem Problem unternehmen kann oder nicht. Wenn der Betroffene einen Schritt rückwärts geht, so war die Bereitschaft für diesen ersten Schritt nicht richtig eingeschätzt worden.

Lieber Peter,
schade, daß Du nicht zu der Verabredung am 11. August gekommen bist. Ich hatte mich darauf gefreut, Dich wiederzusehen und habe Dich vermißt. Ich habe aber auf jeden Fall Deine Entscheidung respektiert, zu dieser besonderen Gelegenheit nicht zu kommen. Ich vermute, Du warst nicht bereit, an dem Treffen teilzunehmen, und daher war es sicher klug, nicht zu kommen. So hatte ich auch Gelegenheit, mit Deinen Eltern einiges zu besprechen. Von ihnen erfuhr ich, daß Du einige weitere Schritte unternommen hast, um die Zurückgezogenheit abzuwerfen und Deine eigenen Fäden zu ziehen. Wir sprachen darüber, wie wichtig es ist, daß Du die Verhaltensweisen, die Dir die Zurückgezogenheit aufgezwungen hat, nicht zu schnell ablegst. Du mußt unbedingt wissen, daß der Fortschritt im allgemeinen nicht zügig vorangeht und daß es oft so aussieht, als hätte man drei Schritte vorwärts und zwei zurück gemacht.

Ich vermute, daß Du inzwischen bereit bist, einen weiteren Schritt weg von der Zurückgezogenheit zu unternehmen. Ich weiß weder, wie dieser Schritt aussehen wird, noch, wann Du dazu bereit bist, ich möchte Dich aber dringend bitten, nicht zu ehrgeizig zu sein.

Ich begrüße, was Du tust und freue mich sehr darauf, Dich beim nächsten Treffen zu sehen.

Mit freundlichen Grüßen
M. W.

Lieber Peter,
ich habe Dich auf der heutigen Sitzung vermißt. Wenn ich Dir dies sage, möchte ich Dich jetzt nicht unter Druck setzen, damit Du zur nächsten Sitzung kommst, sondern ich möchte Dich nur wissen lassen, daß ich immer noch an Dir persönlich interessiert bin.

Deine Mutter und Dein Vater haben mir erzählt, daß Du Deine Zahnspangen losgeworden bist, und ich freue mich schon darauf, Dich einmal wiederzusehen und festzustellen, wie anders Du jetzt aussiehst. Ich kann mir vorstellen, daß Du glücklich bist.

Du erinnerst Dich vielleicht daran, daß ich im letzten Brief erwähnte, meiner Meinung nach deute alles darauf hin, daß Du Dich auf einen weiteren Schritt fort von Deiner Zurückgezogenheit vorbereitest. Trotzdem war ich mir nicht sicher. Mit Spannung habe ich daher den Neuigkeiten entgegengesehen und war hocherfreut, als ich hörte, daß Du diesen Schritt am Samstag, den 22. August unternommen hast. Sei mir nicht böse, aber ich hatte so einen großen Schritt nicht erwartet, so daß mich die Neuigkeiten ein wenig überrumpelt haben. An dem Tag hast Du auf eigene Faust gehandelt und einen Beitrag geleistet, den Du seit über einem Jahr nicht aufgebracht hast.

Für Dich muß es ein bedeutender Hinweis auf Deine persönliche Zukunft gewesen sein, daß Du Dein eigenes Leben führen und Dinge akzeptieren kannst, die Dir wichtig sind.

In Anbetracht der Tatsache, daß Du in der Lage warst, einen größeren Schritt zu tun, als ich dies für möglich gehalten hätte, vermute ich, daß Dein nächster Schritt Dich nicht ganz so weit führen wird. Ich versuche mir vorzustellen, wie er wohl aussehen mag.

Ich freue mich auf die nächsten Neuigkeiten.

Mit freundlichen Grüßen,

M. W.

P. S.: Ich bin sicher Du weißt, daß Du nicht zu schnell gehen solltest.

Lieber Peter,
eigentlich wollte ich Dir diesen Brief schon vor Wochen schreiben, aber ich bin von einer Konferenz aufgehalten worden.

Vor kurzem habe ich Deine Eltern getroffen und von ihnen die neuen Schritte erfahren, die Du auf Deinem Weg fort von der Zurückgezogenheit unternommen hast.

Ich muß zugeben, ich war von einigen dieser neuen Schritte überrascht und wußte zunächst nicht, was ich dazu sagen sollte. Ich war in der Tat völlig sprachlos, als ich hörte, daß Du am Ball geblieben bist und daß Deine

Fähigkeit nun plötzlich offen und für jedermann sichtbar zutage trat. Das war eine Leistung, die ich Dir noch nicht zugetraut hätte, und Dein Erfolg hat mein Bild von Dir als Persönlichkeit sicher beeinflußt. Verstehe mich bitte nicht falsch, ich wußte immer schon, daß Du in der Lage bist, Dein eigenes Leben zu führen, aber, wie bereits erwähnt, bist Du Dir auf dem Weg dorthin schon weit voraus.

Deine Eltern haben mir auch über viele andere Dinge berichtet, die sie im Zusammenhang mit Deinen aufkommenden Fähigkeiten und Deinem wachsenden Selbstvertrauen festgestellt haben. Ich möchte nicht im einzelnen darauf eingehen, sondern Dir nur sagen, daß damit die Tatsache nur weiter untermauert wird, daß Du Deine neue Richtung im Leben gefestigt hast. Diejenigen, die es interessiert, können diese neue Richtung einfach nicht übersehen.

Trotzdem war ich ein wenig irritiert, als Deine Eltern mir Deinen Entschluß wiedergaben, daß Du in diesem Jahr wieder zur Schule gehen willst. Spontan wollte ich Deinen Eltern sagen, daß es für Dich noch zu früh sei, diesen Schritt zu unternehmen, und daß sie Dich davon abhalten sollten. Dann erörterten wir die Angelegenheit weiter und konnten nicht herausfinden, ob Du schon bereit bist, einen solchen Schritt zu tun oder nicht. Ich sagte, daß meine Besorgnis und Unsicherheit darüber vielleicht nachlassen würden, wenn Du damit einverstanden wärst, den Schulbesuch als einen Versuch anzusehen, um zu prüfen, ob Du für diesen Schritt wirklich bereit bist. Wenn Du sagst „Ich werde dieses Jahr zur Schule gehen und es auch durchstehen", dann macht mich das ganz unruhig und nervös. Wenn Du jedoch sagst „Ich werde versuchen zur Schule zu gehen, um zu sehen, ob ich es schaffe", dann würde ich mich ein bißchen wohler dabei fühlen.

Ich habe große Achtung vor Dir wegen der Schritte, die Du bereits unternommen hast, und habe einigen Kollegen von mir darüber berichtet (natürlich, ohne Deinen Namen zu nennen). Man war sich darüber einig, daß Du in den vergangenen acht Monaten ein rasantes Tempo auf dem Weg aus den Fängen der Zurückgezogenheit vorgelegt hast, und die meisten glaubten, daß es durchaus annehmbar für Dich wäre, wenn Du Dich jetzt ein wenig von Deinem Erfolg ausruhen würdest.

Wenn Du jemals einen Punkt erreichen solltest, an dem Du zu mir kommen und mit mir sprechen willst, würde ich mich sehr freuen, Dich wiederzusehen. Wie Du siehst, hat sich mein Bild von Dir als Persönlichkeit so verändert, daß ich ausgesprochen neugierig bin, wie Du jetzt aussiehst.

Alles Gute für 1988!
Liebe Grüße,
M. W.

Lieber Peter,
vor kurzem traf ich Deine Eltern wieder. Sie haben mir die neuesten Entwicklungen in Deinem Leben mitgeteilt.

Ich persönlich fand das Treffen mit ihnen ganz hilfreich. Die Information, die sie mir gaben, war gut, weil ich, wie Du Dich erinnern wirst, nach dem letzten Gespräch wegen der Geschwindigkeit Deines Erfolgs etwas nervös war. Ich habe mir Sorgen gemacht, daß Du vielleicht zu schnell vorangekommen warst. Du hattest weitere Schritte unternommen, um die Einsamkeit aus Deinem Leben zu entlassen. Du hattest sogar bei ein paar Gelegenheiten die Zurückgezogenheit überwunden. Vielleicht rüttelten mich diese Neuigkeiten so auf, weil ich wohl irgendwie gedacht habe, daß Du Dich von der Zurückgezogenheit nur vorübergehend erholt hast.

Zuvor hatte ich nur eine sehr unvollständige Vorstellung von Deiner Persönlichkeit. Erst vor kurzem habe ich die Bedeutung der Schritte, die Du unternimmst, besser begreifen können. Das hat mir geholfen zu erkennen, daß diese Schritte Wirklichkeit sind.

So langsam und allmählich wird mir klar, daß Du die ganze Zeit schon entschlossen warst, aus der Ecke, in die Dich die Zurückgezogenheit getrieben hatte, auszubrechen. Dank Deiner neuesten Leistungen habe ich das Gefühl, daß ich Dir auf festerem Grund folgen kann. Ich hoffe, Du kannst verstehen, daß meine Unsicherheit daraus resultierte, daß ich irgendwie zurückgeblieben war.

Ich habe mit einigen Kollegen über die Situation gesprochen (ohne Deinen Namen zu nennen), und sie wollten mehr über Dich wissen. Sie waren sehr neugierig auf Dein Leben und haben viele Fragen dahingehend gestellt, wie Du in den letzten Monaten so viel hast erreichen können. Sie haben versucht, sich vorzustellen, welche Ratschläge Du Dir selbst wohl gegeben hast und wie Du der Zurückgezogenheit Knüppel in den Weg geworfen hast und alle Voraussagen hast übertreffen können. Schade, daß ich ihre Neugier nicht voll befriedigen konnte. Sollten wir uns in Zukunft einmal treffen, werden Dich einige ihrer Fragen vielleicht interessieren.

Ein Kollege war der Meinung, daß ich vielleicht selbst ein wenig zu weit gegangen sei und daß ich meine Begeisterung für das, was Du tust, ein wenig zügeln und mich zurückhalten sollte. Ich antwortete ihm, nach den Informationen, die ich von Deinen Eltern erhalten habe, liege die Vermutung nahe, daß die Geschwindigkeit Deines Fortschrittes Dir angemessen war und daß er sich beruhigen könne. Was meinst Du?

Mit Spannung erwarte ich weitere Neuigkeiten.

Viele Grüße

M. W.

Liebe Julie, lieber Harry,

ich habe mich darüber gefreut, von Ihnen erneut über Peters Fortschritte zu hören. Ich habe Peter geschrieben und beschlossen, Ihnen auch einen Brief zu schreiben.

Ich fand die Einzelheiten, die Sie mir über Peters Neuentdeckung seiner selbst und seines Lebens lieferten, sehr erfrischend. Ich verstehe sehr gut, daß es für Sie ein tiefgreifendes Erlebnis ist, zu sehen, wie Ihr Sohn zunächst seine Zukunft und beinahe sich selbst verliert und wie er dann ein neues Leben und eine neue Zukunft annimmt. Wie Sie schon sagten, ist es schwierig, die richtigen Worte zu finden, um eine solche Erfahrung zu beschreiben.

Natürlich sollten Sie in Ihrer Begeisterung über Peters Leistungen nicht Ihren eigenen Beitrag zu seinem Wiedereintritt ins Leben unterschätzen. Ich würde dem widersprechen, denn ich denke, daß man einem Menschen die Schritte, die er unternimmt, immer sichtbar machen sollte.

Es war nicht immer glatte See. Manchmal haben Sie gedacht, Peter sei ins Schwanken geraten und mache einen Schritt zurück. Dann haben Sie es nicht zugelassen, daß Ihr neues Bild von ihm überschattet wurde und haben sich geweigert, in seine Verzweiflung einzustimmen. Dies hat ihm geholfen, seiner Verzweiflung den Rücken zu kehren.

Sie mußten tun, was für Eltern in der Lage, in der Sie sich befanden, sehr schwierig ist. Als Peter eine neue Richtung in seinem Leben einschlug, mußten Sie Ihre Begeisterung und Ihre Ermutigung zügeln, damit Sie ihn nicht überholten. Auch in den Augenblicken, als Sie der Versuchung unterlagen, erkannten Sie es sehr schnell und unternahmen sofort Schritte, wieder hinter ihm zurückzufallen. Bei diesen Gelegenheiten arbeiteten Sie daran, der Selbstkritik nicht auszuweichen.

Vor kurzem habe ich mit Ihrer Erlaubnis einen kurzen Ausschnitt eines Videobandes über eines unserer Gespräche in einem Seminar vorgestellt, in dem eine ganze Reihe von Beratern saß. Es erweckte großes Interesse. Sie hörten, wie Sie lebhaft Ihre Erfahrungen schilderten, und begrüßten Ihre Bereitschaft, diese mit ihnen zu teilen.

Es gab viele begeisterte Kommentare und viele Fragen, die ich nicht alle aufzeichnen kann. Es waren Fragen, wie Sie es geschafft haben zu wissen, welche Ideen für Ihre Aufgabe, Peter zu helfen, am nützlichsten waren, wie Sie dem Druck von Verwandten und Freunden widerstanden haben, die Ihnen rieten, Ihren neuen Versuch aufzugeben und zu tun, was sie als natürlich ansahen, und was Sie darüber gelernt haben, wie man jungen

Menschen wie Peter helfen kann, das man auch anderen Eltern zu Verfügung stellen könnte, die sich der gleichen Situation gegenübersehen wie Sie.

Dies sind keine Fragen, auf die Sie antworten müssen, aber vielleicht wollen Sie darüber nachdenken.

Ich freue mich auf unser nächstes Treffen

Viele Grüße,

M.W.

Nicht nur den Entwicklungen in Peters Leben galt unsere Aufmerksamkeit während unserer Gespräche. Julie und Harry stellten andere Aspekte der Forderungen des Problems an ihr Leben fest und unternahmen viele Schritte, um ihren Protest dagegen auszuweiten. Sie sahen, daß diese Schritte das Problem schwächten, sahen auch sich als Eltern in neuem Licht und zeigten sich hoffnungsvoller, daß Peter seiner Zurückgezogenheit entkommen konnte. Es gab Zeiten, da sie tun mußten, was ihnen sehr unnatürlich schien: Sie mußten darum kämpfen, ihre Hoffnung aufrechtzuerhalten und Peter nicht zu überholen. Sie haben es jedoch geschafft, hinter Peter zu bleiben und es bei einer Befragung nach seiner Bereitschaft zu belassen.

Innerhalb von zehn Monaten kam Peter Schritt für Schritt aus seiner Zurückgezogenheit heraus; er versuchte, wieder zur Schule zu gehen, entwickelte eine enge Freundschaft zu einem Gleichaltrigen, baute sich ein soziales Netz auf und faßte eine neue Zukunft ins Auge. Die anderen Familienmitglieder zeigten sich ihm gegenüber weniger gespannt und vermochten wieder mehr ihr eigenes Leben zu leben.

Rekrutierung eines größeren Publikums

Manchmal verschicke ich (M. W.) Briefe mit dem Ziel, die neuen Entwicklungen im Leben eines Menschen sowie die Bedeutungen, die sie für diese neuen Entwicklungen gefunden haben, zusammenzufassen. Dies scheint um so mehr angebracht, wenn die neuen Bedeutungen, die einmaligen Ereignisfolgen zugeordnet wurden, noch auf schwachen Füßen stehen und das Risiko besteht, daß die neue Geschichte von der alten überschattet und damit von den Betroffenen nicht mehr wahrgenommen wird.

Im folgenden führe ich als Beispiel die Korrespondenz mit Marlene und Dick an, die unsere Gespräche wiedergibt. Marlene wurde mit 27 Jahren zu einer Familientherapie in einem großen psychiatrischen Krankenhaus überwiesen. Sie hatte zu diesem Zeitpunkt bereits neun Jahre mit Depressionen, Angst, Anorexia nervosa, Bulimie und anderem selbst-destruktiven Verhalten zu tun gehabt. Sie hatte in dieser Zeit zahlreiche Behandlungen erfahren, die u. a. auch Aufenthalte in Krankenhäusern beinhalteten. Diese Krankenhausaufenthalte waren zum Teil unfreiwillig.

Bei unserem ersten Treffen zeigte sich Marlene so zerbrechlich und ausgemergelt, daß wir alle überrascht waren, daß sie überhaupt noch lebte. Sie war ungefähr 1,75 m groß und wog weniger als 40 kg. Sie setzte sich nicht hin, sondern stand in gebeugter Haltung in einer Ecke des Raumes. Dort verhielt sie sich während des gesamten Gesprächs physisch aktiv, verkrampfte die Hände ineinander oder schlang immer wieder die Arme um ihren Körper. Sie hatte sehr große Angst vor dem Treffen und sagte kein Wort. Ihre Dyspepsie war gut zu hören. Es war uns unbegreiflich, wie Dick es geschafft hatte, sie zu diesem Gespräch zu bewegen.

Dick lieferte uns Hintergrundmaterial, das uns für Marlene einnahm. Marlene hatte als Kind und Heranwachsende viel emotionalen und physischen Mißbrauch erfahren, der in den meisten Fällen von ihrem Vater, aber auch von einem Nachbarn verübt worden war. Dazu gehörte auch sexueller Mißbrauch. Ihre Mutter hatte sie teilweise selbst dafür verantwortlich gemacht. Ständig sagte man ihr, sie sei der letzte Dreck, und ihr Vater rechtfertigte seine Taten damit, daß er behauptete, er habe es auf sich genommen, die Schlechtigkeit aus ihr herauszuprügeln.

Mit siebzehn Jahren wurde Marlene anorektisch. Mit vierundzwanzig heiratete sie Dick. Sie hatte ihn über eine Brieffreundschaft kennengelernt. Dick hatte sich sehr um sie gekümmert und gehofft, er könne ihr Leben wieder in Ordnung bringen. Doch trotz seiner Bemühungen kam er mit Marlenes Anorexia nervosa, ihren Depressionen und ihrer Angst nur schwer zurecht.

Wir trafen uns einige Male. Marlenes Anleitung zum Selbsthaß wurde identifiziert, der Selbsthaß wurde externalisiert und in seinen Auswirkungen festgehalten. Einige einmalige Ereignisfolgen sowohl für Marlene als auch für Dick wurden lokalisiert. Bei diesen Treffen blieb Marlene immer stehen. Gegen Ende der zweiten Sitzung nahm sie jedoch teil und flüsterte Dick etwas zu, das er mir dann weitergab.

Diesen einmaligen Ereignisfolgen wurde die Bedeutung gegeben, daß Marlene angefangen hatte, sich von dem Verhalten des Vaters ihr gegenüber zu distanzieren. Dies wiederum deutete darauf hin, daß die Zukunft für den Selbsthaß ein wenig unsicher geworden war. Briefe wurden geschickt, die die beobachteten Entwicklungen zusammenfaßten und weitere Zuordnungen von Bedeutungen zu einmaligen Ereignisfolgen anregten.

Plötzlich rief Dick an, um den nächsten Termin abzusagen, da Marlene nicht mehr an weiteren Gesprächen teilnehmen wolle. Sie war zu dem Schluß gekommen, daß wir nur Zeit vergeudeten. Ich protestierte dagegen, da wir nicht dieser Meinung waren, aber Marlene ließ sich davon nicht überzeugen.

Nach zwei Jahren machte ich einen Kontrollanruf. Ich sprach mit Dick. Marlene lebte zwar noch, wenn auch nicht in gutem Zustand. Sie wollte nicht ans Telefon kommen, so daß ich mich damit zufriedengeben mußte, Dick meine Grüße an sie ausrichten zu lassen. Am nächsten Tag rief Dick mich an und sagte, daß Marlene den Wunsch zum Ausdruck gebracht habe, für ein paar Sitzungen zurückzukommen. Ich freute mich darüber und machte sofort einen Termin mit den beiden aus.

Obwohl Marlene immer noch sehr zerbrechlich aussah, war sie in der Lage, sich während eines Teils des Gesprächs hinzusetzen. Ich fragte, was Marlene davon abgehalten hatte, mit den anfänglichen Gesprächen weiterzumachen, und was sie nun bewegt hatte, diese wieder aufzunehmen.

Ihre Antwort darauf, so wie Dick sie weitergab, lautete, sie sei der Meinung gewesen, „es nicht verdient zu haben". Ich war daraufhin besorgt über das, was ich denn gesagt haben könnte, das sie so aufgeregt hatte, und bat sie, es mir doch zu sagen. Ich hatte ihre Bemerkung jedoch mißverstanden. Sie meinte, daß sie doch nur „Dreck" sei und es von daher nicht wert sei, daß wir ihr so viel Aufmerksamkeit schenkten.

Die Tatsache, daß Marlene jetzt das Gefühl gehabt hatte, weitere Gespräche beanspruchen zu können, in Verbindung mit der Tatsache, daß sie sich erlaubt hatte, sich hinzusetzen, war in der Tat ein bedeutender Hinweis auf wichtige Entwicklungen. Ich ermutigte Dick und Marlene dazu, mir beim Verständnis dieser Phänomene zu helfen und entdeckte, daß Marlene weitere Schritte unternommen hatte, sich von dem Bild, das sich ihr Vater von ihr machte, zu distanzieren und eine neue und positivere Haltung sich selbst gegenüber zu entwickeln. Die Tatsache, daß sie deutlich Platz nahm, war ein Anzeichen dafür. Sie unterwarf sich nicht länger der Vorstellung ihres Vaters, sie „verdiene nicht, auf einem Stuhl zu sitzen, weil sie ihn unweigerlich beschmutzen würde".

Seit dem ersten Treffen in unserer zweiten Gesprächsrunde sind inzwischen einige Monate vergangen. Die folgenden Briefe an Marlene und Dick fassen diese Treffen zusammen.

Liebe Marlene,
die letzten Gespräche mit Ihnen haben mir sehr viel Freude gemacht. Ich fand es wirklich erfrischend zu beobachten, welche Schritte Sie gegen Selbsthaß und Anorexia nervosa unternommen haben. Dieser Brief faßt einige unserer Überlegungen zusammen und wirft einige Fragen auf, wie wir unserer Neugier weitere Nahrung geben könnten. Wir fanden mehr und mehr Beweise dafür, daß Sie an Ihrem Leben stärker interessiert sind. Sie haben sich um sich selbst gekümmert und zum ersten Mal geglaubt, daß sie ein Recht auf ein eigenes Leben und eine eigene Zukunft haben. Das hat uns gezeigt, daß Sie den Selbsthaß entscheidend geschwächt haben. Später entdeckten wir, daß Sie sich weniger selbstzerstörerisch, daß sie sich weniger ablehnend sich selbst gegenüber verhalten haben. Das hat uns gezeigt, daß Sie nun in der Lage sind, für sich zu handeln. Die Nachricht darüber, wie Sie sich von dem Verhalten, das Vater und Großmutter Ihnen gegenüber zeigten, zu distanzieren wußten, war für mich spektakulär. Nachdem Sie sich so lange darin geübt hatten, immer nur anderen zu gehören und sich selbst abzulehnen, ist diese Distanzierung eine wunderbare Sache.

Wie haben Sie dies geschafft, ohne von Schuldgefühlen niedergeschmettert zu werden, ohne sich zu entschuldigen und ohne sich selbst zu quälen?

Wie hat dies Zurückfinden zu sich selbst Ihre Einstellung gegenüber Ihrem Körper verändert?

Glauben Sie, daß dies den Forderungen, die andere in der Vergangenheit an Ihren Körper stellten, Kraft genommen hat?

Bitte fühlen Sie sich nicht verpflichtet, diese Fragen zu beantworten. Wenn Ihnen dazu jedoch etwas einfällt und Sie uns dies gern mitteilen wollen, würde uns dies bei unserem Verständnis helfen.

Aus der Minderung Ihres Selbsthasses ist für uns ersichtlich, daß Sie bereits eine neue Geschichte angefangen haben, die sich entschieden von Ihrer alten Geschichte unterscheidet, eine Geschichte, die einer neuen Zukunft gehört.

Wir freuen uns, Sie wiederzusehen und die neuesten Entwicklungen zu erfahren.

Viele Grüße,
M. W.

Liebe Marlene, lieber Dick,
wir haben uns über das Treffen am Donnerstag, dem 22. Dezember, sehr gefreut und dachten, daß Sie vielleicht eine kurze Zusammenfassung des Treffens begrüßen würden.

Marlene, uns allen war klar, daß Sie seit dem letzten Treffen ein gutes Stück auf Ihrem Weg vorangekommen sind, auch wenn Sie es selbst noch nicht in vollem Umfang erkannt haben. Sie haben einige riesige Schritte unternommen, um zu verhindern, daß Ihr Vater und Ihre Mutter weiter über Sie verfügen. Statt dessen haben Sie neue Möglichkeiten erprobt, wie Sie ein eigenständiger Mensch werden können.

Sie haben Ihre Gefühle nicht länger verbergen wollen und sich zur Wehr gesetzt, wenn andere sich anmaßten, für Sie sprechen oder denken zu wollen. Statt dessen haben Sie Möglichkeiten entdeckt, viele dieser früher zurückgehaltenen Gefühle auszudrücken und haben dabei Ihre eigene Stimme gefunden. Und am Ende unserer Sitzung erkannten Sie die Bedeutung Ihrer eigenhändigen Unterschrift. Das hat uns in unserer Meinung bestätigt, daß Sie ein großes Stück vorangekommen sind. Mit Spannung erwarten wir Meldungen über weitere Entwicklungen.

Dick, wir waren sehr beeindruckt zu sehen, daß Sie erkannten, wie wenig nützlich, ja wie gefährlich es für Sie sein kann, unbefragt eine Meinung für Marlene übernehmen zu wollen, und wie schnell Sie dann Möglichkeiten aufgriffen, in Zukunft solchen Herausforderungen Widerstand zu leisten. Daraus wird deutlich, daß Sie Marlene bei ihrem Projekt, eine eigenständige Persönlichkeit zu werden, unterstützen. Wir haben auch bemerkt, daß Sie das momentane Unbehagen wegstecken konnten, das Sie überfiel, als Marlene eigene Gefühle und Meinungen zum Ausdruck brachte. Sie haben recht, dies als einen wichtigen Durchbruch in ihrem Leben und in Ihrer Beziehung anzusehen.

So wie man neues Wachsen in Marlenes Garten beobachten kann, läßt sich auch neues Wachsen in Ihrer beider Leben und Beziehung erkennen.

Ich freue mich auf unser nächstes Gespräch.

Viele Grüße,

M. W.

Liebe Marlene, lieber Dick,
das Treffen mit Ihnen am vergangenen Donnerstag hat uns viel Freude gemacht. Dieser Brief faßt unsere beiden letzten Treffen zusammen. Ich werde sie getrennt behandeln.

1. Das vorletzte Gespräch:
Während dieser Sitzung entdeckten wir, daß es sehr bedeutsame Entwicklungen im Leben und der Beziehung von Marlene und Dick gegeben hatte.

Marlene hatte festgestellt, daß sie in der Beziehung eine kräftigere Stimme bekommen hatte. Sie hatte ihm, Dick, gegenüber ihre Gefühle und Meinungen deutlicher und direkter zum Ausdruck gebracht und festgestellt, daß sie mit dieser Entwicklung zufrieden war. Das waren weitere Schritte auf Marlenes Weg, ihre eigene Identität zu finden und herauszuarbeiten, was ihr gefällt und was nicht, was ihr paßt und was nicht.

Das hat uns allen gezeigt, daß Marlene sich mehr zutraute und ihre eigenen Gedanken stärker akzeptierte. Die Tatsache, daß sie sich erneut für Essen und Garten interessierte, zeigte uns außerdem, daß ihr Leben wieder zum Leben erwachte. Marlene hatte auch „die Frau in sich" zu spüren begonnen und freute sich darüber, befürchtete aber auch, daß Dick daraus sexuelle Erwartungen ableiten könnte.

Was Dick angeht, so hatte er festgestellt, daß er sich seiner Angewohnheit entgegengestellt hatte, für Marlene zu denken. Er hatte sogar den Einfluß dieser Angewohnheit um 25 % vermindert, ebenso wie den seiner Angewohnheit, Marlenes Erfahrungen nicht voll zu akzeptieren. Statt dessen hatte er seine Fähigkeit, zuhören zu können, weiterentwickelt.

Indem er sich alter Gewohnheiten entledigte und Neues in die Beziehung einbrachte, entdeckte Dick in sich eine Flexibilität, die niemand – auch er selbst nicht – hätte voraussagen können. Es war somit klar geworden, daß Dick eine neue Stufe in der Meisterung seines Lebens erreicht hatte. Was die Beziehung zwischen Marlene und Dick anbelangte, gab es keine Verzweiflung mehr. Dadurch konnte es dann zu neuen Entwicklungen in ihrer Kommunikation und in ihrer Fähigkeit, Probleme zu lösen, kommen.

Am Ende dieser Sitzung waren sich Marlene und Dick darüber einig, daß es nicht klug wäre, die Dinge in diesem Stadium zu überstürzen und miteinander zu intim zu werden. Sie vereinbarten, sexuell nicht miteinander zu verkehren, solange sich nicht beide dazu bereit fühlten.

2. Die letzte Sitzung:
Die Neuigkeiten, die Marlene und Dick uns beim letzten Treffen lieferten, überraschten uns alle. Obwohl wir vorausgesehen hatten, daß sie neue Schritte unternehmen würden, haben doch ihre Erfolge in den Wochen zwischen dem letzten und diesem Treffen unsere Erwartungen weit übertroffen. Wir brauchten einige Zeit, um auf den neuesten Stand der Dinge gebracht zu werden.

Obwohl sie ihre unterschiedlichen Meinungen offener erörtert hatten, war es zu keinem Streit gekommen. Wir waren alle der Ansicht, daß dies eine weitere Entwicklung ihrer Fähigkeiten zur Lösung ihrer Beziehungsprobleme bedeutete. Es wurde auch festgestellt, daß die Beziehung ausgeglichener war: Marlene erlebte sich als jemand, der Dick half, und Dick als jemand, der sich Marlenes Hilfe öffnete. Das zeigte sich besonders angesichts des Drucks, dem sich Dick zur Zeit am Arbeitsplatz ausgesetzt sieht.

Marlene hatte sich weiter als eigenständige Persönlichkeit entwickelt, obwohl ihre Mutter damit nicht zurechtkam. Das bedeutete, daß Marlene sich positiver erlebt als zuvor; daß sie sich selbst akzeptiert statt sich zu zerstören. Es zeigte auch, wieweit sich Marlene inzwischen die Meinung zu eigen gemacht hat, sie habe ein Recht, glücklich zu sein.

Wir erkannten, daß Dick seine Fähigkeit zuzuhören auch auf andere Bereiche ihrer Beziehung ausgedehnt hat und ebenso, daß es leichter für ihn geworden war, sich innerlich getrennt von Marlene zu erleben. Er hatte auch seiner Angewohnheit, für Marlene zu denken, weiter entsagt. Dick wußte zu schätzen, was er geleistet hatte. Er äußerte die Meinung, „jetzt sind wir über den Berg".

Ich hoffe, daß diese Zusammenfassung unsere beiden letzten Treffen einigermaßen genau wiedergibt. Mit Spannung freue ich mich auf ein Wiedersehen. Es wird uns Gelegenheit geben, weitere Entwicklungen in Ihrem Leben und Ihren Beziehungen feststellen zu können, Entwicklungen, die auf den neuesten Einsichten, die Sie über sich gewonnen haben, beruhen könnten.

Viele Grüße,
M. W.

Marlene bewahrte diese Briefe sorgfältig auf und las sie viele Male durch. Sie beantwortete die meisten schriftlich. In diesen Briefen beschrieb sie ihre Erfahrungen mit Mißhandlungen als Kind und Heranwachsende.

Marlene hat zwar den Eindruck, daß die Figur ihres Vater immer noch ihr Leben überschattet, ist aber froh, daß sie diesen Eindruck hat abschwächen können. Vor kurzem leistete sie zum ersten Mal den Forderungen ihrer Mutter Widerstand und fühlte sich danach nicht schuldig. Sie betrachtet sich nicht mehr als Dreck und hat aufgehört, sich selbst abzuwerten. Sie nimmt ein wenig mehr Eiweiß zu sich und spricht andere direkt und mit kräftigerer Stimme an.

In ihrer Beziehung machten Dick und Marlene beträchtliche Fortschritte: Sie sprechen mehr über ihre Konflikte und hören dem anderen besser zu.

Wir arbeiten immer noch zusammen. Ich schlug Marlene und Dick vor, diesem Buch eine kurze Beschreibung ihrer Erfahrungen beizufügen nebst einigen Briefen, die unsere Gespräche zusammenfassen. Sie hielten dies für eine gute Idee, vor allem deshalb, weil sie sich in ihren eigenen Anstrengungen selbst so alleingelassen gefühlt hatten. Die Veröffentlichung dieser Beschreibung ist somit ein weiterer Schritt zur Minderung der Isolation, in die der Selbsthaß sie getrieben hatte. Sie waren auch der Meinung, daß die beschriebenen Einzelheiten anderen helfen könnte, zu erkennen, daß sie in ihrem Kampf um das eigene Ich nicht allein stehen.

Damit bilden Sie als Leser das Publikum für Marlenes und Dicks Erarbeitung neuer Bedeutungen und ihr Erzählen einer neuen Geschichte. Und falls Marlene und Dick neugierig auf Ihre Reaktion sein sollten, trügen auch Sie zur Erarbeitung dieser neuen Geschichte bei. Vielleicht sind Sie sogar bereit, den beiden zu schreiben, wie Sie die obigen Informationen in Ihrem eigenen Lebenskampf nutzen konnten. Marlene und Dick sind sehr an solchen Reaktionen interessiert, so lange man von ihnen keine Antwort erwartet. Sie sind sich darüber im klaren, daß sie im Moment alle verfügbare Energien in die derzeit anstehenden, dringenden Aufgaben stecken müssen.

Selbstverfaßte Geschichten

Ich (D. E.) fordere oft Patienten dazu auf, ihre eigene Geschichte zu erzählen. Sie sollen dann ihrer Geschichte eine Form zu geben suchen, die auch anderen zugänglich ist. Für deren Dokumentation habe ich die unterschiedlichsten Medien verwendet: Video-Aufzeichnungen, Tonbänder, Zeugnisse, Geschichten in verschiedenen Formen, persönliche Briefe und das Telefon. In diesen Aufzeichnungen spiegelt sich in der Regel die Geschichte eines „Erfolgs" und nicht die eines „Trauerspiels" wider, wie dies in der Psychotherapie so häufig der Fall ist.

Wenn es jemand schafft, seine momentane Situation so darzustellen, daß sie von günstigen persönlichen Eigenschaften zeugt, kann man von einer Erfolgsgeschichte („success story") reden. Erscheinen Vergangenheit und Gegenwart eines Menschen in düsterem Licht, dann ist es das Beste für ihn, wenn er zeigt, daß er keine Verantwortung für das trägt, was aus ihm geworden ist. Hier ist dann der Ausdruck traurige Geschichte („sad tale") angebracht. (E. Goffman 1961, S. 139)

Das Verfassen bzw. Dokumentieren von „Erfolgsgeschichten" verändert die Einstellung des Betroffenen oder der Familie zum Problem, und die Beziehung des Betroffenen / der Familie zur Therapie. Es hilft dem Betroffenen, sich von dem Problem zu distanzieren und versetzt ihn in die Lage, andere und auch sich selbst zu „beraten", falls das Problem wieder auftauchen sollte. Die Entdeckung, wie wichtig solche Erfolgsgeschichten sein können, wenn man Menschen helfen will, sich selbst zu beraten, verdanke ich einem glücklichen Zufall. Ich veröffentlichte einmal eine solche Aufzeichnung, die die Familie N. betraf. Deren Problem war ein Kind mit bislang erfolglos behandelten Eßproblemen. Familie N. war damit einverstanden, während der Erörterung von Lösungsmöglichkeiten für dieses Problem ein Tonband anzufertigen und dieses anderen Familien mit ähnlichen Problemen zur Verfügung zu stellen.

Nach der ersten Sitzung mit einer neuen Familie mit ähnlichen Problemen stellten wir dann dieses Tonband zur Verfügung, falls sie Interesse zeigten. In der Regel war dies von Einfluß: das Problem erledigte sich zwischen den Sitzungen.

Dennoch rief Familie N. den Therapeuten später noch dreimal bei kritischen Situationen an: bei der Ankündigung einer weiteren Schwangerschaft, der Einlieferung der Mutter ins Krankenhaus und ihrer Rückkehr nach Hause. Jedesmal gab man der Familie den Rat, sich noch einmal die Tonbandaufzeichnungen anzuhören, die wir ihnen seinerzeit mitgegeben hatten. Es kam nur zu diesen drei Anrufen, jedesmal erledigte sich das Problem von selbst.

Auch Berichte über die Erfolge anderer erwiesen sich oft überraschend wirkungsvoll, so daß ich dazu übergegangen bin, eine Bibliothek aufzubauen, die verschiedenste Formen von Dokumentationen enthält. Im folgenden dafür einige Beispiele:

Jerry

Der zehnjährige Jerry hatte eine Zeitlang gestohlen, und zwar so viel, daß er zu verschiedenen „Tanten" ziehen mußte. Das war jedoch niemals gut gegangen, da er auch diese „Tanten" bald auszurauben begonnen hatte. Inzwischen hat Jerry seinen ehrlichen Ruf wiedererlangt.

Für die Darstellung seiner Geschichte hat er Verse gewählt:

Freddy der Frosch

Freddy der Frosch war ein Dieb
und unehrlich noch dazu.
Seine Familie war tief betrübt,
und keiner wußte, was tun.

Eines Tages ging er in die Froschklinik,
traf sehr viel Freundlichkeit.
Sie halfen ihm dort, ehrlich und wahr zu sein,
und auch seine Diebstähle zu stellen ein,
Weil Ehrlichkeit das Größte sei.

Denn man glaubt Freddy,
und seine Familie lacht,
weil er sie jetzt glücklich macht.

Ich kann Freddy verstehen,
denn ich war auch so.
Mein ganzes Leben
hat's nur Streit gegeben.
Jetzt bin ich besser und strenge mich an,
damit ich glücklich wie alle sein kann.

Jerry

Dane

Ich (D. E.) lernte Dane (9) und seine Eltern 10 Wochen nach der Geburt von Brady kennen. Danes Wutanfälle waren immer ein Problem gewesen, aber jetzt war es schlimmer geworden. Sein Verhalten in der Schule hatte sich drastisch verschlechtert. Er war nicht in der Lage, Sticheleien zu widerstehen, erwiderte diese vielmehr mit brutalen Angriffen und Beißen. Nach ein paar Gesprächen hatte Dane sich im Griff, und seine Eltern hatten für ihn, sobald sein Bruder eingeschlafen war, eine „besondere Zeit" eingerichtet. Als jedoch Rogan (6) und Brady für kurze Zeit ins Krankenhaus mußten, motzte Dane wieder auf. Wir sprachen darüber und waren erstaunt festzustellen, wie sehr die seinerzeitigen Gespräche Dane gestärkt hatten. Niemand sah ein, warum er nicht auch diesmal davon profitieren könnte. Dane wurde gebeten, seine Geschichte aufzuschreiben.

Die Bedeutung von Aufmerksamkeit

Es war einmal ein Junge, der hieß John. John war seelisch sehr stark, weil man ihm viel Aufmerksamkeit schenkte und er schon viel herumgekommen war. Eines Tages wurde er seelisch schwächer, weil seine Mutter ein Baby bekam, das sie Tim nannte. Seine Mutter und sein Vater schenkten ihm nicht mehr so viel Aufmerksamkeit, so daß seine Wut wieder über ihn kam und er motzig wurde.

Er fing an, andere zu schlagen und zu verletzen, und hinterher tat es ihm leid, daß er es getan hatte, aber er wollte sich nicht dafür entschuldigen. Seine Wutanfälle wurden immer mehr, und er wollte niemandem helfen und für alles bezahlt werden.

Seine Mutter und sein Vater waren es leid, daß er immer nur Dinge für sich in Anspruch nahm, ohne etwas für andere zu tun. Inzwischen war Tim fast zwei Jahre alt und konnte auf sich selbst aufpassen. Johns Mutter und Vater konnten John wieder mehr Aufmerksamkeit schenken. John wurde wieder stark und hörte auf, andere zu schlagen und zu verletzen. Also sagten seine Mutter und sein Vater „Du kannst ein paar Freunde zum Tee einladen", weil er mit dem Motzen und mit seiner Boshaftigkeit aufgehört hatte.

John war glücklich und erwachsener, und er wußte, er konnte stark bleiben, solange sich jemand um ihn kümmerte.

Eine neue Initiative ergreifen

Jay (13) war von seinem Kinderarzt wegen seiner Kopf- und Bauchschmerzen überwiesen worden. Vor kurzem hatte er drei Wochen im Bett gelegen, weil er sich wegen seiner Kopfschmerzen unfähig fühlte, aufzustehen. Überhaupt schien Jay immer weniger in der Lage, das Leben zu ertragen. Er war launenhaft geworden und brach zu Hause und in der Schule, wenn er gestört oder unterbrochen wurde, in Wutanfälle aus. Er hatte es sich angewöhnt, sich regelmäßig ins Bett zurückzuziehen, wo er seinen Gedanken nachhängen wollte. Je mehr er sich zurückzog, desto stärker fühlten sich die anderen veranlaßt, sich in sein Leben zu drängen und für ihn initiativ zu werden. Es war offensichtlich, daß Jay ein außerordentlich begabter junger Mann war.

Das Therapeutenteam (Sohrab Gandomi, Leslie McKay, Wally McKenzie, Lindsay Thompson, Trish de Villier, Chris Wareing, Louise Webster) schickte daraufhin die folgende Botschaft als „Brief" an Jay, seine Schwester Mardie (11) und seine Eltern, Blair und Janis.

Liebe Janis, Blair, Jay und Mardie,
Jay, wir machen uns alle um Dich große Sorgen. Wir sind alle erwachsen geworden und wissen, daß es nicht leicht ist, aber wir glauben, daß Deine Angewohnheit, dich immer wieder zurückzuziehen, Dich zu einem Leben aus zweiter Hand zwingt – einem Leben, das Deine Eltern nunmehr für Dich in die Hand nehmen. Ein kreativer Mensch in Deinem Alter wird doch kaum Anweisungen von seinen Eltern entgegennehmen wollen, auch wenn diese zweifellos gute Ideen haben. Wir vermuten, daß Du lieber „durch eigenes Entdecken lernen" willst. In diesem Falle möchten wir Dich aber warnen, daß das viel schwieriger ist, als „durch Anweisung zu lernen". Was wir nicht verstanden haben, ist, warum Du Dich um Dein Leben betrügst, indem Du Dich zurückziehst und rückwärts gehst. Kein Wunder, daß Du so frustriert bist, denn Du mußt schließlich wissen, daß das Leben an Dir vorbeigeht. Darum bist Du wahrscheinlich auch so anfällig für Launen und bist so passiv. Lindsay dachte, daß Deine Kreativität zu sehr blockiert bleibt und machte sich auch Sorgen, daß Deine Eltern und Deine Schwester, wenn sie nicht achtgeben, Deinen „Trauerkloß-Trip" mitmachen könnten. Dann wird es dahin kommen, daß Ihr alle Euch vom Leben zurückzieht in der vagen Hoffnung, der Trick bestehe darin, Jays Launenhaftigkeit Gesellschaft zu leisten. Dieser Trick würde jedoch zu Lasten Eurer Familie ausfallen. Je mehr die Familie Harkness sich unbeabsichtigt auf die Seite von Launenhaftigkeit stellt und Jays Grillen Vorschub leistet, desto eher wird Jay erleben müssen, wie ihm sein Leben wegläuft; er wird es nicht in den Griff bekommen und nicht seine eigenen Entdeckungen machen können.

Alle waren sich über die Frage einig: ist Jay fähig? Die von uns noch nicht voll verstandene Art und Weise, wie Du, Jay, Deinen Kopfschmerzen einen Streich spielst, ist ein schlagender Beweis für Deine Fähigkeit, wenn ihr einmal eine Richtung gewiesen ist. Die Frage, die wir in unserer Diskussion nicht beantworten konnten, war: ist Jay bereit?

Louise dachte, daß sich die Lage noch bedeutend verschlechtern müsse, bevor Jay es auf sich nehmen würde, sein Leben selbst in die Hand zu nehmen und sich nicht durch Launenhaftigkeit in die Irre führen ließe. Als ich sie fragte, welchen Rat sie für die Zwischenzeit anbieten würde, schlug sie einen Winterschlaf vor. Sie sagte, daß Jay, wenn er sein Heranwachsen verschlafen könnte, es auch stilvoll und komfortabel tun könne. Alle gerieten über diesen Vorschlag aus folgenden Gründen in Harnisch:

1. Wenn Du, Jay, ein zweiter Rip van Winkle würdest, wachst Du dann rechtzeitig auf, bevor es zu spät ist?

2. Lindsay befürchtete, daß Deine Kreativität im Keim erstickt würde.

3. Die Energie Deiner Eltern würde von ihren eigenen kreativen

Ansätzen abgezogen durch ihren Versuch, es Dir recht schön und bequem zu machen. Janis und Blair, alle stimmten zu, daß ein Leben aus erster Hand einem Leben aus zweiter Hand vorzuziehen sei.

Um Dir Gelegenheit zu geben, Deine Bereitschaft zu beweisen, hat das Team folgende Vorschläge gemacht:

Zwischen heute und unserem nächsten Treffen wirst Du, wenn Du bereit bist (und wir möchten Dir noch einmal versichern, daß wir keinen Zweifel an Deinen Fähigkeiten haben), einiges unternehmen, das Dich einem selbstsicheren (statt selbstzerstörerischen) Leben näher bringt, ohne daß Deine Mutter oder Dein Vater dafür eine Initiative oder eine Anweisung liefern. Da wäre zum Beispiel das Säubern des Bootes ohne Aufforderung. Jay, Du solltest eine Liste über jede kleinste Initiative Deinerseits anfertigen, solltest diese jedoch Deinen Eltern nicht zeigen. Janis und Blair, Sie sollten eine geheime Liste über jede Initiative führen, die Sie an Jay bemerken.

Trish läßt Sie wissen, daß sie vor kurzem die Biographie Albert Einsteins gelesen hat. Sie sagte, daß Albert sich nicht entschuldigt hat, wenn seine Eltern ihn baten, seinen Anteil an den häuslichen Aufgaben zu übernehmen.

Jay, Du hast auch beschlossen, eine Geschichte darüber zu schreiben, wie Du Dich gegen ein zurückgezogenes Leben aus zweiter Hand und Dich statt dessen für ein selbst gelenktes Leben aus erster Hand voller Entdeckungen entschieden hast.

Wir freuen uns schon alle darauf, wieder von Dir zu hören.

Herzliche Grüße,

D. E.

Zwei Monate später trafen wir uns wieder. Das Team faßt wie folgt zusammen:

Liebe Janis, Blair, Jay und Mardie,

das Team war so überrascht wie Sie, Janis und Blair. Jay, wir wußten, daß Du die Fähigkeit hast; wir waren jedoch nicht sicher bezüglich Deiner Bereitschaft; und wir waren sicher nicht auf Deine Schnelligkeit vorbereitet. Es ist, als ob Du Dein Leben nun wie ein 100-Meter-Läufer voranbringst. Jay, offensichtlich bist Du nach Hause gegangen, hast über die Sache nachgedacht, Deine eigenen Schlüsse gezogen und hast dann losgelegt. Das Team war froh, daß ich die Sitzung auf Band aufgenommen habe, da die Mitglieder das Gefühl hatten, nicht mehr mit Dir Schritt halten zu können und vor allem mit all dem, was Du unternommen und hinter Dich gebracht hast. Wir fragten uns, ob wir aufgrund unseres Alters langsamer werden oder ob Du übertreibst. Das Leben ist wie ein Marathon-Lauf – Du solltest

Dir ein wenig Energie für den Rest aufheben. Du kannst nicht Dein ganzes Leben wie ein 100-Meter-Läufer hinter Dich bringen. Wenn Du Dich nicht zügelst, so befürchtete das Team, wirst Du zusammenklappen oder Dich überanstrengen. Das soll nicht heißen, daß Du nicht eine bemerkenswerte Rückkehr vollbracht hast. Wenn Du Deine vorherige Richtung nicht korrigiert hättest, wärst Du vielleicht in Schwierigkeiten geraten und hättest sogar ein sorgenvolles Leben geführt. Wir würden Dir raten, ein gemäßigteres Tempo einzuschlagen, ein Tempo, das Du über die gesamte Strecke durchhalten kannst. Leslie machte uns darauf aufmerksam, daß Du das ihrer Meinung nach schon tust. Sie sagte: „Sicher ist er mit Gezisch und Gedröhn losgelaufen, findet aber jetzt seine eigene Geschwindigkeit, die bequem und leicht durchzuhalten ist." Wir dachten über ihre Bemerkung nach und stimmten ihr schließlich zu. Leslie glaubt auch, daß Du ein wenig schneller gehen wirst und dann ein wenig langsamer, bis Du die für Dich richtige Geschwindigkeit gefunden hast. Sie wäre nicht überrascht, wenn Du Dich bei der einen oder anderen Gelegenheit überschätzen würdest, aber sie weiß, daß Du wieder in Ordnung kommen wirst.

Wir haben auch erkannt, daß Du so etwas wie ein Experte für Zeiteinteilung geworden bist und fragen uns, ob das nicht etwas für Deine berufliche Zukunft wäre.

Das Team möchte gern etwas Zeit benutzen, um Dein „Comeback"-Tagebuch zu studieren, sobald Du es uns zukommen läßt. Einige von uns haben ein persönliches Interesse daran, wie sie sich morgens besser organisieren können. Louise wollte Dir auch sagen, daß sie froh ist, bei einem Menschen, wie Du einer bist, nicht für die Möglichkeit des Winterschlafs plädiert zu haben.

Viele Grüße,
D. E.

Wir überließen Jay ein Tonband der Sitzung, das ihm bei der Zusammenstellung seines „Comeback"-Tagebuchs helfen sollte. Vier Monate später erhielt ich folgenden Bericht:

Ich habe eine neue Initiative ergriffen. Zwei Drittel dieses Jahres waren fast vergangen, als ich erkannte, daß das Leben buchstäblich zwischen meinen Fingern zerrann. Ich unternahm viele Aktivitäten – Segeln, Reiten, Kurse für begabte Kinder, für Schulung im Schreiben, Arbeitsgemeinschaften in der Schule, Judo usw., aber all das war von anderen in die Wege geleitet. Ich habe mich auf meine Eltern verlassen, zum Beispiel was das Hinbringen und Abholen betrifft und überhaupt die Planung meines Lebens. Zwischen diesen Aktivitäten blieb eine Leere, ein Zeitraum, in dem ich mir selbst überlassen blieb. Ich hatte eine Menge guter Ideen, nur eins fehlte mir: die Motivation.

Ich war im Grunde ein Sklave meiner Launen. Die Tage zerrannen mit Zerstreuungen. Nach der Schule kam ich z.B. nach Hause, sah fern, las etwas usw. Wenn ich mich dann aufraffte, etwas zu tun, kam wieder etwas dazwischen, wie z.B. das Fernsehen u. ä. So wurde ich allmählich beherrscht von meiner Unfähigkeit, mich diesen Dingen zu stellen. Ich erkannte das und war frustriert. Die Frustration wurde zu Wut, die ich wiederum an anderen ausließ. Wegen meiner Wut und der Tatsache, daß ich sie an anderen ausließ, wurde ich in der Schule abgelehnt. Ich verlor dann zu Hause meine Geduld. Dann kam schließlich der „taktische Rückzug" – bei dem ich mehrere Stunden am Tag damit zubrachte, nichts zu tun.

An guten Ideen fehlte es mir nicht, doch diese führten nur dazu, mich noch mehr zu frustrieren, da ich sie nicht ausführen konnte.

Das war kein angenehmer Zustand für mich. Das fiel in mein zweites Jahr an der Mittelschule … Warum, weiß ich nicht.

Aber die Heilung kam bald in Sicht: Organisation. Ich kam zu dem Schluß, daß ich wie ein grasendes Schaf von Weide zu Weide zog. Ich erkannte das schon zu Anfang des Jahres, unternahm aber nichts bis zum 2. Juli – dem Tag nach dem Termin im Leslie Centre.

Ich erkannte plötzlich, daß es keinen einfachen Weg gab, meine Situation zu verbessern. Das mußte schwer erarbeitet werden. Ich entwarf meinen Tagesablauf völlig neu vom Aufwachen bis zum Einschlafen. Während früher z.B. die Vorbereitung auf die Schule 2 Stunden gedauert hatte, schaffte ich es nun, sie auf 10 Minuten herabzusetzen. Dasselbe traf auf alle anderen täglichen Aufgaben zu. Dann begann ich mit neuen Aktivitäten, zum Beispiel Jogging, Fahrradfahren usw. Obwohl mich das Zeit kostete, funktionierte es gut. Das Ergebnis war mehr produktive Zeit und der Horror vor dem bloßen Verdösen der Zeit.

Ein direktes Ergebnis war, daß ich weniger launenhaft und großzügiger wurde und mich nicht von wiederkehrendem Groll plagen ließ. Wenn ich gelegentlich doch verärgert oder provoziert wurde, hielt ich es nicht zurück, sondern ließ es in einer sowohl taktvollen als auch beherrschten Art heraus. Ebenso habe ich gelernt, mich selbst mehr anzutreiben, zum Beispiel wenn ich noch eine letzte Anstrengung benötige, eine gute Tat zu vollenden.

Am allerbesten ist jedoch, daß ich gelernt habe, besser mit Menschen auszukommen und ein viel glücklicherer Mensch geworden bin.

Ich habe neue Methoden für alte Probleme gefunden, z.B. das Aufschreiben eines Problems: Das Problem in eine Spalte, die Lösung in die andere daneben. Obwohl ich die Lösung im Grunde kannte, schien sie durch die Niederschrift faßbarer. Ich schlich gewissermaßen aus dem Bereich des Problems heraus und nahm es als fremdes Individuum in Augenschein. So etwas war eine große Hilfe.

Ich organisierte meinen Tagesablauf voll und ganz und betrachtete die Dinge philosophisch. So konnte ich die Stunden des Tages voll ausnutzen. Ich hatte mehr Zeit zum Schreiben, Segeln usw. sowie für Dinge, die ich vorher nicht tun konnte. Ich habe dann eigene Forschungsprojekte entworfen, die wiederum meiner Arbeit in der Schule zugute kamen. Die Zeugnisse waren plötzlich wesentlich besser als vor meiner Eigeninitiative.

Jetzt bin ich stolz darauf, sagen zu können, daß ich das Leben vollauf genieße. Ich bin zu einem viel stärkeren, sich selbst bestimmenden, erfolgreichen und motivierten Individuum geworden. Was mich aber am glücklichsten macht, obwohl es sich wie eine Art Glaubensbekenntnis anhört, ist, daß ich es aus eigenem Antrieb mache.

Jay Harkness

Sein eigener Berater werden

Vier Jahre, nachdem ich (D. E.) ihre Familie kennengelernt hatte, rief mich Tracey-Maree an. Sie war inzwischen 20 Jahre alt. Sie sagte mir, daß sie seit drei Monaten unter Depressionen leide und nicht herausfinde. Ich konnte mich gut an sie erinnern, da sie eine meiner geschätztesten „Beraterinnen" war. Ihre beratende Tätigkeit vollzog sich in Form eines Briefes, den sie mir zur Weiterleitung an andere überreicht hatte, die in demselben Problem gefangen waren, dem sie entkommen war. Ihr Brief lautete:

Hallo,
ich heiße Tracey-Maree und hatte dasselbe Problem wie Du, aber mit Davids Hilfe habe ich es überwunden.

Meine Eltern haben sich schon vor längerer Zeit getrennt, und während ihrer Ehe hat mein Vater meine Mutter geschlagen. Nach einem Jahr der Trennung, in dem mein Vater immer wieder angerufen hat, fing ich an, schlecht zu träumen und konnte auch nicht mehr gut schlafen.

David hat mir dabei geholfen, meine Gedanken vor diesen düsteren Bildern zu verschließen und, sobald diese häßlichen Bilder auftauchten, ein „fröhliches" Video vor meinem geistigen Auge ablaufen zu lassen – so wie bei einem Filmprojektor. Ich drehte diesen „Film“ mit Hilfe von David im voraus und konnte ihn bei Bedarf abspielen.

Das funktionierte eine oder zwei Wochen ganz gut, aber dann langweilte mich der „Film“, so daß ich ihn auswechselte.

Manchmal hatte ich die böse Vorstellung, mein Vater würde kommen, wenn ich allein im Haus war. (Er hatte es ein paarmal getan – durch Zufall). Dann habe ich geistig und körperlich mit ihm gekämpft – und gewonnen. Wenn sich die Situation aber dramatisch zuspitzte, konnte ich den „Film“ nicht abspielen, weil meine Gedanken sich von selbst zurückspulten. Ich war dann nicht einmal in der Lage, zu lesen oder eine Schallplatte zu hören. Ich habe dann eine Freundin angerufen oder bin aus dem Haus gegangen.

Früher habe ich nie mit meinen Freunden über meine Probleme zu Hause geredet, außer im Spaß. Erst vor kurzem habe ich angefangen, mit einer Freundin zu reden, und das hilft wirklich. Meine Beziehungen verbesserten sich, da sich die Freundinnen als Vertraute fühlten und Hilfe leisten konnten.

Ich habe das Stadium des Hasses und der Angst vor meinem Vater inzwischen hinter mir und habe ihn längere Zeit nicht gesehen. Ich glaube, was mir viel geholfen hat, war der Gedanke, daß es nicht falsch war, wenn ich meinen Vater haßte; er hatte es verdient. Haß ist ein menschliches Gefühl. Wir müssen lernen, den Haß zu beherrschen, damit er in unserem Leben nicht die Oberhand gewinnt.

Ich denke, es ist echt gut, wenn man mit seinen Freunden ausgeht und lustig ist; laß' Dir von der Sache nicht Deine Beziehungen ruinieren. Ich hoffe, Du hast einen besonders guten Freund oder eine Freundin, mit dem oder mit der Du reden kannst. Wenn nicht, ruf' mich ruhig an und ich höre gern zu.

Das ist wohl alles, was ich zu sagen habe, und ich hoffe, daß Du bald glücklich wirst.

Alles Liebe,
Tracey-Maree

Es war eine große Freude, sie nach so vielen Jahren wiederzusehen. Sie erzählte mir, daß sie sowohl für ihre Freunde als auch für ihre Familie zu einem „bösen Weib“ geworden war. Wieder einmal war sie einem Unrecht begegnet. Es handelte sich darum, daß ihr 18-jähriger Bruder Tim die Großzügigkeit ihrer Mutter mißbrauchte. Tracey-Maree wies ihre Mutter ständig auf diesen Mißbrauch hin, aber ihre Mutter war durch das, was sie „Mutterliebe“ nannte, völlig handlungsunfähig gemacht. Tracey-Maree ging dann jeweils voll Wut und Haß auf Tim in ihr Zimmer und beschäftigte sich mit dieser Ungerechtigkeit so intensiv, daß „ihr Herz weh tat".

Tracey-Maree und ihre Mutter gingen verschiedene Wege, die eine mit ihrem „Haß" beschäftigt, die andere auf „Mutterliebe" pochend. Das führte zu Mißverständnissen zwischen ihnen, wobei Tracey-Maree „den Respekt vor Mutter verlor, sie anfuhr und aus dem Haus ging", sich aber gleichzeitig schuldig fühlte, weil sie sie liebe. Sie fuhr fort: „Dann sprach ich darüber mit mir selbst ... ich habe den Haß von meinem Vater auf Tim übertragen ... Schuldgefühle sagen mir, ich solle Tim noch eine Chance geben ... aber dann kommt der Punkt, an dem es mir reicht – es ist, als würde ich mich selbst strafen. Ich entschuldige mich und rücke davon ab." Ich stellte ihr folgende Frage: „Stellst du deine Mutter vor die Wahl, sich zwischen Tims Mißbrauch und deiner Depression zu entscheiden?" Sie nickte: „Ja".

Ich fragte nach ihren Freunden. Sie hatte im vergangenen Jahr die High School abgeschlossen, war aber noch zu Hause geblieben, um zu arbeiten. Ihre sieben besten Freunde waren entweder ins Ausland gereist oder aus Auckland weggezogen, um woanders zu studieren oder zu arbeiten. Ich vereinbarte einen neuen Termin mit Tracey-Maree in drei Wochen.

Ich grub ihren „Beraterbrief" aus und heftete folgende Mitteilung daran:

Liebe Tracey,
ich dachte, ich sollte Dir auch einen Gefallen tun. Ich glaube nicht, daß ich Dir einen besseren als Deinen eigenen Rat geben kann. Wenn Du Deinen eigenen Rat annimmst, bist Du Deine eigene Beraterin. Damit verleihst Du Deinem eigenen Ratschlag noch mehr Gewicht. Ich frage mich, ob die Abreise so vieler Freunde, denen Du Dich anvertraut hast, Dich nicht geschwächt hat und Du Dich nicht zuversichtlich genug gefühlt hast, andere mit Deinem Vertrauen zu ehren. Probleme wie Deine können immer dann wiederkehren, wenn man sehr verletzlich ist.

Sollte Deine Depression wider Erwarten noch nicht abgeklungen sein, lies Deinen Brief immer wieder. Tracey-Maree weiß, wovon sie redet.

Die besten Wünsche für das Glück, das Du verdient hast!

D. E.

Tracey rief an, um die nächste Verabredung abzusagen. Sie erzählte mir, daß sie nach Hause gegangen sei, und alles „mit Mutter erörtert" habe. Das habe all ihre Bedenken hinsichtlich Mutter und Bruder aufgelöst. Sie berichtete, daß sie eine neue Gruppe von Freunden zu Vertrauten gemacht habe. Ihre Depressionen waren verschwunden.

Befreiung vom Fluch der Perfektion

Carolyn rief mich an, um mir, etwas zurückhaltend, über das Problem zu berichten, das sie und Tony mit ihrer elfjährigen Tochter Marissa hatten. Seit Jahren machte Marissa mehr Hausaufgaben als nötig, was inzwischen unmögliche Proportionen angenommen hatte. Marissa hatte sich selbst auferlegt, daß sie an Wochentagen 6 Stunden, an Wochenenden täglich 7 Stunden Hausaufgaben machen müsse. Alles mußte perfekt sein. Carolyn wurde von Marissa aufgefordert, diese Perfektion zu überprüfen. Wenn Carolyn sich nicht ausreichend beteiligte, fühlte sich Marissa berechtigt, sie zu treten, zu beschimpfen und sie zur Ordnung zu rufen. Ich (D. E.) diagnostizierte einen Fluch: den „Fluch der Perfektionsidee". Ich gab zu bedenken, daß dieser Fluch zu einem Todesurteil werden könne, wenn er nicht in Frage gestellt würde. Ich bemerkte, daß ich selbst fünf Jahre Gefängnis vorziehen würde. Damit könne man zumindest Zeit für sich gewinnen und über den Fluch hinwegkommen. Sonst sei solch ein Fluch wie ein unentrinnbares Todesurteil.

Ich traf Carolyn, Tony und ihre Kinder Marissa, Michael (9) und Shane (4). Jedesmal, wenn Carolyn oder Tony versuchten, mir ihre Besorgnis zu beschreiben, korrigierte Melissa sie – bis ich sie schließlich dafür tadelte. Ich setzte sie ziemlich grob darüber in Kenntnis, daß mich die Meinungen ihrer Eltern interessierten, und daß ich eine Frage an sie, Marissa, erst richten würde, wenn mich ihre Meinung interessierte. Von da an war sie nur noch wenig dabei. Ich brachte die Idee ein, daß hier das Leben in den Dienst der Hausaufgaben gestellt war und daher eines Erhaltungssystems bedurfte. Ich stellte Fragen wie: „Wer nährt dieses Leben für die Hausaufgaben? Wer liefert die Ermutigung/Finanzen/Ressourcen für Marissas Leben für die Hausaufgaben?" Ich fragte Carolyn, ob sie Übung im Dienen habe. Damals konnte sie diese Frage noch nicht beantworten.

Am Ende des ersten Treffens vereinbarten wir folgendes:

1. Tony soll eine Erklärung ausarbeiten, derzufolge Carolyn nicht mehr für die Hausaufgaben ihrer Tochter zuständig ist

und das Leben, das ihre Tochter den Hausaufgaben gewidmet hat, nicht mehr unterstützen wird. Tony erklärt, daß er die Verantwortung für Marissas Hausaufgaben übernehmen wird und ihr den Hausaufgaben gewidmetes Leben unterstützen will, wenn er es für richtig hält. Er soll mit Carolyn zu einem Notar gehen und diese Erklärung beglaubigen lassen. Tony soll Marissa eine Kopie übergeben und es ihr erklären.

2. Carolyn soll zur öffentlichen Leihbücherei gehen und ein Buch über Amerikanische Geschichte ausfindig machen, in der die Unabhängigkeitserklärung abgedruckt ist. Sie soll diese neu verfassen, und auf die eigenen Verhältnisse zuschneiden.
3. Tony und Carolyn sollen jeden Abend geheime Lösungsgespräche führen, während der sie mögliche Lösungen des Problems diskutieren. Jeder soll dies abwechselnd protokollieren und mir den Inhalt vor unserem nächsten Termin zuschicken.

Wir erörterten auch, daß es sich hier um so etwas wie eine Revolution handelte und daß eine Revolution „keine Dinner-Party ist". Sie versicherten mir, daß sie bereit und fähig seien, sich gegen die empörenden Zustände in ihrer Familie zu erheben.

Einige Tage danach schrieb Carolyn mir folgenden Brief:

Nach unserem Treffen am vergangenen Freitagmorgen wurde mir erst um 15.00 Uhr der Grund für meine servile Haltung deutlich. Ich möchte ihn Ihnen gern mitteilen; er wird Ihnen nicht neu sein, aber für mich war er es!

Um es kurz zu machen: Ich war die Älteste von vier Töchtern und wuchs auf einer Farm auf. Meine Eltern hatten ziemlich viel zu tun, und ich hatte immer den Eindruck, daß meine Mutter ihre Tätigkeiten nicht sehr gut organisieren konnte, so daß ich viel Verantwortung übernehmen mußte – die beiden jüngsten Schwestern waren 8 und 10 Jahre jünger als ich, und ich bereitete immer das Mittagessen für sie, kochte ihnen das Frühstück, flocht ihre Haare, nähte ihnen Kleider, putzte das Haus, mähte die Wiese im Garten … Ich brachte sogar meiner jüngsten Schwester das Lesen bei, bevor sie in die Schule kam. Und ob ich sorgfältig war! Das Lob, das ich dafür erhielt, war wunderbar. Meine Mutter erzählte Freunden: „Carolyn ist eine richtige Mutter; sie ist meine rechte Hand", usw. Also war ich wenigstens darin gut! Dann arbeitete ich neun Jahre lang als Grundschullehrerin – und diente wieder. Das befähigte mich auch, später meinen Kindern zu dienen – ich war so erfreut, als Marissa ein Interesse an Projektarbeit bekundete und unterstützte sie darin ... Dann begann Tony im letzten Jahr zu trinken, so daß er von Freitagabend bis Sonntag nicht zur Verfügung stand. Entweder war er betrunken oder mußte einen Rausch ausschlafen. Also lenkte ich all meine Liebe und Aufmerksamkeit auf die Kinder. Ich habe in diesem Bereich immer noch Probleme und fühle mich im Umgang mit Tony unsicher – wie betrunken wird er sein? Wie bringe ich ihn dazu, nach Hause zu kommen? Aber das ist ein Thema für sich.

Auch Freunde haben mich in meiner servilen Haltung bestätigt – in Gesprächen darüber, was wir für unsere Kinder tun, sagte man mir des öfteren: „Carolyn, du bist eine so gute Mutter". Wenn sie nur wüßten, wie sehr ich litt!

Marissas Lehrerin sagte im vergangenen Jahr am Ende der Abschlußfeier des Schuljahres: „Ich bin ja so zufrieden mit Marissas Arbeit – sehen Sie zu, daß es so bleibt." Ich erinnere mich daran, geantwortet zu haben: „Mein Problem und meine Aufgabe ist eher, sie zurückzuhalten." Die Lehrerin sah mich verständnislos an. Aus dem Zeugnis können Sie ersehen, welchen Standard ich halten mußte.

Geheime Lösungsgespräche

Die folgenden Protokolle ihrer Lösungsgespräche haben Carolyn und Tony großzügigerweise zur Veröffentlichung freigegeben:

Freitag, 13.

Über unsere Verabredung mit David Epston wurde nicht geredet – Marissa hat den ganzen Tag Hausaufgaben gemacht – dann, um 7 Uhr, war es, als sei ihr die Realität bewußt geworden, und sie drängte mich (Carolyn) in eine Ecke und schrie: „Du wirst das Ding nicht unterschreiben. Ich verspreche dir, wenn du mir bei dieser Aufgabe hilfst, werde ich dich nie wieder fragen." Sie war hysterisch vor Wut und drosch auf mich ein. Ich faßte sie fest an den Armen und sagte: „Ich werde, und damit basta!" Ich hätte am liebsten geweint, konnte aber an mich halten und hatte für den Abend etwas vor – normalerweise hätte ich mich so ausgelaugt gefühlt und unfähig, Menschen zu treffen, daß ich angerufen hätte, um die Verabredung abzusagen. Einige der Frauen kannten mein Problem jedoch seit einiger Zeit und wollten wissen, was bei der Sitzung mit David herausgekommen sei, und für mich war es in Ordnung, ihnen die Wahrheit mitzuteilen – jahrelang hatte ich versucht, sie zu verbergen. Sie sind alle sehr hilfsbereit, und Margaret hat wegfahren will. Der Abend endete mit einer positiven Erklärung von allen – meine Erklärung bestand darin, daß ich endlich die ersten Schritte unternommen hatte und daß alles besser werden würde.

Als ich nach Hause kam, sagte Tony, Marissa habe gefragt, ob sie in Mamas Bett schlafen dürfe, und Tony hatte ihr geantwortet: „Nein, ich schlafe diese Nacht bei Mama." Sie ging in ihr eigenes Zimmer.

Samstag, 14.

Marissa kam zu mir herüber, als ich gerade aufwachte. „Kannst du mich zum Laden fahren, Mami, damit ich mir Pappe für mein Projektheft kaufen kann?" Ich antwortete: „Ich habe mit deinen Hausaufgaben nichts am Hut." Sie sagte: „Aber das könntest du doch wenigstens tun!" Ich fand es in Ordnung, ihr zu sagen, daß ich ohnehin einkaufen gehen müsse und daß ich ihr Geld geben würde, damit sie sich die Pappe selbst kaufen könne.

Michael hatte einen Wutanfall, weil er eine randvolle Schüssel Haferbrei rüber in den Fernsehraum tragen wollte und ich ihm sagte: „Nein, ich will nicht, daß du das mit rübernimmst – am Ende schüttest du noch was auf den Teppich." Er wollte nicht hören und ging einfach weiter. Daraufhin nahm ich ihm die Schüssel ab und leerte sie in den Hundenapf. Er war sehr wütend – schlug nach mir und bedrohte mich mit dem Klebestreifen-Abroller. Ich versetzte ihm einen Klaps aufs Hinterteil, woraufhin er traurig wegging. Er setzte sich eine Zeitlang vor den Fernseher, fuhr dann ein wenig Fahrrad und traf einen Freund, der ins Schwimmbad ging und dem er sich anschloß. Den ganzen Tag über war Michael dann lieb und fröhlich.

Tony und ich setzten uns zusammen, um Möglichkeiten aufzulisten, wie Marissa ihre Hausaufgaben alleine erledigen könnte. Ich gestand Tony, ich hätte immer noch ziemliche Angst davor, Marissa könnte ihr Projekt bis Montag nicht fertig haben. Beim Elternabend hatte die Lehrerin gesagt, daß es sich negativ auf die Noten auswirkt, wenn Schüler ihre Ablieferungstermine nicht einhalten. Wenigstens habe ich Marissa kein Wort davon gesagt – es ist schon schwer. Ich dachte, Tony könnte mit ihr durchgehen, was sie noch zu tun habe, und klarstellen, wie viele Stunden sie dafür noch habe. Tony war einverstanden. Ich habe Tony und Marissa dann mit der Hausaufgabe alleingelassen und eine Runde um den Block gedreht, um Rod Hansen aufzusuchen. Ich bat ihn, mir ein juristisches Dokument aufzusetzen, das mich von jeglicher Verantwortung für Marissas Hausaufgaben befreite und diese an Tony weiterreichte. Rod kam dieser Verpflichtung nur zu gern nach.

Als ich nach Hause kam, war Marissa sehr aufgebracht darüber, daß ich einfach gegangen war, ohne ihr etwas zu sagen. Ich war vielleicht eine

Stunde weg. Als ich ihr dann sagte, warum ich zu Rod gegangen war, brach die Hölle los! Eine Stunde lang attackierte sie mich mit Worten und Taten: „Ich hasse Erwachsene. Alles Geld der Welt werde ich dir geben, wenn du das Ding nicht unterschreibst. Wenn du es sein läßt, verspreche ich dir, daß alles wieder gut wird. Ich hasse diesen Mann, mit dem wir das Gespräch geführt haben. Wenn ich groß bin, will ich in einem großen Haus wohnen mit ganz vielen Hunden – ohne Erwachsene. Papa kann mir bei den Hausaufgaben nicht helfen – er ist blöd. Mama kann es am besten. Ich werde mich umbringen. Euch ist es ja doch egal. Ihr habt mich nicht mehr lieb. Ihr kümmert euch doch nur um euch selbst."

Es war brutal, aber irgendwie fand ich eine innere Kraft, und nichts konnte mich von meiner Absicht abbringen. David sagte: „Sind Sie bereit für eine Revolution, denn dies wird eine Revolution, und Revolutionen bedeuten in der Regel viel Schmerz." Na und?

Sonntag, 15.
Marissa saß schon an ihren Hausaufgaben, noch bevor ich aufstand. Keinen Guten Morgen von ihr – sie verhält sich mir gegenüber kühl, was verständlich ist, aber ich mache mir nichts daraus – ich habe Raum! Marissa hat ihr Müsli zum Frühstück selbst zubereitet – normalerweise hätte sie mich aufgefordert, es ihr zu bringen, und ich hätte aus lauter Angst, sie könnte sich aufregen, gehorcht....

Eine andere Freundin rief mich gestern abend an und bot mir ein Haus in Snells Beach an. Marissa hörte die Unterhaltung und sagte: „Du hast es aller Welt erzählt, nur damit deine Freundinnen Mitleid mit dir haben." Ich antwortete: „Nein, ich habe es nicht aller Welt erzählt, und wenn du dir Freunde suchst, kannst du ihnen auch all deine Probleme erzählen." Keine Antwort.

Marissa grapschte sich einen Filzstift und schrieb „Scheiße" auf eine Küchenwand – sie war echt wütend. Heute morgen habe ich es mit einem Scheuermittel weggewischt, obwohl ich wußte, daß sie es hätte tun müssen und daß ich nur an ihre Tür hätte klopfen müssen, dann hätte sie sich beeilt, es sauber zu machen. Phil, der bei uns wohnt, ließ mich wissen, sie habe gestern abend versucht, es wegzuwischen. Als dann im Laufe des Vormittags Nana kam, hatte Phil bemerkt, wie sie von Panik getrieben in die Küche eilte und irgend etwas suchte, um damit den Schriftzug abzudecken. Da hat Phil klugerweise gesagt, er habe es schon weggewischt.

Michael unterhielt sich mit Nana und fragte sie, wie alt der Olivenbaum auf dem angrenzenden Grundstück wohl sei. Marissa sagte: „Er ist nicht so alt wie Mama. Nichts ist älter als sie." Sie hatte es mir gegeben. Ich ignorierte es. Nana erteilte ihr einen Verweis.

Am Nachmittag ging ich zu Freunden und sagte Marissa, daß ich ausgehen würde. Sie sagte: „Ich will auch mit! Diesmal sagte ich aber: „Nein, ich werde allein gehen." Normalerweise hätte ich „Ja" gesagt.

Als ich wieder nach Hause kam, spielten Tony und Michael Schach, Shayne war mit Nachbarn unterwegs und Marissa saß an ihren Hausaufgaben. Sie hat mich den ganzen Tag geschnitten, aber es machte mir nichts. Nach dem Abendessen hatte sie wieder einen Wutanfall – der Anlaß ist mir entfallen, aber es ging darum: „Ich will nicht, daß du dieses Ding unterschreibst. Du hast unsere glückliche Familie kaputtgemacht. Ich werde dir mein ganzes Geld geben, wenn du das Ding nicht unterschreibst. Du kannst eher den Fernseher verkaufen als das Ding unterschreiben. Du hast überhaupt alles kaputtgemacht. Ich will diesen Mann da nicht wiedersehen; ich hasse ihn." Ungefähr eine Stunde lang attackierte sie mich verbal und physisch, bis Tonys Tochter Marilyn kam. Sie schlich in ihr Bett und kam nicht wieder zum Vorschein. Ich ging zu ihr und gab ihr, als sie schlief, einen Kuß.

Michael hatte auch wieder einen Ausbruch – er steckt bis obenhin voll Wut. Die gestrige Situation wiederholte sich, diesmal wollte er seinen Teller mit Bohnen ins Fernsehzimmer mitnehmen, und ich sagte: „Nein, denn wenn was runterfällt, wird der Teppich schmutzig." Auch er griff mich an und warf mit Gegenständen nach mir – Filzstiften. Er aß keine Bohnen und schmollte für eine Weile, ging dann aber fröhlich zu Bett.

Montag, 16.

Marissa kam zu mir in die Küche und sagte: „Wegen Dir habe ich jetzt Bauchweh." Ich sagte nur: „Oh." Sie ging hinaus, um noch an ihren Hausaufgaben zu arbeiten, und holte dann ihr Frühstück – normalerweise hätte sie gerufen: „Mama! Bring mir mein Frühstück!", und ich hätte gehorcht. Ich ging hinaus, um Petersilie und Schnittlauch für ihren Kochunterricht zu holen und packte ein Ei in Küchenpapier. Sie nahm es und steckte es in einen Behälter. Kein Dankeschön. Sie bat Tony, sie zur Schule zu bringen, da sie spät dran war – normalerweise wäre ich es gewesen! Ich sagte: „Bekomme ich keinen Kuß?", und sie ging an mir vorbei, kam aber ein paar Minuten später wieder zurück, gab mir einen Kuß und bekam einen von mir.

Ich antwortete sogleich wie folgt auf diese Notizen:

Liebe Carolyn, lieber Tony,
vielen Dank für die Notizen über Ihren Fortschritt. Wer hätte gedacht, daß Sie so schnell so weit vorankommen? Für ihre Hausaufgabenexistenz findet Marissa keine Unterstützung mehr, und ich glaube, Sie können damit rechnen, daß deren Einfluß nachläßt. Erst wenn das der Fall ist, wird sie in der Lage sein, Freunde zu finden, die nicht der Idee der Perfektion unterliegen. Carolyn, in Ihrem Brief haben Sie genau beschrieben, wie Sie dazu gebracht wurden, andere Menschen zu bedienen. Ich hoffe, in den nächsten ein bis zwei Wochen überprüfen Sie noch einmal die Idee, Sie hätten nur für andere da zu sein, und denken einmal über die Idee nach, Sie könnten mehr für sich tun. Ihr Leben bestand bisher nur aus Geben; ist es nicht an der Zeit, daß Sie einmal auch nehmen, was andere Ihnen zurückgeben?

Ich möchte Sie beide für Ihren Mut loben, in Ihrem Leben und in Ihrer Familie eine Revolution angezettelt zu haben. Nein, es wird sicher nicht leicht werden, und doch wird es leichter sein, als Sie glauben. Ich kann Ihnen auch versichern, daß Ihre Kinder unter dem neuen Regime viel glücklicher sein werden.

Wir bleiben in Kontakt.

Viele Grüße,

D. E.

Weitere Protokolle von Lösungsgesprächen erreichten uns zusammen mit Carolyns Unabhängigkeitserklärung:

Montag, 16.
Heute abend arbeitet Marissa allein an ihren Hausaufgaben. Sie hat sich ins Wohnzimmer gesetzt – nicht vor den Fernseher wie sonst.

Sie bat Tony, ihr Tinte zu besorgen. Ich hatte schon vorher zu Tony gesagt, daß ich es für besser hielte, wenn sie Tinte, Pappe, Leim usw. aus ihrer eigenen Tasche bezahlten würde. Tony sagte: „Um diese Zeit kriegst du mich nicht in die Läden." Es war 18 Uhr, und er war gerade erst nach Hause gekommen. „Wie teuer ist denn die Tinte?" Sie sagte: „Zwei Dollar." – „Wie lange hält sie?" – „Sechs Monate", antwortete sie, fügte nach kurzer Überlegung aber hinzu: „Vier Monate." In Wirklichkeit hat sie seit Anfang Februar eine ganze Flasche verbraucht. Sie gab ihre Bitte auf.

Marissa arbeitet allein an ihren Hausaufgaben; sie hat den ganzen Abend seit 17 Uhr daran gesessen – jetzt ist es 20 Uhr. Es dauerte bis 22 Uhr.

Wir sprachen darüber, wie es wäre, wenn die ganze Familie übers Wochenende wegführe und ob wir Marissa von unseren Plänen vorab in

Kenntnis setzen sollten, so daß sie ihre Hausaufgaben während dieser Zeit machen konnte. Ich hielt es nur für fair, wenn man es ihr vorher sagen würde, aber Tony war damit nicht einverstanden. Er sagte, es passe zu sehr zu einer Hausaufgabenexistenz.

Mittwoch, 18.

Gestern stand sie schon um 7 Uhr auf, um ihre Hausaufgaben zu erledigen, machte sich das Frühstück und ging zur Schule. Tony kaufte Tinte und eine Zeitschrift, die sie für ihr Projekt brauchte. Als Tony nach Hause kam, dankte Marissa ihm zweimal. Ich fuhr sie nach der Schule zu ihrer Theater-AG. Als ich sie wieder abholte, erzählte sie mir, alle seien traurig, wenn die AG zu Ende ginge und daß es ihr wirklich Spaß gemacht habe.

Sie machte von 18 bis 22 Uhr Hausaufgaben. Tony war fast den ganzen Abend freiwillig im selben Zimmer.

Marissa zeigte Tony die Notiz von der Lehrerin, die ihr geschrieben hatte: „Mache das nicht als Hausaufgabe. Du scheinst mir derzeit überlastet."

Ich habe heute morgen einen Fehler gemacht: Gestern abend bat sie mich, sie früh zu wecken, und ich habe sie um 7 Uhr geweckt und gesagt: „Ich habe keine Zeit mehr fürs Frühstück."

Sollten wir uns einen Wecker zulegen? Tony sagte: „Nein, sie muß lernen, früh genug ins Bett zu gehen, wenn sie früh aufstehen will." Er wird heute mit Marissa darüber reden.

Donnerstag, 19.

Heute hat Marissa ihre Hausaufgaben vor dem Fernseher gemacht. Michael war auch dort und rutschte auf der Couch herum, was zu einem Streit führte. Ich schritt ein und sagte Marissa, sie dürfe ihre Hausaufgaben nicht vor dem Fernseher machen. Sie nahm ihre Arbeit mit auf die Veranda und setzte sich auf Michaels Bett. Am späten Abend wollte Carolyn einige Notizen aus ihrem Schreibtisch holen und stellte fest, daß sie verschwunden waren. Sie meinte sofort, Marissa müsse sie genommen haben. Marissa gab es zu und behauptete, sie habe sie verbrannt, obwohl es nicht stimmte. Sie sagte: „Du kriegst sie nicht mehr." Sie mußte ihre Hausaufgaben mit auf ihr Zimmer nehmen, da Michael zu Bett gehen wollte. Da nahm ich ihre Schulsachen weg und sagte: „Wenn du die Notizen zurückgibst, kannst du deine Schulsachen wiederhaben." Dann sagte sie: „Mir sind die Hausaufgaben egal, du kriegst deine Notizen nicht." Ich wurde wütend und schlug sie. Als ich allerdings darüber nachdachte, kam ich zu dem Schluß, daß ich ihr noch die Chance hätte lassen sollen, darüber nachzudenken. Auf jeden Fall tauchten die Notizen sehr bald vor ihrer Tür auf. Ich gab ihr die Schulsachen zurück. Danach löschte sie das Licht und ging zu Bett. Carolyn hatte dann ein gutes Gespräch mit ihr, und Marissa nahm sie in den Arm.

Unabhängigkeitserklärung

Carolyn fügte auch ihre Unabhängigkeitserklärung bei, die auf den 6. des nächsten Monats datiert war:

Wenn man ein Problem lösen muß, ist es notwendig, die Gründe zu erklären, die einen zum Handeln gezwungen haben.

Alle Menschen sind vor dem Gesetz gleich und haben ein Recht auf Leben, persönliche Freiheit und körperliche Unversehrtheit. Wann immer diese Rechte mißachtet werden, hat jeder das Recht, die Mißbräuche zu ändern oder abzuschaffen und ein Regime einzuführen, das die Sicherheit und das Glück der Betroffenen gewährleistet.

Ist es aber zu einer langen Reihe von Verletzungen gekommen, ist es mein Recht und meine Pflicht, dem entgegenzuwirken und ein neues Gleichgewicht herzustellen. Ich habe bislang die Befehle meiner Tochter geduldig befolgt, dann aber beschlossen, einen Familientherapeuten aufzusuchen, damit sich die Situation ändert.

Zur Untermauerung dieses Tatbestandes seien folgende Fakten angeführt: Ich hatte für mich selbst nur sehr wenig Zeit, da ich Marissa ständig zur Verfügung stehen mußte, um ihr bei den Hausaufgaben zu helfen. Ich mußte ihr Essen und Trinken bringen, wann immer sie es verlangte, so daß sie ihre Arbeit an den Hausaufgaben nicht zu unterbrechen brauchte. Ich mußte Unmengen Papier kaufen, denn da sie ständig nach Perfektion strebte und daher ihre Arbeit immer wieder neu schreiben mußte, brauchte sie davon ganze Stapel. Ich mußte die Verantwortung dafür übernehmen, daß sie ihre Arbeiten termingerecht für die Benotung fertigstellte. Ich mußte Bücher aufheben, die von der Stuhllehne gefallen waren. Ich half Marissa stundenlang bei Projekten, um ihr Höchstleistungen zu ermöglichen. Nach der Schule fuhr ich zu drei verschiedenen Büchereien, um das richtige Buch zum Thema zu finden. Wenn ich mit Marissa ausging, fühlte ich mich verkrampft und unwohl, da sie nicht in der Lage war, ihren Spaß zu haben, sich vielmehr darüber beschwerte, daß sie sich langweilte und früher als ich nach Hause wollte, um ihre Hausaufgaben zu machen. Ich mußte bis spät abends aufbleiben, um ihr bei den Hausaufgaben zu helfen und sie früh morgens aufwecken, um sie zu trösten. Denn wenn sie ihre Aufgaben nicht gemacht hatte, weinte sie. Wenn ich unpäßlich war, wurde mir gesagt, ich habe Selbstmitleid. Ich mußte zusehen, wie sie ihren Bruder angriff und tyrannisierte, wenn er zufällig mal auf ein Heft trat oder an dem Stuhl wackelte, auf dem sie saß. Ich konnte ihr ständiges Mäkeln über das Essen kaum ertragen: „Diese Sandwiches esse ich nicht. In der Tüte, in die du sie reingesteckt hast, sind Krumen." Ich mußte mir ständig Ermahnungen anhören, die mit „Mama" anfingen. Ich mußte mich damit abfinden, daß beinahe jede meiner Bitten an sie mit einem glatten „Nein" beantwortet wurde. Ich mußte ständig Marissas Grobheiten ertragen, wenn ich zu lange brauchte, um ihren Forderungen nachzukommen. Klopfte ich zum Beispiel an die Haustür, obwohl die Hintertür offenstand, wurde mir mit säuerlichem Gesicht bedeutet: „Noch einmal, und den Schlüssel da hinten kannst du selber holen." Ich mußte ihr immer wieder Zuneigung beweisen, vor allem um sie nach ihren Wutanfällen zu trösten. Ich mußte es über mich ergehen lassen, daß sie mich in meiner Unterhaltung mit Freunden ständig korrigierte.

Daher erkläre ich hiermit, daß ich ein Recht auf meine Unabhängigkeit, auf meine Sicherheit und auf mein Glück habe, daß ich mir vorgenommen habe, mehr für mich selbst zu tun, statt anderen zu dienen, und daß ich dadurch Marissa vom Fluch der Perfektionsidee befreien will.

Carolyn Storey

Einen Monat später trafen wir uns wie vereinbart wieder. Marissa kam mit ihrer Familie. Sie trug eine Sonnenbrille und war entschlossen, nicht mit mir zu reden. Carolyn und Tony jedoch sprachen erregt über die Ereignisse, die sich seit unserem ersten Treffen zugetragen hatten. Hier einige Auszüge aus der Niederschrift dieser Begegnung:

D. E.: Was ist mit Ihnen, Tony? Wie fanden Sie die Revolution? Sie hat nicht lange gedauert, oder? Der alte Lebensstil war innerhalb von zwei Tagen umgestoßen. Wie war das für Sie?

Tony: Ach, eigentlich genauso wie für Carolyn. Ein paarmal bin ich wütend geworden, ja, richtig wütend, aber nach ein paar Tagen ging es wieder vorbei, und alles wurde anders.

D. E.: Können Sie das so beschreiben, daß es auch für andere verständlich wird?

Tony: Ich war ziemlich frustriert, weil (unhörbar) ... sie sich schon ziemlich veränderte.

D. E.: Können Sie mir sagen, wie sie sich veränderte? Wir möchten gerne anderen Vätern in ähnlicher Lage helfen, dieselben Veränderungen wahr-

zunehmen. Welche Veränderung haben Sie wahrgenommen? Bezogen sie sich mehr auf ihr Verhalten oder auf ihr Aussehen?

Tony: Na ja, ich glaube, neuerdings sieht sie besser aus und ist weniger aggressiv und akzeptiert die Dinge. Wenn man sie z.B. um etwas bittet, nimmt sie es eher an. Ganz allgemein haben sich ihre Einstellung und ihr Verhalten sehr gebessert.

D. E.: Tony, was hat sich für Carolyn und Sie geändert, nachdem Sie nun nicht mehr so sehr mit Marissas Hausaufgaben und all dem dazugehörigen Drum und Dran beschäftigt sind?

Tony: Unsere Beziehung ist besser.

D. E.: Sie muß sehr angespannt gewesen sein…

Carolyn: Es brachte Tony und mich gegeneinander auf, weil ich dachte, er mischt sich ein, wenn er nur versuchte, mich davon abzuhalten, hineingezogen zu werden.

Tony: Ja, es endete immer damit, daß wir Streit bekamen.

D. E.: Es sieht so aus, als schoben sich die Hausaufgaben zwischen die Eltern. Und das ist bei Ihnen nicht mehr der Fall?

Carolyn: Tony bittet mich immer noch um alles mögliche, so z.B. ob ich nicht dieses oder jenes Programm im Fernsehen ansehen möchte.

D. E.: Also versuchen Sie, Carolyn ein wenig in Ihr Leben zu ziehen?

Carolyn: Ich bin es nicht gewohnt, daher komme ich ein wenig ins Schleudern… In den letzten Monaten hatte ich nie Zeit, Tony zuzuhören. Ich war einfach todmüde.

D. E.: Finden Sie, daß Sie und Carolyn, nachdem Sie durch diese ganze Geschichte auseinandergeraten sind, ein wenig enger zusammenrücken?

Tony: Ja, wir sind viel entspannter. Jedenfalls meine ich das. Was denkst du?

Carolyn: Ja, viel mehr….

D. E.: Sagen Sie mir bitte noch, ob das Verfassen Ihrer Unabhängigkeitserklärung ein wichtiger Beitrag zu Ihrem Erfolg war?

Carolyn: Ich habe den Eindruck, daß mehr das Lesen als die Niederschrift selbst geholfen hat. Sie gab mir viel Anlaß zum Nachdenken und war daher sicher ein wichtiger Beitrag. Ich weiß nicht, ob ich sie so gut geschrieben habe, aber ich glaube, es hat mir gutgetan, all diese Dinge aufzuschreiben, all die Gründe, warum wir zunächst einmal zu Ihnen kamen, einfach um mir all diese Sachen noch einmal ins Gedächtnis zu rufen.

Carolyn und Tony schenkten uns gutgelaunt einen Artikel mit der Überschrift „Bitte, mein Herr … ich habe mein Bestes getan“, von

Dorothy Coup, den sie im New Zealand Herald entdeckt hatten. Die Autorin schreibt:

„Später kommen dann die (Schul-)Projekte. Wie wir Eltern sie lieben, diese Projekte – wir fahren die Kinder in die Leihbücherei und wälzen dort Enzyklopädien auf der Suche nach Informationen und passenden Bildern. ‚Wie sind sie mit dem letzten Projekt Ihres Sohnes zurechtgekommen?' lautet die übliche Frage, wenn sich Freunde treffen, die Kinder in derselben Klasse haben. ‚Oh, ich habe eine Eins bekommen.' – ‚Na prima. Wir haben nur eine Zwei plus bekommen, aber ich hatte in jener Woche auch viele Termine.' – ‚Ach, ich habe Karl veranlaßt, sein Projekt um eine Woche verlängern zu lassen, weil ich die Grippe hatte." Nur ausgesprochen vernachlässigende Eltern könnten auf den Gedanken kommen, ihre Kinder mit einem Projekt alleinzulassen."

Die beiden waren der Meinung, das obige könnte für andere Eltern von Nutzen sein, und das war auch der Fall.

Einen Monat später meldete ich mich noch einmal bei ihnen und erfuhr, daß es Marissa nichts mehr ausmachte, wenn sie etwas nicht so gut lernte, wiederholte oder durchstrich. Zwischen ihrem Bruder und ihr hatte es keine Schwierigkeiten mehr gegeben. Carolyn fiel es schwer, ihren Augen zu trauen, sie bedauerte aber inzwischen, nicht früher aktiv geworden zu sein. Marissa hatte aufgehört, sich darüber zu beschweren, daß sie „das Ding" unterschrieben hatte, und Carolyn konnte sich nicht mehr erinnern, wann sie es das letzte Mal getan hatte. Die Ehe hatte sich verbessert, und die Familie war nun in der Lage, gemeinsam auszugehen, hatte dies im letzten Monat auch schon zweimal getan.

Einige Wochen später erklärte sich Carolyn nach einigem Hin und Her bereit, der Familie Jones als Beraterin zu dienen. Carolyn verabredete sich mit Frau Jones und berichtete ihr über ihre Familienrevolution.

Neun Monate später faßte Carolyn wie folgt zusammen:

Man kann sich kaum noch daran erinnern, wie Marissa war ... wie schrecklich alles war. Es ist unglaublich, wie anders jetzt alles ist. Sie macht ihre Hausaufgaben immer noch, aber es macht ihr nichts aus, wenn sie damit nicht fertig wird; während ich sie vorher nicht vor 23 Uhr ins Bett bekam, und sie schon um 7 Uhr weinend aufwachte. Sie regt sich darüber nicht mehr auf. Sie und ihr Bruder sind inzwischen gute Freunde. Sie verbringen viel Zeit miteinander und unterhalten sich gemeinsam. Es ist ihnen gut bekommen, daß ich etwas wegen Marissa unternommen und sie zu Ihnen mitgenommen habe. Ihre Freundschaft entwickelte sich allmählich. Vorher hat Marissa mich und ihren Bruder gehaßt und mich verantwortlich gemacht, wenn sie ihre Aufgaben nicht rechtzeitig schaffte. Ihr Bruder bekam es immer zu spüren. Dann wandte sie ihren Ärger gegen ihren Vater, aber das hat sich inzwischen gelegt. Sie kann jetzt etwas akzeptieren, ohne mich zu verfluchen … Ich mußte meiner selbst sicherer werden. Sie ist ganz anders. Sie ist gelassener und geht mehr aus sich heraus. Sie hat neue Freunde, bleibt über Nacht weg und hat an einer Schulfreizeit teilgenommen. Das hätte sie vorher nicht gemacht, weil sie sich wegen des anderen Essens gesorgt hätte. Sie war wie besessen von dem Gedanken, daß ich immer bei ihr sein mußte. Sie holt alles nach, was sie in den letzten Jahren versäumt hat. Sie wird normal und menschlich. Sie ist sicher glücklicher; vorher war sie sorgenvoll, weinte viel, bekam Wutanfälle und war erschöpft. Sie ist nicht mehr so kritisch mit sich selbst und anderen – nichts hatte ihr je gepaßt. Sie hat aufgehört, sich stundenlang im Bad zu waschen und Füße und Schuhe zu reinigen. Das hat einfach aufgehört. Mir geht es wunderbar. In den ersten Tagen war es hart. Aber schon bald schien alles so viel leichter. Seither bin ich in der Lage, andere Probleme in meinem Leben anzupacken. Es war ein befreiendes Jahr. Ich habe mich hinter dem Problem mit Marissa versteckt. Ich hatte Angst auszugehen, weil sie angefangen hatte, mich in aller Öffentlichkeit zu treten, wenn sie nach Hause gehen wollte. Heute ist es das Gegenteil – sie will noch bleiben. Die Beziehung zwischen Tony und mir hat sich verbessert. Wir haben uns immer gegenseitig für Marissas Problem verantwortlich gemacht. Ich öffne mich Freunden, während ich mich vorher vor ihnen verkrochen habe.

Carolyn nahm Kontakt mit der Schule auf. So konnte sie es auch miterleben, als Marissas Schule am Ende des Schuljahres Auszeichnungen verteilte. Marissa wurde auf die Bühne gerufen und erhielt einen besonderen Preis für ihre „unaufdringliche Teilnahme an Klassenaktivitäten und ihre Fürsorge für andere.“ Marissa nahm ihre Auszeichnung bescheiden in Empfang.

5. Gegendokumente

Die zunehmende Bedeutung des modernen Dokuments spiegelt sich in der Tatsache wieder, daß man sich bei einer Vielzahl von Entscheidungen, die die Bewertung von Personen betreffen, zunehmend darauf verläßt. Bei Stellenbewerbungen zum Beispiel ist es Usus, vor dem Gespräch mit dem Bewerber dessen Dokumente zu überprüfen. Unter Umständen fällt hier die Entscheidung über den Wert eines Bewerbers nicht bei einem Zusammenkommen von Personen, sondern von Dokumenten. Kurzum, Dokumente beeinflussen das Leben vieler Personen. Sie können diesen sogar vorauseilen und sie von vielen Situationen ausschließen.

In Beruf und Wissenschaft kann ein Dokument verschiedenen Zwecken dienen, nicht zuletzt dem der Darstellung des „Selbst" des Betroffenen wie auch seines Autors. Die meisten beruflichen Dokumente beziehen sich auf eine Person, die sich einer Beurteilung unterzieht oder ihr unterzogen wurde. Der Autor eines Dokuments ist gewöhnlich ein Experte. Diese Person verfügt in der Regel über eine Auswahl beschreibender Begriffe, die innerhalb des betreffenden Fachgebietes Zeugnis von Expertenwissen geben. Diese Begriffe „spezifizieren den Gegenstand" des Dokuments.

Solchen Dokumenten kommt eine Existenz unabhängig von ihrem Verfasser und ihrem Gegenstand zu. In einer Untersuchung der „Aktensprache" im Bereich der Psychiatrie, stellt Hare (1985) bezugnehmend auf die Art, in der ein psychiatrisches Dokument – besser eine Akte – ein eigenes Leben besitzt, fest: „Eine Akte besitzt eine Existenz und eine Flugbahn durch die soziale Welt, welche sie bald weit außerhalb des Zugriffs des durch sie betroffenen Subjektes führt."

Das Leben einer Akte schreitet durch den Prozeß des (immer wieder erneuten) Umschreibens voran, und in diesem Prozeß wird die Erfahrung des Patienten dem Bereich des Expertenwissens einverleibt. Die Sprache des Patienten wird in eine „offizielle Sprache" übersetzt, alltägliche Beschreibungen von Problemen werden zu korrekten Diagnosen – von „fühle mich schlecht" gelangt man zu „zeigt geringen Affekt" . Schließlich ist die ursprüngliche Erfahrung des Patienten, die in dessen Worten vermittelt wurde, nicht mehr erkenntlich. Bei der Betrachtung nur zweier Schritte eines solchen Übersetzungsprozesses, sich darstellend in der Korrespondenz zweier Gutachter, gelangt Hare zu der Beobachtung: „Die beiden Übersetzungsprozesse, eingefügt in die Flugbahn der Akte, führten zu einer Art von Auflösung, in welcher sich die Bedeutung der Klage im wesentlichen verlor. Kehrte man dann nach den zwei Übersetzungen wieder zur Sprache des Patienten zurück, war es oft schwierig, Spuren der ursprünglichen Klage wiederzufinden."

Neben der Neubeschreibung und Darstellung des „Selbst" seines Gegenstandes, kommt dem modernen Dokument eine weitere Funktion zu, die in einer größeren Anzahl von Fällen ebenfalls bedeutsam ist. Dies ist die Darstellung des „Selbst" des Autors. Dokumente werden in einer Fachsprache verfaßt , und diese Fachsprache dient dazu, dem Leser „einen gewissen Eindruck vom Charakter und den moralischen Qualitäten des Schreibers in einer gegebenen Situation" (Hare 1985) zu vermitteln. Solche Dokumente dienen dazu auch der Beurkundung der Wertvorstellungen des Autors, so wie sich diese in seinem speziellen Kompetenzbereich entwickelt haben . Dergestalt formen solche Dokumente das Leben des Autors ebenso wie das des Subjekts.

In wissenschaftlichen Disziplinen beeinflußt eine Fachsprache die Wertvorstellung des Autors in dem Sinne, als sie den Eindruck erwecken kann, diesem eigne eine objektive und distanzierte Sicht der Dinge. Die Demonstration angemessener Vertrautheit mit den wichtigsten Fachbegriffen, zum Beispiel mit den gängigen psychiatrischen Etiketten, und der sich darin bezeugende diagnostische Scharfsinn, verhelfen dem Autor zu wissenschaftlicher und moralischer Wertschätzung in der Gemeinde seiner Fachkollegen.

Die Psychiatrie ist jedoch nicht die einzige Disziplin, welche die Akte für die Neubeschreibung von Personen und die Darstellung des moralischen Wertes des Verfassers benutzt. Jede Disziplin hat das Bedürfnis nach Selbstdarstellung und gemäß Foucault (1979) wurde der Aufstieg und spektakuläre Erfolg aller Wissenschaftsdisziplinen erst durch eben jene Praktiken der Bewertung (normalisierende

Beurteilung) und Dokumentation ermöglicht, welche die Unterwerfung von Personen implizieren.

Als er die Geschichte der Zuschreibung einer problematischen Identität an Personen und die Ausgrenzung solcher Personen von der Normalbevölkerung untersuchte, unterschied Foucault auch „Separierungspraktiken" oder „Ausschlußpraktiken" (1965, 1973). Im Licht seiner Analyse läßt sich nunmehr der bedeutsame Anteil erkennen, welcher Dokumenten in modernen „Ausgrenzungsritualen" [22] zukommt.

Freilich finden sich nicht alle kulturellen Praktiken, die eine Dokumentation der Neubeschreibung von Personen beinhalten, im Bereich der Wissenschaften , und nicht jede dieser Praktiken marginalisiert Personen durch die Darstellung eines Bildes von deren „gestörter Identität" . Es gibt auch Praktiken, die mehr im Bereich des alternativen volkstümlichen Wissens beheimatet sind. Diese eignen sich dazu, Personen in einer Art neu zu beschreiben und festzulegen, welche ihre besonderen Kenntnisse und Fähigkeiten sowie ihren Platz in der größeren Gemeinschaft von Menschen betont. Die Verleihung von Auszeichnungen ist dafür ein Beispiel.

Verfahren, die mit solchen alternativen Dokumenten verbunden sind, unterscheiden sich von denen, die mit Akten zu tun haben. Während die Akte nur einer engen Leserschaft professioneller Experten zugedacht ist, ist die Information, die sich auf eine Auszeichnungsverleihung bezieht, einer breiteren Gemeinde zugänglich. Während der Akte eine bedeutsame, wenn nicht zentrale Rolle in Ritualen des Ausschlusses zukommt, werden Auszeichnungsverleihungen weit eher mit Ritualen des Einschlusses assoziiert – (vgl. Blaim-Törner 1982) Auszeichnungen jeglicher Art wie Trophäen oder Urkunden lassen sich als Beispiele von alternativen Dokumenten ansehen.[23]

Solche Auszeichnungen signalisieren oftmals, daß eine Person einen neuen Status in der Gemeinschaft erreicht hat, einen Status, der neue Verantwortlichkeiten und Privilegien mit sich bringt. Insofern eignen sich diese alternativen Dokumente dazu, eine weite Leserschaft zu vereinigen und eine Zuhörerschaft für die Vorstellung neuer Geschichten zu rekrutieren. Sie lassen sich, wie Meyerhoff (1982) es nennt, zu den Definitionszeremonien zählen.

„Solche Verfahren habe ich ‚Definitionszeremonien' genannt, sie verstehen sich als kollektive Selbstdefinition und dienen dem hauptsächlichen Zweck, eine Interpretation zu verkünden, die der Zuhörerschaft anderenfalls nicht zugänglich wäre."

Die Einbeziehung einer weiten Leserschaft und die Rekrutierung eines Publikums tragen nicht allein zum Überleben und zur Festigung neuer Bedeutungen, sondern auch zur Überarbeitung der bereits vorhandenen Bedeutungen bei.

Weiterhin gibt es Dokumente die von eben jener Person verfaßt sind, die zugleich ihr Gegenstand ist. In diesen Dokumenten spielt das Subjekt eine zentrale Rolle, insofern es dazu beiträgt, das eigene Selbst zu spezifizieren. Indem es dies tut, wird es sich seines Anteils an der Konstituierung seines eigenen Lebens bewußt. Dies kann ein tiefes Gefühl für persönliche Verantwortung nach sich ziehen und kann Verständnis der eigenen Fähigkeit, zur Formung des eigenen Lebens und der eigenen Beziehungen beitragen. In ähnlicher Weise beobachtet Meyerhoff die selbstdarstellenden und selbstkonstituierenden Aktivitäten einer alternden jüdischen Gemeinde in Venice, Los Angeles:

„Sie übernehmen die Verantwortung für die Erfindung ihres Selbst und doch behaupten sie ihren Sinn für Authentizität und Integrität. Solche Menschen besitzen Einfluß auf ihre Ausstrahlung – in ihren eigenen Augen und bis zu einem gewissen Ausmaß auch in den Augen eines jeden, der sie beobachtet. Manchmal ist solch eine Ausstrahlung der einzige Teil ihres Lebens, über den sie Kontrolle auszuüben vermögen. Aber dies ist keine Kleinigkeit. Sie kann dazu führen, daß sie ihren persönlichen Einfluß erkennen und kann so zur Quelle von Vergnügen und von Einsichten in die Arbeitsweise ihres Bewußtseins werden."

Im folgenden Abschnitt stellen wir verschiedene Dokumente vor, welche die neue Geschichte feiern. Als Beispiele präsentieren wir Muster von Auszeichnungen, die wir gemeinsam mit den Betroffenen konstruiert haben. Der Leser wird dabei eine fortschreitende Entwicklung feststellen: Die späteren Auszeichnungen laden ausdrücklich zu neuen, für den Empfänger günstigen Bedeutungsgebungen ein. Oftmals haben die Empfänger der Auszeichnungen sich voller Enthusiasmus neue Zuhörerschaften erschlossen, auf die in der Therapie ursprünglich kein Bezug genommen worden war. Beispielsweise gab es Kinder, die ihre Urkunden über ihre Angstbändigung in die Schule mitnahmen und sie dort anderen Kindern zeigten, die entweder Unterstützung suchten oder selbst schon Mitglieder in der „Gesellschaft von Angstbändigern und Monsterzähmern" waren.

Urkunde Monsterzähmung und Angstbändigung

Hiermit wird bescheinigt, daß

....

sich einem vollständigen Trainingsprogramm im Zähmen von Monstern und Bändigen von Angst unterzogen hat, jetzt ein vollqualifizierter Monsterzähmer und Angstbändiger ist und fähig ist, anderen Kindern Hilfe anzubieten, die von Ängsten geplagt sind.

Ausgestellt am: .... 19..

Unterzeichnet: ....

Michael White

Präsident
Gesellschaft für
Monsterbändigung und Angstbewältigung
Australien

Urkunde
Sieg über den heimtückischen Näßling

Diese Urkunde wird

....

gewährt in Anerkennung seines Erfolges, den heimtückischen Näßling an den ihm gebührenden Platz verwiesen zu haben.

.... hat das Blatt gewendet gegen den heimtückischen Näßling. Der heimtückische Näßling hat nichts mehr zu bekennen. Jetzt geht .... auf den heimtückischen Näßling los.

Statt sich vom heimtückischen Näßling ertränken zu lassen, badet er jetzt im Ruhm.

Überreicht am: .... 19..

gezeichnet: ....

Michael White

Urkunde

Befreiung vom Griff des hinterhältigen Dreckmacherchens

Diese Urkunde wird .... dafürzuerkannt, daß er sein Leben vom Griff des hinterhältigen Dreckmacherchens befreit hat. Jetzt befindet sich das hinterhältige Dreckmacherchen im Griff von ...., und er kann das hinterhältige Dreckmacherchen dahin stecken, wo es hingehört.

Das hinterhältige Dreckmacherchen hat das Leben von .... versaut. Jetzt kann das hinterhältige Dreckmacherchen ihm nicht mehr das Leben schwer machen, es kann ihn nicht länger austricksen. Jedermann, der wissen möchte, wie es .... gelang, sein Leben aus dem Griff des hinterhältigen Dreckmacherchens zu befeien, kann ihm Fragen dazu stellen.

Herzlichen Glückwunsch an .... !

Ausgestellt am: ....

gezeichnet: ....

Michael White

Urkunde zur Konzentration

Diese Urkunde wird .... dafür zuerkannt, daß er die Aufsicht über seine Konzentration übernommen und diese gestärkt hat. Indem er dies erreichte, konnte er feststellen, daß er sich selber besser verstehen lernte.

.... arbeitete so gut bei der Stärkung seiner Konzentration, daß er sogar selbst überrascht davon war. Wenn andere Leute ebenfalls darüber überrascht sind, wieviel .... jetzt für sich tun kann, dann wird ihnen das Lesen dieser Urkunde dabei helfen zu verstehen, was geschehen ist.

Zuerkannt am: .... 19..

Unterzeichnet: ....

Michael White

Urkunde Beherrschung von Wutanfällen

Diese Urkunde soll jedem bekanntgeben, daß .... sich von seinen Wutanfällen frei gemacht hat. Diese Wutanfälle haben sich wirklich hochgespielt und haben ihm und anderen Leuten eine Menge Mühe verursacht. .... wird gerne anderen Menschen darüber berichten, wie er seinen Wutanfällen eine äußerst wichtige Lektion verpaßt hat. Jetzt wissen die Wutanfälle, daß er es sich nicht gefallen läßt, wenn sie ihm oder jemand anderem auf die Nerven gehen.

Ein dreifaches Hoch auf ....!

Überreicht am: .... 19..

Unterzeichnet: ....

Michael White ....

Urkunde
Befreiung von Trübsal

Diese Urkunde wird

....

zuerkannt in Anerkennung ihres Erfolges darin, der Trübsal den Rücken zuzudrehen und diese sich selbst zu überlassen. Sie hat die Trübsal aus ihrer Gesellschaft entfernt, im vollen Bewußtsein, daß der Jammer Gesellschaft liebt und von Gesellschaft lebt. Diese Urkunde dient dazu, ... und andere daran zu erinnern, daß sie zu jenen Personen gehört, die sich besser für die Lebensfreude als für die Trübsal eignen.

Zuerkannt am : .... 19..

Unterzeichnet: ....

Unterzeichnet: ....
Michael White

Urkunde
Befreiung von Schuld

Diese Urkunde wird .... zuerkannt in Anerkennung ihres Sieges über die Schuld.

Nun, da die Schuld nicht mehr eine solche Vormachtstellung in ihrem Leben hat, ist sie in der Lage, sich in ihrem eigenen Leben selbst eine Vormachtstellung einzuräumen. Jetzt, da sie nicht mehr im Griff der Schuld steht, ist sie frei, eine Person in eigenem Recht zu sein.

Diese Urkunde soll dazu dienen, ... und andere daran zu erinnern, daß sie sich von der Position einer Überverantwortlichkeit für das Leben anderer zurückgezogen hat und daß sie nicht mehr länger für Einladungen anderer empfänglich ist, sich für diese zuständig zu fühlen und das eigene Leben beiseite zu stellen.

Ausgestellt am: .... 19..

Gezeichnet: ....
....

Gezeichnet: ....
Michael White

Urkunde
Sieg über schlechte Gewohnheiten

Diese Urkunde wurde .... zuerkannt, weil er so erfolgreich die schlechten Gewohnheiten daran gehindert hat, ihn herumzuschubsen.

Da er nun soviel über den erfolgreichen Kampf gegen schlechte Gewohnheiten weiß, kann jedes Kind .... um Hilfe bitten, um schlechte Gewohnheiten loszuwerden.

Jedes Mal, wenn .... diese Urkunde liest, darf er stolz auf sich sein. Jedes Mal, wenn andere Menschen diese Urkunde lesen, werden sie erkennen, wie erfolgreich er war.

Glückwünsche für ....!

Überreicht am: .... 19..

Unterzeichnet: ....

Michael White

Zeuge: ....

....

Diplom über ein Spezialwissen

Hiermit wird bekanntgegeben, daß .... im Jahre 19.. n. Chr. ihr spezielles Wissen über die Nöte ihres Kindes und die Erfordernisse ihrer wertvollen Zukunft entdeckte und schätzen lernte. Darüber hinaus wurde von all denen, die glücklich genug waren, als Zeugen dieser Großtat beizuwohnen, bestätigt, daß ihr Erfolg angesichts beträchtlicher Widrigkeiten außerordentliche Mühe gekostet hat.

Die Tatsache, daß .... zum Ratgeber für sich selbst geworden ist, verkündet den Beginn einer mehr akzeptierenden Beziehung zu sich selbst, in der sie ihre eigene Weisheit mehr schätzen kann.

Dieses Diplom wird verliehen in Anerkennung ihrer Leistung und um all jenen, die nicht Zeuge ihres Erfolges im Beanspruchen eines eigenen speziellen Wissens geworden sind, ein Verständnis für die Veränderungen zu ermöglichen, welche sich in der Familie .... beobachten lassen.

Dieses Diplom macht ebenfalls bekannt, daß .... darauf vorbereitet ist, Fragen von anderen entgegenzunehmen, und sich darauf freut, Fragen wie die folgenden zu beantworten:

> *„Es ist herzerfrischend zu sehen, wie Sie jetzt in der Lage sind, mehr von Ihrem eigenen Ratschlag anzunehmen. Wie kam es, daß Sie es geschafft haben, zu sich selbst zu finden?"*
>
> *„Wie haben Sie es geschafft, Ihrer inneren Stimme Vertrauen zu schenken und sich mehr darauf zu verlassen, als auf die anderer?"*
>
> *„Jetzt, da Sie die Gelegenheit haben, Ihre eigene Problemlösungskapazität im eigenen Leben zu praktizieren, welchen Unterschied macht dies in Bezug auf die Zukunft Ihrer Familie?"*

Dieses Diplom gilt vom ... ... 19..

gezeichnet: .... gezeichnet: ....

Michael White

Eine Unabhängigkeitserklärung

Der 14jährige Daniel entwickelte im Alter von 10 Jahren Asthma. Dieses wurde zunächst als Keuchen infolge von Anstrengung angesehen. Er wurde erstmals im September 1984 im Krankenhaus von Auckland vorgestellt, und damals wurde ein chronisches Asthma bronchiale diagnostiziert.[24] Er wurde für einen Monat ins Krankenhaus eingeliefert, und in der Folge auf der pädiatrischen Asthma-Abteilung behandelt. Im September 1986 wurde Daniel wegen eines akuten und lebensbedrohlichen Asthmaanfalles erneut eingewiesen. Wegen seiner trotz der besten Bemühungen seiner Eltern und des Hausarztes weiterbestehenden asthmatischen Erkrankungsneigung wurde er im April 1987 zur Familientherapie überwiesen. Er bekam die höchste Medikamentendosis, die bei seinem Alter noch für zulässig gehalten wurde. Es war zu befürchten, daß er angesichts seiner Instabilität einen weiteren lebensbedrohlichen Asthmaanfall bekommen könnte. Dies mußte auf alle Fälle verhindert werden.

Daniel sah viel jünger aus als es seinem Alter entsprach. Er fand es sonderbar, daß so viele direkte Fragen an ihn gestellt wurden. Er pflegte beim Antworten Beistand bei der Mutter oder dem Vater zu suchen. Als ich ihn fragte, wie er sich sein Asthma erklärte, schien er durch die Frage etwas verwirrt und mußte zugeben, daß er es nicht wußte. Auf die ergänzende Frage:„Wenn das Asthma zu 100 % beobachtet würde, wieviel davon würdest du dazu tun, und wieviel deine Eltern?“ wußte Daniel wiederum keine Antwort und überließ die Beantwortung seinen Eltern. Ich forderte ihn auf, solange nach einer Antwort zu suchen, bis er eine gefunden hatte. Das führte schließlich dazu, daß er seinen Kopf auf eine komische Art schüttelte. In diesem Moment lachten seine Eltern, weil sie die Antwort nur zu gut kannten: „Wir beobachten das Asthma zu 99 % und er beobachtet es zu einem Prozent.“ Dann fragte ich die Eltern, ob Daniel von seiner Art her eher vertrauensvoll, gutgläubig und ungekünstelt sei. Die Eltern bejahten dies.

In der Folge externalisierte ich Asthma als einen Gauner, der mit Verschlagenheit und List zu Werke ging. Dann fragte ich Daniel nach seinen Erfahrungen mit diesem Gauner. Dies mündete in Beschreibungen seiner selbst als jemand, der unaufmerksam und sorglos in einen Hinterhalt gelockt werden kann. Er engagierte sich sehr im Gespräch, als er das Ungerechte dieser Situation erkannte. Er erzählte, er wüßte, was zu tun sei. Er habe dafür Anweisungen von seiner älteren Schwester Tara (22 Jahre) bekommen, die ebenfalls an Asthma gelitten habe. Ich deutete ihren Ratschlag als „Bewußtseinskontrolle" um. Dann ließen mich Daniels Eltern wissen, sie seien enttäuscht, weil er sich unfähig zeige, seine Medikamente regelmäßig einzunehmen und die Spitzenwerte (Peak-Flow-Werte) regelmäßig zu protokollieren.

Auf Befragen zeigte sich ein Zusammenhang zwischen der Zuverlässigkeit, mit der sie registriert wurden und seinem wachsenden Sich-Verlassen auf sie. Weil sein Leben auf dem Spiel stand, konnte man sich kaum etwaige Risiken erlauben. Der folgenden Brief enthüllt eine neue Beschreibung, worin der Notwendigkeit, das Asthma unter Kontrolle zu bringen, eine neue Bedeutung zukommt.

Liebe Jackie, lieber Arthur, lieber Daniel,
wir hatten den Eindruck, lieber Daniel, daß dein Asthma eine besonders niederträchtige und hinterhältige Art von Asthma ist. Im Gegensatz dazu kommst Du mir wie eine offene, natürliche, vertrauensvolle und gar nicht argwöhnische Person vor. Wenn Du krank bist, ergibst Du Dich dem Asthma, wie es natürlich ist, aber wenn es Dir gut geht, scheint Deine Wachsamkeit so nachzulassen, daß Dich das Asthma, wenn Du es bemerkst, schon überrumpelt hat. So bist Du in einen Hinterhalt geraten. Kein Wunder, daß Deine Mutter und Dein Vater soviel mit der Beobachtung des Asthmas zu schaffen hatten. Es ist fast so, Daniel, als ob Du erst in Erscheinung trittst, wenn die halbe Zeit verstrichen ist, und Du bereits 10 Punkte zurückliegst. Es ist daher nicht überraschend, daß es dann bereits zu spät für Dich ist, Deine Bewußtseinskontrolle einzusetzen, um mit „In-sich-selbst-Gehen, Hinsetzen, Entspannen" in die Offensive zu gehen. Arthur hat Dir das beigebracht, und es funktioniert, aber nur, wenn Du selbst für die Frühwarnung sorgst. Du hast Dich daran gewöhnt, Dich auf Deine Eltern zu verlassen. Aber sie müssen sich auch darauf verlassen können, daß Du ihnen eine Warnung mitteilst. Peak Flows sind Deine hauptsächlichste Informationsquelle.

Wir einigten uns auf folgenden Aktionsplan:
Anstatt das Asthma zu vergessen und zum normalen Tagesablauf überzugehen, wirst Du, Daniel, Deine Wachsamkeit und Schläue erhöhen. Die andere Möglichkeit wäre, das Asthma zu überreden, weniger hinterhältig zu sein, und mehr Respekt vor Deinem Älterwerden zu zeigen. Aber wir waren uns einig, daß dafür wenig Hoffnung besteht.

Dein Asthma spielt falsch. Und wenn Du Deine Abhängigkeit vom Prednison verringern willst, wirst Du lernen müssen, den Gauner durch eigene Gegentricks auszutricksen. Du erklärtest Dich bereit, Daniel, einen Spionage-Auftrag gegen das Asthma zu übernehmen, um etwas über dessen Methoden herauszufinden. Dies ist natürlich nur ein erster Schritt. Deiner Meinung nach ist der beste Weg, um das zu erreichen, folgender: Du nimmst 6 Peak Flows am Tag und trägst die Werte sorgfältig in ein geheimes Notizbuch ein, das Du versteckt bei Dir trägst. Die Aufzeichnungen am Kühlschrank sollten verschwinden. Falls Ihr, Jackie und Arthur, beunruhigt sein solltet, dürft Ihr Daniel bitten, sein Notizbuch kontrollieren zu lassen. Daniel, Du sollst alle Tricks notieren, die das Asthma anwendet, um Dich wieder zu überwältigen. Daniel, wenn Du es nicht schaffst, müssen Deine Eltern diese Aufgabe wieder übernehmen.

Dieses Experiment hat noch eine zweite Seite. Daniel, Du stimmtest zu, selbst die Verantwortung für die Einnahme der Medikamente zu übernehmen und nicht mehr durch Deine vertrauensvolle Art Deine Eltern einzuladen, es für Dich zu machen. Der Zweck dieses Experiments ist, Dich mehr über Deine Freunde (die Medikamente) lernen zu lassen, die selbstverständlich die Feinde des Asthmas sind.

Drittens, Du solltest mit Frau Dr. Asher einen Termin ganz alleine vereinbaren. Es ist Deine Aufgabe, ihr hinsichtlich der Begleiterscheinungen des Prednisons und der anderen Medikamente Fragen zu stellen. Bevor Du gehst, solltest Du, damit Du nichts vergißt, eine Liste von Fragen ganz alleine aufstellen,

Viel Glück!

David Epston

Daniels Eltern konnten die nächste, einen Monat später angesetzte, Sitzung nicht einhalten, da die Mutter ins Krankenhaus eingeliefert worden war. Traurigerweise wurde ihr die Diagnose einer lebensbedrohlichen Krankheit gestellt. Sie mußte jetzt ihren eigenen Kampf kämpfen und wir besprachen das am Telefon. Immerhin erschien Daniel mit einer Plastiktüte voll von Aufklärungsschriften über Asthma, die er nach seinem Treffen mit Dr. Asher studiert hatte. Er war viel selbstbewußter, obwohl er drei Tage lang im Krankenhaus gewesen war. Er hatte die volle Verantwortung für seine Medikation übernommen, und eifrig seine Peak Flows notiert.

Lieber Daniel,

sicherlich bist Du dabei, das Asthma zu studieren. Du sagtest: „Ich habe eine andere Ansicht über die Wirkungsweise von Medikamenten entwickelt und weiß nun, was eine gute Entspannung ist, wie es einem hilft, besser zu atmen." Ich hätte gern die Bücher gesehen, die Du liest, und ich fragte mich, ob Du eine Karriere als Asthma-Experte vorhast. Wenn Du Denis Cordon triffst, wird Sie Dir helfen, einen oder zwei weitere Schritte in der eingeschlagenen Richtung zu machen. Daniel, wenn Du erst Experte imAsthma sein wirst, wird Dich das Asthma nicht länger zum Narren halten können.

Daniel, Du hast Deinen Krankenhausaufenthalt von zwei Wochen auf drei Tage reduziert. Du hast Deinen Inhalationsapparat regelmäßig ohne Vergessen benutzt. Wie Du gesagt hast, Daniel, spielst Du nun mit vollem Einsatz und machst deutlich mehr Punkte gegen das Asthma, als das Asthma gegen Dich macht. Und durch Deine Wachsamkeit dem Asthma gegenüber ist Deinen Eltern „ein Stein vom Herzen gefallen" . Das Asthma kann Dich nun nicht länger herumschubsen. Du sagtest, das Asthma würde jetzt folgendermaßen über Dich denken: „Dieser Junge ist jetzt besser auf Draht: Ich muß mir mehr einfallen lassen, um ihn auszutricksen." Natürlich hast Du einige Gegentricks im Ärmel, wie Du in Deinem geheimenTagebuch schreibst: „Ich kann das Asthma im Auge behalten und seine Aktivitäten aufzeichnen – das Tagebuch erzählt mir, worauf das Asthma hinaus will", und Du hast den höchsten Peak Flow getroffen: 470.

Kein Wunder, daß Du voller Stolz sagen konntest: „Mir ging es schnell besser – ich brauchte drei Tage statt zwei Wochen." Zweifellos hat das Asthma noch einige Tricks auf Lager, die es an Dir ausprobieren wird. Daher wirst Du weiterhin wachsam bleiben müssen.

Wenn man all dies bedenkt, ist es kein Wunder, daß Deine Mutter und Dein Vater so erfreut sind, Du hast gehalten, was Du versprochen hast.

Du hast einige Experimente vorgeschlagen:

1. *Noch mehr Wissen um das Asthma und seine Methoden zu erwerben.*
2. *Den jetzigen Stand der Beobachtung des Asthmas und der Selbstmedikation aufrechtzuerhalten.*
3. *Das Entspannen zu üben, so daß sich kleine Anfälle in den Griff bekommen lassen und sich keine großen mehr aufbauen können.*
4. *Weiteres aus der Kurve herauszulesen, so daß es am Ende möglich sein wird, Asthmas Geheimschrift zu entziffern.*

Ich freue mich darauf, Dich wieder zu treffen. Du hast mir erzählt, wie es Dir gelungen ist, Dein Selbstwertgefühl um „eine Menge", „haufenweise", „um 70 %" zu erhöhen. Wirst Du diese Verbesserung noch weiter verbessern?

David Epston

Ich traf mich sechs Wochen später mit Daniel und seinem Vater. Sie hatten gut auf Absinken von Daniels Peak Flow Aufzeichnungen reagiert, wie es ihrem „Krisenplan" entsprach. Daniel war spontan auf die Idee eines wissenschaftlichen Asthma-Projekts abgefahren. Der folgende Brief faßt das treffend zusammen:

Lieber Arthur, liebe Jackie, lieber Daniel,
Daniel, Du bist dem Asthma und seinen üblichen Tricks gegenüber wachsam geblieben. Dabei konntest Du ein Absinken Deiner Peak Flows feststellen, schnell korrigierende Maßnahmen einleiten und Dich so mehr oder weniger schützen, bevor es zu spät war. Arthur, Du sagtest: „Wir müssen schnell das Inhalationsgerät einsetzen und auch das Prednison, ohne uns davon abhängig zu machen." Daniel, Du hast das weiter genau beobachtet, und wie Du, Arthur, sagtest: „Wir können uns jetzt raushalten." Daniel, Du hast Deine Asthma-Experten-Karriere fortgesetzt und fühlst Dich immer besser informiert. Früher warst Du naiv in Bezug auf Asthma. Ich denke, es war ein begnadeter Einfall, ein Asthma-Forschungsprojekt durchzuführen. Meine Vermutung ist, daß es Dir noch viele neue Einsichten bringen wird. Schon jetzt umfaßt Deine Asthma-Sachkenntnis folgende Einsichten:

1. *Ich kann **wissen**, was Asthma verursacht.*
2. *Ich kann **wissen**, was es verhindert.*
3. *Ich kann etwas über seine Tricks **wissen**.*

Du erzählst mir, daß Du Dein Wissen um Asthma um 50 % erhöht hast. Du sagst, daß Du Dich erwachsener fühlst, nun da Du Dich „nicht mehr soviel auf Mammi und Papi verlassen "mußt. Ich war überhaupt nicht überrascht, als Du, Arthur, andeutetest, daß Daniel jetzt auch „besser mit seinen Hausaufgaben" zurecht kommt. Er paßt selbst besser auf sich auf. Er hat sich von einer supervidierten Person hin zu einer mehr sich selbst Supervision gebenden Person entwickelt. Daniel, ich war ganz schön beeindruckt von dem Rat, den Du Dir selbst gegeben hast: „Es mußte getan werden, also tat ich es."

Daniel, Dein „Kartenlesen" der Asthma-Ausschläge zahlt sich jetzt aus. Du hängst das Asthma jetzt ab, bevor es einen größeren Angriff auf Dich zu Wege bringen kann. Kein Wunder, daß sich Dein Selbstbewußtsein seit dem letzten Mal um weitere 20 bis 30 % gesteigert hat.

Daniel, Du stimmtest zu, die Verantwortung für folgende Aufgaben zu übernehmen:

1. *Mit den Ideen Deiner Schwester über Entspannung zu experimentieren.*
2. *Zu einer Bücherei zu gehen und in einem Buch sich über die amerikanische Geschichte zu informieren, weiter eine Kopie der Unabhängigkeitserklärung zu suchen und Deine eigene Unabhängigkeitserklärung von der Herrschaft des Asthmas zu verfassen.*

Ich freue mich, Euch alle wieder zu sehen. Jackie, ich habe Dich vermißt, und möchte Dir meine besten Genesungswünsche sowie meinen Respekt für Deinen gezeigten Mut übermitteln.

David Epston

Wir trafen uns sechs Wochen später. Mein Kollege Paraire Huata (ein Therapeut des Leslie-Centers) begleitete mich in dieser Sitzung. Daniels Asthma-Projekt hatte ihn völlig absorbiert und das Ergebnis war so ausgezeichnet, daß es in den wissenschaftlichen Wettbewerb der Schule mit einbezogen worden war. Es hatte eine weitere kurze Einweisung in das Krankenhaus gegeben, die vier Tage gedauert hatte. Er war weiterhin verantwortlich für seine Medikation, das Ablesen des Peak Flows und die Schulaufgaben. Am wichtigsten war, daß er der Aufgabe, eine Unabhängigkeitserklärung zu verfassen , nachgekommen war. Das war schwer und bezeugte ein großes Durchhaltevermögen. Das Original mußte gelesen, dann interpretiert, dann auf die persönlichen Lebensumstände zugeschnitten werden. Als er es mir laut vorlas, überwältigte ihn der dem Dokument innewohnende Ernst und ich lauschte gebannt seinem bewegt gehaltenen Vortrag. Der folgende Brief beschreibt dies treffend:

Lieber Daniel, liebe Jackie, lieber Arthur,

Daniel, Du hast Dich in Deiner Karriere als Asthma-Experte noch weiter entwickelt. Dein Asthma-Projekt war von so hoher Qualität, daß es in der wissenschaftlichen Ausstellung Deiner Schule berücksichtigt wurde. Dein Wissen um das Asthma reicht jetzt „tief hinab" , während es früher eher an der Oberfläche blieb. Dieses Projekt gab Dir viele Möglichkeiten, Dein Wissen zu vervollständigen und zu überarbeiten, und ich glaube, daß Du jetzt noch mehr weißt, als Du selbst zu wissen glaubst. Ich nehme an, daß Dir dies im Laufe der Zeit noch klar werden wird. Du hattest eine weitere viertägige Einweisung. Aber erinnere Dich, daß Du üblicherweise zwei Wochen im Krankenhaus verbringen mußtest. Das war eine 65prozentige Verbesserung. Arthur, Du sagtest: „Das kam ganz überraschend. Der Gauner hat uns ein paar Tage überrumpelt. Aber dann mußte er schnell abtreten." Daniel, Du sagtest, daß Du Dir Deine 65prozentige Verbesserung damit erklärst, daß „Du früher nicht selbst aufgepaßt hast" . Arthur, Du sagst, daß Daniel „noch ab und zu vergaß, wachsam zu sein". Nun, niemand ist vollkommen!

Daniel, Du berichtetest über eine neue Asthma-Erkenntnis und sagtest: „Manchmal glaube ich, es ist besser, bevor es wirklich besser ist. Ich bin mit meiner Aufgabe noch nicht fertig, wenn ich bereits wieder zum ‚normalen Leben' zurückkehren will."

Daniel, ich wünschte, daß Du Dir selbst diese Fragen stelltest: „Hat das Asthma meinem Kopf geschadet? Möchte das Asthma nicht, daß ich es hören kann, wenn ich gelobt werde, weil ich dann vielleicht zu stark für das Asthma werden könnte? Würde ich bei mir eine Schrumpfung oder Ausweitung meines Wirkungsbereichs vorziehen? Was ist für mich der beste Weg in diesem Leben? Was würde das Asthma bevorzugen: Eine geschrumpfte Person oder eine sich stark machende Person?"

Von Deiner Unabhängkeitserklärung war ich sehr beeindruckt, eine Kopie habe ich beigelegt. Du solltest sie rahmen und über Dein Bett hängen, so daß Du sie immer, wenn Du magst, lesen kannst.

Daniel, Dein Vater ist der Meinung, daß Du Deinem Kurs der Selbstverwaltung treu geblieben bist, sowohl im Hinblick auf die Hausaufgaben, als auch auf das Asthma. („Es ist sehr gut bei den Hausaufgaben.") Ich bitte Dich, Dir selbst auch diese Fragen zu stellen: Glaubst Du, daß es Dir, wenn Du mit den Entspannungsübungen bis zum Einsetzen des Asthmas wartest, gut ergehen wird? Glaubst Du, daß eine Fußballmannschaft oft gewinnen würde, wenn sie mit dem Trainieren bis zu den großen Spielen warten würde?

Paraire möchte, daß Du weißt, daß nicht sein Kopf, sondern sein Herz bei Deinen Worten angeschwollen ist. Er möchte Dir danken, daß Du Deine neuen Lernergebnisse über Dich selbst mit ihm geteilt hast. Was sein Herz anschwellen ließ, war all die Hoffnung und die Überzeugung, die aus Deiner Unabhängigkeitserklärung sprach.

Mit freundlichem Gruß
David Epston

Unabhängigkeitserklärung

Es kann im Zuge der Entwicklung eines Menschen notwendig werden, die Bande zu lösen, die ihn mit Asthma verbunden haben. Er wünscht dann unter den Mächten der Erde den gleichen selbständigen Rang einzunehmen, zu dem Naturrecht und göttliches Gesetz ihn berechtigen, nämlich zu einem anständigen, fähigen Leben, gleich allen anderen, ohne dem Asthma gegenüber wachsam sein zu müssen. Folgende Wahrheiten erachten wir als selbstverständlich: Daß alle Menschen gleich geschaffen sind; daß sie von ihrem Schöpfer mit gewissen, unveräußerlichen Rechten ausgestattet sind; daß dazu Leben, Freiheit vom Asthma und von anderen bösen Dingen und das Streben nach Glück gehören. Und deshalb gibt es Tutoren und Ärzte, die uns beschützen. Menschen haben das Recht, den Arzt zu wechseln oder andere Behandlungsmethoden auszuprobieren, aber sie sollten sich nicht erheben gegen altbewährte Ärzte, Medikamente oder andere Dinge, die gut funktionieren. Sie sollten jedoch das Recht haben, Medikamente, Ärzte und andere Dinge, die nicht funktionieren, abzusetzen. Und sie sollten auch das Recht haben, das Asthma abzusetzen, wenn es böse ist. Das tue ich hiermit. Ich werde das Asthma absetzen und meine eigene Herrschaft errichten. Ich werde das auswählen, was ich für mich als richtig erachte, und nicht, was das Asthma als richtig ansieht. Und ich will gar nichts von dem akzeptieren, was mir das Asthma an Unannehmlichkeiten bereitet. Das Asthma hat üble Sachen gemacht und eine Menge von Unannehmlichkeiten verursacht.

So geschieht es mit großer Freude, daß ich von diesem Moment an mich von der Herrschaft des Asthmas befreie und frei sein will von all seinen Bindungen.

Daniel Jones: ....

Unterzeichnet am: 1987

in der Stadt Neuseeland.

Diese Erklärung wurde bezeugt durch:

seine Mutter: ....

Jackie Jones

seinen Vater: ....

Arthur Jones

Daniel, sein Vater und ich trafen uns noch einmal neun Wochen später. Daniel hatte sein Dilemma erkannt: Selbststärkung oder Schrumpfung durch das Asthma. Er bevorzugte das erstere und blieb bei seinem selbstgewählten Lebensstil. In dieser Sitzung legte er seine Rolle als Patient ab und übernahm die Beraterrolle für andere junge, unter Asthma leidende Menschen.

Lieber Daniel, liebe Jackie, lieber Arthur.
Daniel, Du hast Deine Asthma-Experten-Karriere weiter verfolgt. Andere Menschen stellten Dir Fragen über Dein Asthma-Projekt und meistens konntest Du sie beantworten. Deine Mutter und Dein Vater waren so zufrieden mit Deiner Asthma-Beobachtung, daß sie Dich daheim lassen und nach Christchurch reisen konnten. Du und Tara erlebtet zwar einen Asthma-Notfall, aber Ihr kamt durch mit fliegenden Fahnen. In früherer Zeit hättest Du sehr wahrscheinlich aufgegeben und Dich zurückgezogen. Aber jetzt hilft Dir Dein Notizbuch schnell damit zu Rande zu kommen.

Was einen Lebensstil der Selbststärkung versus einen der Schrumpfung anbelangt, scheinst Du den ersteren gewählt zu haben. Der Beweis dafür ist folgendes:

1. *Du gingst, als Deine Eltern fort waren, gegen das Asthma in die Offensive.*
2. *Beim Eastern Bay Schullauf berichtetest Du, Arthur, daß Daniel auf halbem Weg asthmatisch wurde und dennoch weiterlief ... Er lief durch, obschon er keuchte und verbesserte so seine Zeit um 1 Minute und 22 Sekunden.*
3. *Du wirst körperlich stärker, bist 3 cm größer geworden, und 1 kg schwerer.*

Dein Ratschlag an die Person, die Du vor 6 Monaten warst, war folgender:

1. *„Das Notizbuch zu führen ist die Hauptsache ... und ich mache es selber." Du, Arthur, fügtest hinzu, daß Daniel mehr macht, als nur sein Notizbuch zu führen. Er „interpretiert" es auch.*
2. *„Lerne und studiere das Asthma. Ich lernte, durch mein Keuchen hindurchzulaufen."*
3. *„Rechtzeitig handeln" und*
4. *„Lerne etwas über Dich selbst". Daniel, indem Du das getan hast, hast Du mehr Selbstvertrauen gewonnen. Und Du gewannst den Kampf, indem Du die Dinge selbst gemacht hast und Erfolg hattest.*

Daniel, ich frage mich, ob Du schon mit Beratungen anfangen kannst. Um Deine Eignung zu testen, schlage ich Dir vor, die folgenden Fragen zu beantworten, sie aufzuschreiben und mir zur Auswertung zuzuschicken:

1. *Wer ist der bessere Asthma-Beobachter – Du oder Deine Eltern?*
2. *Sollten junge Leute sich der Herrschaft des Asthmas beugen oder sollten sie ihre Unabhängigkeit davon erklären?*
3. *Wenn ein junger Mensch herausfinden möchte, was sein Asthma vorhat, wie kann er das tun?*

Arthur, Du stelltest fest, daß Daniel einen Reifungssprung vollzogen hat. „Er ist unabhängiger, kommt mit den Dingen ganz gut klar... macht sich selbst das Mittagessen zurecht ... erledigt seinen Papierkrieg und hält das Fahrrad in Ordnung." Auch ich habe gemerkt, daß Daniel in seiner Entwicklung einen Sprung gemacht hat.

Daniel, wenn Du Dich völlig der Herrschaft des Asthmas unterstellt hättest, wärest Du eher eine geschrumpfte als eine ihren Wirkungskreis ausweitende Person geworden; eher eine schwächere Person als eine stärkere, eher abhängig als unabhängig; eher hoffnungslos als hoffnungsvoll; eher ohne Selbstachtung als voller Selbstbewußtsein; eher schlecht informiert als gut informiert; eher unreif als reifend. Für mich ist es klar, Daniel, daß Du Dich mehr und mehr von der Herrschaft des Asthmas befreist.

Ich schlage vor, daß wir uns in drei Monaten wieder treffen, um über mögliche Anti-Asthma-Strategien zu sprechen.

Freundliche Grüße
David Epston

In den elf Monaten seit seiner Überweisung zur Familientherapie hat Daniel einige Verbesserungen in seiner Asthma-Kontrolle erkennen lassen. Es gab keine weiteren lebensbedrohenden Asthma-Anfälle. Er wurde bei zwei Gelegenheiten wegen akuter Asthma-Anfälle ins Krankenhaus eingewiesen, aber die Schwere des Asthmas bei der Einweisung hatte sich im Vergleich zu den früheren Einweisungen verringert. Daniel ist mit mehreren Asthma-Anfällen zu Hause ohne Einlieferung ins Krankenhaus zurechtgekommen. Seine Bereitschaft zur Überwachung des Asthmas zu einem Zeitpunkt, als er wegen der Krankheit seiner Mutter unter außerordentlichem Streß stand, war ausgezeichnet.

Während Daniels chronisches Asthma in Form gelegentlicher Anfälle anhält, hat sich seine Fähigkeit, mit den Anfällen fertig zu werden und die Situation unter Kontrolle zu bringen entscheidend verbessert.

Selbstbeurkundung

Während meines ersten Treffens mit Luise und ihrer Familie hatte ich größere Schwierigkeiten, mit ihr in Kontakt zu kommen. Sie hatte sich völlig zurückgezogen, und jeder Versuch, sie in das Gespräch mit einzubeziehen, provozierte eine Flut von Tränen. Im weiteren Verlauf des Interviews wirkte sie immer gequälter, obschon ihr versichert worden war, daß ihre aktive Teilnahme nicht erwartet wurde. Andere Mitglieder der Familien versicherten mir, daß ich nicht für Luises Pein verantwortlich sei, daß dies ihre übliche Reaktion auf eine neue Situation wäre.

Luise wurde vor einigen Jahren mit der Diagnose einer Schizophrenie an mich überwiesen: Mit 16 Jahren hatte sie sich vom Leben zurückgezogen. Sie traute sich nur noch selten aus dem elterlichen Haus heraus und zeigte sich gequält und verzweifelt, wenn die Eltern sie nicht ständig beruhigten. Sie wurde von Zwangsvorstellungen und „Stimmen" heimgesucht.[25]

Als ich erfragte, weswegen sich die Familienmitglieder sorgen machten, stellte ich fest, daß sie mit Luises Diagnose und Prognose vertraut waren. Sie präsentierten mir ein eher düsteres Bild. Alle schienen durch Luises Schizophrenie vollständig tyrannisiert zu werden. Ich begann, Fragen zu stellen, die die Familienmitglieder aufforderten, die Schizophrenie, wie vorgehend beschrieben, zu externalisieren und ermutigte sie, ihre augenblicklichen Sorgen zu äußern.

Zum Ende des Gesprächs hatte sich Luises Gemütsverfassung soweit erholt, daß sie einen winzigen Kommentar über den Einfluß der Schizophrenie auf ihr Leben abgab. Nach einer Pausendiskussion mit dem Team[26] kehrte ich zurück, um der Familie einige Beobachtungen mitzuteilen. Wir hoben hervor, wie Luise während des Gesprächs gegenüber der Schizophrenie ein bewunderungswürdiges Come back gelungen sei. Dies sei um so bemerkenswerter, als es unter Umständen stattgefunden hatte, die ihr nicht vertraut gewesen waren – als sie sich auf äußerst wackeligem Boden befand. Als wir sie fragten, wie sie dies erreicht hatte, schien Luise überrascht zu sein, daß sich dies uns als eine bemerkenswerte Leistung darstellte.

Diese einmalige Ereignisfolge und die darauf bezogene von der Familie mit eingebrachte Bedeutungsgebung markierte einen Wendepunkt für Luise und ihre Familie. Die Tür war nun für neue Entwicklungen in ihrem Leben geöffnet. Über mehrere Sitzungen hinweg wurden sie und andere Mitglieder der Familie eingeladen, an neuen Darstellungen/Beschreibungen von Luises Leben, von ihr als Person und ihren Beziehungen mitzuwirken. In dieser Zeit entsagte Luise ihrem früheren Rückzug und entwickelte einen Hunger nach Leben. Ihre Medikation wurde auf eine sehr geringe Dosis reduziert, und sie fing an, ein Netz von Freundschaften aufzubauen und freiwillig zu arbeiten.

Während der letzten Jahre hat Luise den gelegentlichen Kontakt zum Team aufrecht erhalten. Wenn sie anruft, wirkt sie gequält und beklagt sich, daß Stimmen ihr den besseren Teil ihres Selbst wegzunehmen und sie auf vielfältige Art zu terrorisieren versuchen. Wir bieten dann immer ein sofortiges Gespräch an und üblicherweise entdecken wir, daß Luise einen sehr ehrgeizigen Schritt versucht hat, ohne sich vorher genügend auf einen solchen Schritt vorzubereiten. Sie versuchte, zu weit auf einem Ast hinauszustolzieren, „bevor der Ast stark genug war, um ihr Gewicht tragen zu können".

Luise ist äußerst anfällig gegenüber solch ehrgeizigen Versuchen, wenn sie sich von bestimmten von außen kommenden Definitionen ihrer Persönlichkeit abhängig macht und dabei wichtige Aspekte ihrer eigenen einzigartigen Geschichte aus den Augen verliert. Diese problematischen Vorstellungen ihrer selbst maskieren sich oft als „Erwartung" und „Ehrgeiz". So versteht Luise sie auch. Wenn jeweils ihre Erwartungen und ihr Ehrgeiz die Oberhand gegenüber ihrer besseren Einsicht behalten, erfährt Luise ihren Körper als ein „Ding", über das sie keinerlei Verfügungsgewalt mehr besitzt.

In einer solchen Krisensituation rief Luise mich an und teilte mir mit, daß sie seit zwei Wochen eine sehr harte Zeit mit ihren Stimmen erlebt hatte. Wir vereinbarten einen Termin, und als ich ihr im Wartezimmer begegnete, schluchzte sie laut. Beim Betreten des Behandlungszimmers war sie schon etwas weniger aufgelöst und versuchte, einige Fragen zu beantworten. Ja, sie war überrascht davon, daß es ihr gelungen war, zum Termin zu erscheinen, obwohl die Stimmen versucht hätten, sie zurückzuhalten. Diese hatten schreckliche Dinge über mich und das Team gesagt. Ja, sie sagten ihr einiges über sie selbst. Es war wichtig für sie zu wissen, daß sie die Stimmen überwinden konnte, selbst unter solch widrigen Umständen. Ja, wahrscheinlich sagten die Stimmen auch etwas, das für mich und meine Kollegen von Belang war, etwas, was wir sehr schätzen würden, nämlich, daß sie vielleicht doch stärker war als ihre Stimmen.

Als ihre Stimmen aufhörten, sie zu belästigen, stellten wir fest, daß diese einen Vorteil daraus schlagen wollten, daß Luise sich bei dem Versuch, an einem ehrgeizigen und anstrengenden Vorbereitungskurs zur Arbeitsbeschaffung teilzunehmen, überfordert hatte. Würde es ihr möglich sein, sich selbst wertzuschätzen, ohne diesen Erwartungen an sich selbst nachzukommen? „Ja". Und hatte sie eine Idee, wie sie dies den Stimmen beweisen könnte? „Ja, sie hatte eine Idee. Während sie im Fortgang dieser Sitzung meine Frage beantwortete, warum die Anschuldigungen der Stimmen so schwach wurden, zog Luise „den Stimmen den Teppich unter den Füßen weg". Sie sagte: „Offensichtlich beweist gerade dieser Umstand, daß sie sich an einem Strohhalm festhalten müssen, daß ich sie geschwächt habe."

Am Ende dieser Sitzung verfaßten Luise und ich den folgenden Brief:

An jeden, den es angeht

Dieser Brief soll jedem klar machen, daß Luise jetzt eine Person ist, die sich selbst gefällt und die ihre eigene Meinung hat. Sie ist selbst der Intendant ihres Lebens und so sehr die Stimmen sie auch belästigen mögen, sie haben keine Chance, sie in die Ecke zu drücken. Luise hat eindeutig die Oberhand und wird fortfahren zu tun, was nötig ist, um den Stimmen eine Lektion zu erteilen.

Dies bedeutet nicht, daß die Stimmen nicht wieder versuchen werden, Luise dazu zu bringen ihnen gefallen zu wollen. Wie dem auch sei, es ist klar, daß das Ende der Stimmen angesagt ist und daß Luise sie zur Albernheit verurteilt hat. Luise hat die Verhältnisse umgedreht und ist jetzt am Drücker. Die Stimmen wurden bis zur Absurdität reduziert, als sie versuchten, sich an äußerst lächerlichen Gegebenheiten aufzuhängen. Dies beweist nur noch einmal, daß sie durch Luises Handlungsweise bereits geschwächt worden sind. Luise hat noch weitere Schritte unternommen, um die Stimmen an ihren Platz zu verweisen. Weil sie weiß, daß die Stimmen immer dann versuchen sie auszutricksen, wenn sie gestreßt oder zu sehr wegen anderer Menschen beunruhigt ist, hat Luise ihrem Ehrgeiz beigebracht, daß sie sich auch selbst wertschätzen kann, wenn sie nur das tut, wozu sie Lust hat. Und dies in ihrem eigenen Tempo. Sie hat sich außerdem dazu entschieden, etwas großzügiger mit ihren Sorgen umzugehen. Luise wird ihre

Sorgen etwas mehr anderen mitteilen, wird sich damit selbst entlasten. Sie wird sogar versuchen, die Stimmen glauben zu machen, daß sie überhaupt nicht beunruhigt ist, indem sie den Leuten die ihre Hilfe brauchen, nicht überstürzt hilft.

Immer dann, wenn die Stimmen laut und unruhig werden, wird Luise sie zu bloßen Gedanken reduzieren, indem sie ihnen diesen Brief vor die Nase hält. Sie wird ihnen gegenüber keine Gnade walten lassen.

Luise verließ diese Sitzung, nachdem es ihr gelungen war, die Stimmen zu leisen Gedanken zu reduzieren. Sie war ziemlich sicher, daß der Brief ihr helfen würde, die Stimmen zu überwinden, wenn diese je wieder versuchen sollten, Vorteile gegen sie zu erlangen. Ein weiteres Treffen wurde in zwei Wochen vereinbart, und bei dieser Gelegenheit berichtete Luise, daß die Stimmen ihr mehr Respekt erwiesen hätten. Sie brauchte ihnen lediglich bei einer Anzahl von Gelegenheiten den Brief vorzuzeigen. Sie hatten darauf sofort reagiert und aufgehört, sie zu belästigen.

Luise machte weitere Fortschritte, die Krisen wurden seltener. Als sie glaubte, dafür bereit zu sein, organisierte das Team eine kleine Party für sie. Zusammen feierten wir dann den Erwerb ihres „speziellen Wissens".

Diplom
über ein spezielles Wissen

Diese Urkunde wird Luise verliehen in Anerkennung ihres Erfolgs bei der Rückgewinnung ihres eigenen Lebens.

Sie gewann ihr eigenes Leben zurück, obwohl die Stimmen versuchten, ihr einzureden, daß ihr Leben ihnen gehörte.

Jeder, der diese Urkunde liest, wird wissen wollen, wie es Luise gelang, „den Spieß gegen die Stimmen umzudrehen“. Sie ist nun soweit, daß sie jede Frage darüber beantworten kann.

Falls jemals die Stimmen diese Urkunde lesen sollten, werden sie begreifen, daß sie endgültig „ausgespielt haben“.

Unterzeichnet : ....

Luise

Unterzeichnet : ....

Michael White

(im Auftrag des Teams)

Schlußfolgerung

Wir haben beschlossen, unsere abschließenden Bemerkungen kurz zu halten, da wir der Meinung sind, daß die verschiedenen Briefwechsel, Briefe, Dokumente und Zeugnisse, die wir in diesem Buch zusammengestellt haben, sehr wohl für sich sprechen. Diese Auswahl wurde mit dem Ziel getroffen, die Anwendung der Schriftform auf einen weiten Bereich vorgestellter Probleme zu zeigen.

Jerome Bruner begründet seine Meinung über die wichtige Rolle der Literatur bei der Schaffung neuer Möglichkeiten und neuer Realitäten – und bei der Erschaffung neuer Welten – wie folgt:
„Ich habe versucht, darzulegen, daß die Funktion der Literatur als Kunstform darin besteht, uns für Dilemmata zu öffnen, für das Hypothetische, für den Bereich möglicher Worte, die einem Text zugeschrieben werden können. Ich habe den Begriff „konjunktivieren" gebraucht, um die Welt weniger festgefügt, weniger banal und empfänglicher für Neuschöpfungen zu machen. Die Literatur konjunktiviert, verfremdet, verwischt das Offensichtliche, macht Unerkennbares sichtbar, öffnet Wertmaßstäbe für Vernunft und Intuition. Die Literatur ist in diesem Sinne ein Instrument der Freiheit, der Leichtigkeit der Vorstellung und, ja, der Vernunft. Sie ist unsere einzige Hoffnung gegen die lange dunkle Nacht."

Aus ähnlichem Grund plädieren wir für eine Therapieform, die sich auf die Schriftform gründet. Wir haben festgestellt, daß die Schriftform von großer Hilfe ist, wenn neue Perspektiven eingeführt werden, wenn „ein weiter Bereich möglicher Welten" geöffnet wird, wenn entscheidende Aspekte gelebter Erfahrung bei der „Neufassung" sich entfaltender Geschichten bevorzugt, wenn Betroffene dazu ermutigt werden, ihr Leben und ihre Beziehungen neu zu verfassen.

In diesem Buch bieten wir nur eine kleine Auswahl an Schriftformen, die zu Therapien beigetragen haben. Sie dürften aber belegen, daß die Schrift ein Instrument der Freiheit ist, ein Instrument, das Menschen eine Menge Hoffnung gegen das zu verleihen vermag, was sonst „die lange dunkle Nacht" gewesen wäre.

Anmerkungen

1
Eine Zusammenfassung dieser Gedanken findet sich bei Munro (1987).

2
David Epston hat diese Analogie in Australien und Neuseeland eingeführt. Ermutigt durch sein Vorgehen haben auch andere sie aufgegriffen und in vielen Zusammenhängen angewandt. Eine ausgezeichnete Erörterung dieser Analogie und ihrer Anwendung im Zusammenhang mit stationärer Behandlung findet sich bei Menses und Durrant (1986).

3
Neben der Möglichkeit einer Neuinterpretation dieser Tatsachen waren die Indianer nunmehr in der Lage, vielen Aspekten ihrer gelebten Erfahrung, die aus der ersten Geschichte nicht „herauszulesen" war, neue Bedeutung zuzuschreiben und sie neu auszudrücken.

4
Unserer Ansicht nach ist der Begriff „Therapie" zur Bezeichnung der hier behandelten Arbeit unzulänglich. Im Penguin Macquaire Dictionary wird Therapie definiert als „Behandlung von Krankheit, Disorganisation, Defekten usw. durch Verabreichung von Medikamenten oder eine Heilbehandlung". In unserer Arbeit sehen wir Probleme nicht als Krankheit an und glauben nicht, daß wir so etwas wie eine „Heilung" vollbringen. Vor kurzem gab es Versuche in der einschlägigen Literatur, Bedenken dieser Art anzusprechen, wobei der Begriff „therapeutische Gespräche" in Ansatz gebracht wurde (z.B. Anderson a. Goolishian, 1988). Diese Beschreibung hat durchaus ihren Reiz, vielleicht weil die Begriffe „Therapie" und „Gespräch" sich per definitionem teilweise widersprechen und weil „Gespräch" die Realitäten, die der Begriff „Therapie" schafft, und die Mystifikation, die er mit sich bringt, ein wenig in Frage stellt. Dennoch sind wir noch nicht ganz zufrieden mit dem Begriff Gespräch als ausreichende Beschreibung eines Ansatzes für die Neuerzählung von Erfahrung oder als treffende Bezeichnung für den einzigartigen Prozeß, den wir beschreiben.

5
Meiner Ansicht nach stimmt diese Idee mit der Vorstellung Batesons von einem stochastischen Prozeß überein: „Wenn eine Ereignisfolge eine Zufallskomponente mit einem Selektionsprozeß verbindet, so daß nur bestimmte Folgen der Zufallskomponente überdauern dürfen, kann diese Abfolge als stochastisch bezeichnet werden" (1980, S. 253).

6
Andere Verfasser haben eine Therapie vorgeschlagen, die einen Kontext für Reflexivität liefert (vgl. Tomm 1987).

7
Foucault spricht hier nicht von allen Formen der Macht, sondern von einer speziellen, heimtückischen Form der Moderne.

8
Damit wird auf keinen Fall behauptet, daß alle Menschen in Ausübung von Macht gleich sind; ebensowenig, daß es nicht Menschen gibt, die unter deren Auswirkungen stärker leiden als andere.

9
Man kann argumentieren, daß dieses Modell im Verhältnis der Geschlechter einseitig ausgelegt ist, da Männer häufiger Instrumente der normierenden Beobachtung, Frauen eher ihr Subjekt sind.

10
Ich glaube, Anorexia nervosa und Bulimie lassen sich als höchste Vollendung dieser Form von Macht ansehen.

11
Das heißt aber nicht, daß alle gleichermaßen die Auswirkungen der Macht zu spüren bekommen.

12
Ein Beispiel für einen Versuch, unterdrücktes, gelehrtes Wissen wiederzubeleben findet sich in Dale Spencer: „Women of Ideas: And What Men Have Done To Them" (1983).

13
Wir sollten auch erkennen, daß wir uns auch dann politisch betätigen, wenn wir uns nicht den Menschen anschließen, die diese Machtmechanismen in Frage stellen.

14
Viele Autoren, vor allem französische Intellektuelle, haben das Wachstum der „Vernunft" mit der Tradition des Okularzentrismus in Zusammenhang gebracht und damit starke Kritik hervorgerufen. Einige, wie z.B. Irigaray, haben die Privilegierung anderer Sinne in Ansatz gebracht. Andere, wie Foucault, haben sich damit begnügt, okularzentristische Praktiken zu kritisieren, so z.B. die „normierende Beobachtung" und den sich daraus ergebenden Unterwerfungseffekt.

15
Leser, die diese Literatur ergründen wollen, sollten mit Burtons „The Use of Written Productions in Psychotherapy" (1965) beginnen.

16
Das ist nicht immer der Fall. Wir haben oft mit Patienten schriftlich gearbeitet, die sich weigerten, mit jemandem zu sprechen oder überhaupt jemanden zu treffen.

17
Fragen nach einmaligen Neubeschreibungen können den Betroffenen auch helfen, ihre Beziehung zu sich selbst neu zu bewerten (z. B. „Wie beeinflussen diese Entdeckungen ihrer Meinung nach ihre Haltung sich selbst gegenüber?"); ihre Beziehungen zu anderen (z. B. „Wie könnte diese Entdeckung ihre Beziehungen zu... beeinflussen?"); und ihre Beziehung zu dem Problem (z. B. „Wenn sie dem Problem in dieser Weise Widerstand leisten, glauben sie, daß sie es unterstützen oder abschwächen?"). Die Neubewertung der Beziehung eines Menschen zu Problemen wird im einzelnen auf S. 14 erörtert.

18
Die in diesem Buch verwendeten Namen sind fiktiv.

19
Diese Absicht stellt eine einmalige Ereignisfolge dar, da sie aus der problembefrachteten Familiengeschichte nicht herauszulesen war.

20
Wenn auch dieses Beispiel für Marys Einfluß auf die Existenz des Problems schnell gefunden war, brachte es doch die Therapie nicht wesentlich weiter. Wirksamerweise

erwies sich ein Beispiel für den Einfluß der Eltern auf das Leben der Unsicherheit. Als ich kürzlich mit einer Familie arbeitete, deren Kind ein ähnliches Problem hatte, ließ sich nicht sogleich ein Beispiel für den Einfluß des Kindes auf die Unsicherheit finden, dafür aber ein Beispiel für die Weigerung der Eltern, den Forderungen der Unsicherheit nachzukommen. Hier hatten sie das Kind aufgefordert, sich selbst zu helfen. Die Familienmitglieder wurden veranlaßt, dieser einmaligen Ereignisfolge eine Bedeutung zuzuordnen, und das Kind schien noch vor Ende der Sitzung glücklich darüber, daß seine Eltern sich bei dieser Gelegenheit auf seine Seite und der Unsicherheit entgegengestellt hatten.

21
Das wäre eine einmalige Ereignisfolge.

22
Vergleiche Garfinkel (1961): „Conditions of successful degradation ceremonies" und Goddman (1961): Asyle, S. 117 ff.

23
Selbstverständlich können auch diese wieder einen entsprechenden den jeweils vorherrschenden Kenntnissen spezifizierenden Charakter tragen.

24
Mitverfasser sind Innes Ascher (Dozentin für Kinderheilkunde an der Universität von Auckland) und David Epston.

25
Im psychiatrischen Sprachgebrauch werden solche Phänomene als akustische Halluzinationen bezeichnet.

26
Glenside Hospitel Family Therapy Unit
Damit wird auf keinen Fall behauptet, daß alle Menschen in Ausübung von Macht gleich sind; ebensowenig, daß es nicht Menschen gibt, die unter deren Auswirkungen stärker leiden als andere.

9
Man kann argumentieren, daß dieses Modell im Verhältnis der Geschlechter einseitig ausgelegt ist, da Männer häufiger Instrumente der normierenden Beobachtung, Frauen eher ihr Subjekt sind.

10
Ich glaube, Anorexia neurosa und Bulimie lassen sich als höchste Vollendung dieser Form von Macht ansehen.

Literatur

Anderson, H. a. H. A. Goolishian (1988): Human Systems as Linguistic Systems: Preliminary and Evolving Ideas about the Implications for Clinical Theory. *Familiy Process* 27: 371–393.

Barlow, C., D. Epston, M. Murphy, L. O'Flaherty, und L. Webster (1987): In Memory of Hatu (Hayden) Barlow 1973–1985. *Family Therapy Case Studies* 2 (2): 19–37.

Bateson, G. (1985): Ökologie des Geistes. Frankfurt (Suhrkamp).

Bateson, G. (1980): Geist und Natur. Eine notwendige Einheit. Frankfurt (Suhrkamp).

Brooks, P. (1984): Reading for the Plot: Design and Intention in Narrative. New York (Random House).

Bruner, J. (1986): Actual Minds, Possible Words. Massachusetts (Harvard University Press).

Bruner, E. (1986a): Ethnography as Narrative. In: V. Turner a. E. Bruner (eds.): The Anthropology of Experience. Chicago (University of Illinois Press).

Bruner, E. (1986b): Experience and Its Expressions. In: V. Turner a. E. Bruner (eds.): The Anthropology of Experience. Chicago (University of Illinois Press).

Burton, A. (1965): The Use of Written Productions in Psychotherapy. Illinois (C.C. Thomas).

Cecchin, G. (1987): Zum gegenwärtigen Stand von Hypothetisieren, Zirkularität und Neutralität: Eine Einladung zur Neugier. *Familiendynamik* 3: 190–203.

Chafe, W. (1985): Linguistic Differences Produced by Differences between Speaking and Writing. In: D. R. Olson, N. Torraru und A. Hildycrill (eds): Literacy, Language and Learning. Cambridge (Cambridge University Press).

Chatwin, B. (1988): The Songlines. London (Picador).

Durrant, M. (1985): Bowling Out Fears – Test Victory for Double Description. *Dulwich Centre Review.*

Durrant, M. (1989): Temper Taming: An Approach to Children's Temper Problems – Revisited. *Dulwich Centre Newsletter*, Herbst.

Epston, D. (1983): Cheryl-Anne's New Autobiography. *Australia and New Zealand Journal of Family Therapy* 4: 259–261.

Epston, D. (1984a): A Story in a Story. *Australia and New Zealand Journal of Family Therapy* 5: 146–150.
Epston, D. (1984b): Guest Address, 4th Australian Family Therapy Conference. *Australia and New Zealand Journal of Family Therapy* 5: 11–16.
Epston, D. (1985a): A Fair Exchange. *Australia and New Zealand Journal of Family Therapy* 6: 114–115.
Epston, D. (1985b): The Family with the Malediction. *Australia and New Zealand Journal of Family Therapy*, 6: 175–176.
Epston, D. (1986a): Writing Your Biography. *Family Therapy Case Studies* 1: 13–18.
Epston, D. (1986b): Competition or Co-operation? *Australia and New Zealand Journal of Family Therapy* 7: 119–120.
Epston, D. (1986c): Counter-Dreaming. *Dulwich Centre Newsletter*, Februar 10–15.
Epston, D. (1989): Temper Tantrum Parties: Saving Face, Losing Face, or Going Off Your Face. *Dulwich Centre Newsletter*, Herbst.
Epston, D. und R. Whitney (1988): The Story of Dory the Cat. *Australia and New Zealand Journal of Family Therapy* 9: 172–173.
Foucault, M. (1973): Wahnsinn und Gesellschaft. Eine Geschichte des Wahns im Zeitalter der Vernunft. Frankfurt (Suhrkamp).
Foucault, M. (1988): Die Geburt der Klinik: Eine Archäologie des ärztlichen Blicks. Frankfurt (Fischer).
Foucault, M. (1976): Überwachen und Strafen: Die Geburt des Gefängnisses. Frankfurt (Suhrkamp).
Foucault, M. (1980): Power/Knowledge: Selected Interviews and other Writings. New York (Pantheon Books).
Foucault, M. (1982): The Subject of Power. In: C. Gordon (ed.): Michel Foucault: Beyond Structuralism and Hermeneutics. Chicago (University of Chicago Press).
Foucault, M. (1984): Nietzsche, Genealogy, History. In: P. Rabinow (ed.): Foucault Reader. New York (Pantheon).
Foucault, M. (1984a): The History of Sexuality. Middlesex (Peregrine Books).
Foucault, M. (1984b): Space, Knowledge and Power. In: P. Rabinow (ed.): The Foucault Reader. New York (Pantheon).
Garfinkel, H. (1961): Conditions of Successful Degradation Ceremonies. *American Journal of Sociology* 61, 420–424.
Geertz, C. (1983): Dichte Beschreibung. Beiträge zum Verstehen kultureller Systeme. Frankfurt (Suhrkamp).
Geertz, C. (1986): Making Experiences, Authoring Selves, in Turner, V. und Bruner, E. (Hrsg): The Anthropology of Experience, Chicago (University of Illinois Press).
Gergen, M. M. und K. J. Gergen (1984): The Social Construction of Narrative Accounts. In: K. J. Gergen a. M. M. Gergen (eds.): Historical Social Psychology. New Jersey (Erlbourn Associates).
Goffman, E. (1974): Asyle: Über die soziale Situation psychiatrischer Patienten und anderer Insassen. Frankfurt (Suhrkamp).

Goffman, E. (1974): Rahmen-Analysen. Frankfurt (Suhrkamp).
Iser, W. (1978): The Act of Reading. Baltimore, MD (Johns Hopkins University Press). [dt. (1994): Der Akt des Lesens. Theorie ästhetischer Wirkung. Stuttgart (UTB).]
Harre, R. (1985): Situational Rhetoric and Self-Presentation: In: J. P. Forgen (ed.): Language and Social Situations. New York (Springer).
Menses, G. und M. Durrant (1986): Contextual Residential Care: The Application of the Principles of Cybernetic Therapy to the Residential Treatment of Irresponsible Adolescents and their Families. *Dulwich Centre Review.*
Munro, C. (1987): White and the Cybernetic Therapies: News of Difference. *Australia and New Zealand Journal of Family Therapy* 8: 183–192.
Meyerhoff, B. (1982): Life History among the Elderly: Performance, Visibility and Re-Membering. In: J. Ruby (ed.): A Crack in the Mirror: Reflexive Perspectives in Anthropology. Philadelphia (University of Pennsylvania Press).
Meyerhoff, B. (1986): Life Not Death in Venice: It's Second Life. In: V.W. Turner a. E. M. Bruner (eds.): The Anthropology of Experience. Chicago (University of Illinois Press).
Rabinow, P. (1984): The Foucault Reader. New York (Pantheon).
Spender, D. (1983): Women of Ideas: And What Men Have Done to Them. London (Ark).
Stubbs, M. (1980): Language and Literacy: The Sociolinguistics of Reading and Writing. London (Routledge Kegan & Paul).
Tomm, K. (1987): Interventive Interviewing, Part II: Reflexive Questioning as a Means to Enable Self-Healing. *Family Process* 26: 167–183. [dt. (1994): Das systemische Interview, b) Reflexive Fragen als Mittel zur Selbstheilung. In: K. Tomm: Die Fragen des Beobachters. Schritte zu einer Kybernetik zweiter Ordnung in der systemischen Therapie. Heidelberg (Carl-Auer-Systeme), 2. Aufl. 1996.]
Tomm, K. (1989): Externalizing Problems and Internalizing Personal Agency. *Journal of Strategic & Systemic Therapies* 8: 54– 59. [dt. (1994): Das Problem externalisieren und die persönlichen Mittel und Möglichkeiten internalisieren. In: K. Tomm: Die Fragen des Beobachters. Schritte zu einer Kybernetic zweiter Ordnung in der systemischen Therapie. Heidelberg (Carl-Auer-Systeme), 2. Aufl. 1996.]
Turner, B. S. und Hepworth, M. (1982): Confessions: Studies in Deviance in Religion. London (Routledge & Kegan Paul).
Turner, V. (1969): The Ritual Process. New York (Cornell University Press).
Turner, V. (1986): Dewey, Dilthey and Drama: An Essay in the Anthropology of Experience. In: V. W. Turner a. E. M. Bruner (eds.): The Anthropology of Experience. Chicago (University of Illinois Press).
Turner, V. (1974): Drama, Fields and Methaphor. New York (Cornell University Press).
van Gennep, A. (1960): The Rites of Passage. Chicago (Chicago University Press).

White, M. (1984): Pseudo-Encopresis: From Avalanche to Victory, from Vicious to Virtuous Cycles. *Family System Medicine* 2: 150–160.

White, M. (1985): Fear Busting and Monster Taming: An Approach to the Fears of Young Children. *Dulwich Centre Review.*

White, M. (1986): Family Escape from Trouble. *Family Therapy Case Studies* 1 (1).

White, M. (1986b): Negative Explanation, Restraint and Double Description: A Template for Family Therapy. *Family Process* 25: 169–184.

White, M. (1986b): Anorexia Nervosa: A Cybernetic Perspective. In: J. Elka-Harkaway (ed.): Eating Disorders and Family Therapy. New York (Aspen).

White, M. (1987): Family Therapy and Schizophrenia: Addressing the 'In-the-corner Lifestyle'. *Dulwich Centre Newsletter*, Frühjahr.

White, M. (1988): The Process of Questioning: A Theory of Literary Merit? *Dulwich Centre Newsletter*, Winter.